U0819317

同济博士论丛
TONGJI Dissertation Series
总主编 伍 江 副总主编 雷星晖

李志宏 黄宏伟 著

基于全寿命期风险分析的路堑与隧道方案决策研究

Decision Making Between Cut-Slope and Shallow Tunnel Alternatives Based on Life Cycle Risk Analysis

同济大学出版社
TONGJI UNIVERSITY PRESS

内 容 提 要

本书基于多目标决策理论，通过分析不同方案施工期内的常规成本风险、常规工期风险、施工期偶然风险导致的人员伤亡、经济损失和工期损失，以及运营期内的运营维护成本、方案可靠性和环境影响评价等指标，将全寿命理念和风险定量分析方法融入方案决策，构建了路堑与隧道方案的决策模型，并利用蒙特卡罗仿真技术，以 MATLAB 为平台开发了“基于全寿命期风险分析的工程方案决策系统”。

图书在版编目(CIP)数据

基于全寿命期风险分析的路堑与隧道方案决策研究/李志宏，黄宏伟著. —上海：同济大学出版社，2017.8
(同济博士论丛/伍江总主编)
ISBN 978-7-5608-6970-4

Ⅰ. ①基… Ⅱ. ①李…②黄… Ⅲ. ①路堑—道路施工—风险管理—研究②隧道施工—风险管理—研究 Ⅳ. ①U416.1②U455

中国版本图书馆 CIP 数据核字(2017)第 090919 号

基于全寿命期风险分析的路堑与隧道方案决策研究

李志宏　黄宏伟　著

出 品 人　华春荣　　责任编辑　陆克丽霞　熊磊丽
责任校对　徐春莲　　封面设计　陈益平

出版发行　同济大学出版社　www.tongjipress.com.cn
(地址：上海市四平路 1239 号　邮编：200092　电话：021-65985622)
经　　销　全国各地新华书店
排版制作　南京展望文化发展有限公司
印　　刷　浙江广育爱多印务有限公司
开　　本　787 mm×1092 mm　1/16
印　　张　14.75
字　　数　295 000
版　　次　2017 年 8 月第 1 版　2017 年 8 月第 1 次印刷
书　　号　ISBN 978-7-5608-6970-4

定　　价　70.00 元

本书若有印装质量问题，请向本社发行部调换　版权所有　侵权必究

“同济博士论丛”编写领导小组

组　　　长： 杨贤金　钟志华

副 组 长： 伍　江　江　波

成　　　员： 方守恩　蔡达峰　马锦明　姜富明　吴志强
徐建平　吕培明　顾祥林　雷星晖

办公室成员： 李　兰　华春荣　段存广　姚建中

“同济博士论丛”编辑委员会

总 主 编：伍 江

副总主编：雷星晖

编委会委员：（按姓氏笔画顺序排列）

丁晓强 万 钢 马卫民 马在田 马秋武 马建新
王 磊 王占山 王华忠 王国建 王洪伟 王雪峰
尤建新 甘礼华 左曙光 石来德 卢永毅 田 阳
白云霞 冯 俊 吕西林 朱合华 朱经浩 任 杰
任 浩 刘 春 刘玉擎 刘滨谊 闫 冰 关佶红
江景波 孙立军 孙继涛 严国泰 严海东 苏 强
李 杰 李 斌 李风亭 李光耀 李宏强 李国正
李国强 李前裕 李振宇 李爱平 李理光 李新贵
李德华 杨 敏 杨东援 杨守业 杨晓光 肖汝诚
吴广明 吴长福 吴庆生 吴志强 吴承照 何品晶
何敏娟 何清华 汪世龙 汪光焘 沈明荣 宋小冬
张 旭 张亚雷 张庆贺 陈 鸿 陈小鸿 陈义汉
陈飞翔 陈以一 陈世鸣 陈艾荣 陈伟忠 陈志华
邵嘉裕 苗夺谦 林建平 周 苏 周 琪 郑军华
郑时龄 赵 民 赵由才 荆志成 钟再敏 施 骞
施卫星 施建刚 施惠生 祝 建 姚 熹 姚连璧

袁万城　莫天伟　夏四清　顾　明　顾祥林　钱梦騄
徐　政　徐　鉴　徐立鸿　徐亚伟　凌建明　高乃云
郭忠印　唐子来　阎耀保　黄一如　黄宏伟　黄茂松
戚正武　彭正龙　葛耀君　董德存　蒋昌俊　韩传峰
童小华　曾国荪　楼梦麟　路秉杰　蔡永洁　蔡克峰
薛　雷　霍佳震

秘书组成员：谢永生　赵泽毓　熊磊丽　胡晗欣　卢元姗　蒋卓文

总 序

在同济大学110周年华诞之际，喜闻“同济博士论丛”将正式出版发行，倍感欣慰。记得在100周年校庆时，我曾以《百年同济，大学对社会的承诺》为题作了演讲，如今看到付梓的“同济博士论丛”，我想这就是大学对社会承诺的一种体现。这110部学术著作不仅包含了同济大学近10年100多位优秀博士研究生的学术科研成果，也展现了同济大学围绕国家战略开展学科建设、发展自我特色，向建设世界一流大学的目标迈出的坚实步伐。

坐落于东海之滨的同济大学，历经110年历史风云，承古续今、汇聚东西，秉持“与祖国同行、以科教济世”的理念，发扬自强不息、追求卓越的精神，在复兴中华的征程中同舟共济、砥砺前行，谱写了一幅幅辉煌壮美的篇章。创校至今，同济大学培养了数十万工作在祖国各条战线上的人才，包括人们常提到的贝时璋、李国豪、裘法祖、吴孟超等一批著名教授。正是这些专家学者培养了一代又一代的博士研究生，薪火相传，将同济大学的科学研究和学科建设一步步推向高峰。

大学有其社会责任，她的社会责任就是融入国家的创新体系之中，成为国家创新战略的实践者。党的十八大以来，以习近平同志为核心的党中央高度重视科技创新，对实施创新驱动发展战略作出一系列重大决策部署。党的十八届五中全会把创新发展作为五大发展理念之首，强调创新是引领发展的第一动力，要求充分发挥科技创新在全面创新中的引领作用。要把创新驱动发展作为国家的优先战略，以科技创新为核心带动全面创新，以体制机制改革激发创新活力，以高效率的创新体系支撑高水平的创新型国家建设。作为人才培养和科技创新的重要平台，大学是国家创新体系的重要组成部分。同济大学理当围绕国家战略目标的实现，作出更大的贡献。

大学的根本任务是培养人才，同济大学走出了一条特色鲜明的道路。无论是本科教育、研究生教育，还是这些年摸索总结出的导师制、人才培养特区，“卓越人才培养”的做法取得了很好的成绩。聚焦创新驱动转型发展战略，同济大学推进科研管理体系改革和重大科研基地平台建设。以贯穿人才培养全过程的一流创新创业教育助力创新驱动发展战略，实现创新创业教育的全覆盖，培养具有一流创新力、组织力和行动力的卓越人才。“同济博士论丛”的出版不仅是对同济大学人才培养成果的集中展示，更将进一步推动同济大学围绕国家战略开展学科建设、发展自我特色、明确大学定位、培养创新人才。

面对新形势、新任务、新挑战，我们必须增强忧患意识，扎根中国大地，朝着建设世界一流大学的目标，深化改革，勠力前行！

万　钢

2017 年 5 月

论丛前言

承古续今，汇聚东西，百年同济秉持“与祖国同行、以科教济世”的理念，注重人才培养、科学研究、社会服务、文化传承创新和国际合作交流，自强不息，追求卓越。特别是近20年来，同济大学坚持把论文写在祖国的大地上，各学科都培养了一大批博士优秀人才，发表了数以千计的学术研究论文。这些论文不但反映了同济大学培养人才能力和学术研究的水平，而且也促进了学科的发展和国家的建设。多年来，我一直希望能有机会将我们同济大学的优秀博士论文集中整理，分类出版，让更多的读者获得分享。值此同济大学110周年校庆之际，在学校的支持下，“同济博士论丛”得以顺利出版。

“同济博士论丛”的出版组织工作启动于2016年9月，计划在同济大学110周年校庆之际出版110部同济大学的优秀博士论文。我们在数千篇博士论文中，聚焦于2005—2016年十多年间的优秀博士学位论文430余篇，经各院系征询，导师和博士积极响应并同意，遴选出近170篇，涵盖了同济的大部分学科：土木工程、城乡规划学(含建筑、风景园林)、海洋科学、交通运输工程、车辆工程、环境科学与工程、数学、材料工程、测绘科学与工程、机械工程、计算机科学与技术、医学、工程管理、哲学等。作为“同济博士论丛”出版工程的开端，在校庆之际首批集中出版110余部，其余也将陆续出版。

博士学位论文是反映博士研究生培养质量的重要方面。同济大学一直将立德树人作为根本任务，把培养高素质人才摆在首位，认真探索全面提高博士研究生质量的有效途径和机制。因此，“同济博士论丛”的出版集中展示同济大学博士研究生培养与科研成果，体现对同济大学学术文化的传承。

“同济博士论丛”作为重要的科研文献资源，系统、全面、具体地反映了同济大学各学科专业前沿领域的科研成果和发展状况。它的出版是扩大传播同济科研成果和学术影响力的重要途径。博士论文的研究对象中不少是“国家自然科学基金”等科研基金资助的项目，具有明确的创新性和学术性，具有极高的学术价值，对我国的经济、文化、社会发展具有一定的理论和实践指导意义。

“同济博士论丛”的出版，将会调动同济广大科研人员的积极性，促进多学科学术交流、加速人才的发掘和人才的成长，有助于提高同济在国内外的竞争力，为实现同济大学扎根中国大地，建设世界一流大学的目标愿景做好基础性工作。

虽然同济已经发展成为一所特色鲜明、具有国际影响力的综合性、研究型大学，但与世界一流大学之间仍然存在着一定差距。“同济博士论丛”所反映的学术水平需要不断提高，同时在很短的时间内编辑出版 110 余部著作，必然存在一些不足之处，恳请广大学者，特别是有关专家提出批评，为提高同济人才培养质量和同济的学科建设提供宝贵意见。

最后感谢研究生院、出版社以及各院系的协作与支持。希望“同济博士论丛”能持续出版，并借助新媒体以电子书、知识库等多种方式呈现，以期成为展现同济学术成果、服务社会的一个可持续的出版品牌。为继续扎根中国大地，培育卓越英才，建设世界一流大学服务。

伍 江

2017 年 5 月

前　言

深挖路堑方案与浅埋隧道方案之间的决策普遍存在于山岭重丘区公路及铁路建设中。实际操作中，在工程技术均可行的前提下，主要是考察经济的合理性，在营运成本相差不大的情况下，以建设成本决定方案的优越性。然而，工程建设项目是一个周期长、投资大、技术要求高、系统复杂的生产和消费过程，在工程建设全寿命期内难免会受到各种各样风险因素的影响。本书依托交通部西部科技项目——山区高速公路工程风险分析与控制对策研究(项目编号：2006318799107)，基于多目标决策理论，通过分析不同方案施工期内的常规成本风险、常规工期风险、施工期偶然风险导致的人员伤亡、经济损失和工期损失，以及运营期内的运营维护成本、方案可靠性和环境影响评价等指标，将全寿命理念和风险定量分析方法融入方案决策，构建了路堑与隧道方案的决策模型，并利用蒙特卡罗仿真技术，以 MATLAB 为平台开发了“基于全寿命期风险分析的工程方案决策系统”。本书主要研究成果如下：

(1) 根据工程建设中风险的特点，将风险分为常规风险和偶然风险进行分析，阐述了常规风险与偶然风险的含义。认为常规风险是必然发生的风险，由它导致的常规工期和成本风险是在项目能够按原计划顺利实施且无重大偶然风险发生时的工期和成本，一般可用连续的概率分布表示。工程建设中可能发生的重大的对工程造成较严重后果的风险属于偶然风险，这类风险是不确定性风险，可能发生也可能不发生，但一旦发生就会导致严重的后果，偶然风险事故是导致工程能否顺利完工的主要原因。

(2) 阐述了常规工期风险和常规成本风险的计算方法。根据规划评审技术 PERT 原理,运用蒙特卡罗仿真技术,综合考虑影响各施工工序持续时间的常规风险因素,得到工程项目的工期分布图。结合各施工工序的特征,将各工序的成本分为时间相关成本、数量相关成本和固定成本计算,考虑成本构成要素的不确定性,通过对各工序的成本求和得到工程总成本分布图。基于此绘制工程项目的常规成本-工期散点图。

(3) 提出了滑坡风险的定量分析方法,详细阐述了滑坡风险分析过程。在总结前人研究的基础上,提出了滑坡风险易损性定量评价模型;以力学计算为基础,利用不同的数值模拟手段,辨识出最危险的滑坡场景,预测滑坡发生的概率以及滑坡体的体积、可能影响的区域,从而确定承险体的种类、数量和分布情况,在此基础上进行后果分析;借鉴"球与盒子"的经典概率问题,提出了人员伤亡的分析方法;基于事件树原理,采用蒙特卡罗技术定量地分析了滑坡风险导致的后果损失(人员伤亡、经济损失和工期损失),从而得到滑坡风险的损失分布。

(4) 详细论述了隧道塌方冒顶风险的分析过程,提出了隧道塌方冒顶风险的定量分析方法。根据可靠度理论,预测隧道塌方发生的概率;根据围岩性质及已有统计数据,运用普氏压力拱理论计算出塌方的长度、跨度以及塌方形成的空腔面积,从而确定加固所需建筑材料数量,得到加固措施所需费用;与滑坡风险定量分析类似,基于事件树原理和蒙特卡罗方法对人员伤亡和工期损失进行预测,最终得到隧道塌方冒顶风险导致的损失分布。

(5) 对工程方案的全寿命周期成本进行分析,改进了方案运营维护成本的计算方法。通过引入维修费用增长率系数,体现了结构随使用年限的增加发生老化和耐久性降低的趋势。

(6) 运用模糊综合评判法和模糊层次分析法,对不同方案的可靠性及环境影响进行评价。以长期稳定性、可维修(护)性及结构变异(病害)及其他因素等作为方案可靠性因素集的基本层；通过对社会环境影响、生态环境影响和自然环境影响三类环境影响因素集的评价评判方案的环境影响指标。

(7) 分析总结了常用的多目标决策集结算子，对模糊判断矩阵的构造方法、排序方法以及一致性检验方法进行了深入讨论，指出各种方法的长处与不足。确定采用加权几何平均算子(WGA)对单个决策者的决策信息进行集结，完成个体决策；采用组合加权几何平均算子(CWGA)对多个决策者的决策信息进行集结，完成群决策。

(8) 根据风险定量分析过程以及选定的多目标决策方法，基于MATLAB平台开发了"基于全寿命期风险分析的工程方案决策系统"，其中包括施工期分析、运营期分析和多目标决策三个模块。施工期分析模块包括对常规工期风险、常规成本风险以及偶然风险导致的人员伤亡、工期损失和经济损失进行分析；运营期分析模块包括对运营成本进行计算，对方案可靠性和环境影响评价；决策模块可提供个体决策以及群决策，可基于施工期的5个指标或全寿命期的8个指标进行决策。

常用符号说明

C	工程总成本
C_n	常规风险成本
C_e	偶然风险成本
a	施工工序的最乐观时间
b	施工工序的最保守时间
m	施工工序的最可能时间
C_i	工序 i 的常规成本
C_{nt}	时间相关成本
C_{nq}	数量相关成本
C_{nf}	固定成本
R_H	人员伤亡风险指标
$P_{(T\|R)}$	偶然风险发生的时间概率
$P_{(n\|S, R)}$	偶然风险发生时空间区域 S 内有 n 个人的概率
$V_{(S\|R)}$	空间区域 S 内人的平均易损性
V_f	死亡的易损性平均值
V_s	重伤的易损性平均值
V_l	轻伤的易损性平均值
I_{hi}	人员伤亡综合指标
R_{NSD}	可移动承险体的偶然风险经济损失指标
$P_{(n\|S, R)}$	偶然风险发生时空间区域 S 内有 n 个承险体的概率
NV	承险体的平均市场净值
V_{sd}	施工机械严重损坏的易损性平均值
V_{md}	施工机械中度损坏的易损性平均值

V_{ld}	施工机械轻微损坏的易损性平均值
LE_{hi}	施工机械经济损失指标
R_{SD}	已建结构的经济损失指标
$P_{(D\|R)}$	滑坡体或塌方体影响结构的概率
$V_{(S\|R)}$	结构的易损性
C_S	建造相应损坏结构的成本
I	滑坡灾害强度
R	承险体抗灾害能力
I_{dyn}	动力强度参数
I_{gem}	几何强度参数
I_{dpt}	滑坡体厚度参数
I_{dyn-s}	开阔空间内结构遭受滑坡体冲击的动力强度参数
I_{dyn-p}	开阔空间内人员遭受滑坡体冲击的动力强度参数
C_L	滑坡体平均速度
D_{dpt}	建筑物位置处滑坡体的厚度
ξ_i	抗灾能力系数
R_{str}	建筑结构的抗灾能力
ξ_{sfd}	基础深度系数
ξ_{sty}	结构形式系数
ξ_{smn}	建筑维护状态系数
ξ_{sht}	建筑物高度系数
D_{fod}	建筑基础深度
R_{per}	人员抗灾能力
ξ_{phy}	身体抵抗力指标
ξ_{kng}	知识抵抗力指标
V_{p-s}	建筑物内人员的易损性
V_{str}	建筑物的易损性

目 录

第1章 绪论

1.1 引言

随着我国经济持续快速发展，越来越多的高速公路、铁路等基础设施建设项目正在或即将在山地丘陵地区实施。在项目实施过程中不可避免地会出现一些典型工程的比选，如深挖路堑与浅埋隧道、高架桥与高路堤等。这些典型工程不仅对路线总体方案影响重大，还对整个工程的工程造价以及工期有极强的控制作用，同时不同工程方案对区域生态环境的影响程度不同，对道路安全运营的影响程度也有差异。因此，在山区高速公路建设中必须重视对典型工程方案的比选，决策时必须综合考虑各种目标因素，选择最优的工程方案。

山区高速公路建设中，深挖路堑与浅埋隧道方案之间的可替代性竞争十分常见。在工程规划设计决策中，通常是先计算各方案的工程量，通过造价计算得出工程建设成本，然后估算出运营期预计消耗的费用，最后通过对比不同方案间的净效益来选择方案。实际操作过程中，在工程技术均可行的前提下，工程可替代方案的比选主要是考察经济的合理性。在营运成本相差不大的情况下，以建设成本决定方案的优越性。然而，工程建设项目是一个周期长、投资大、技术要求高、系统复杂的生产和消费过程，在施工过程中及运营期间会受到各种各样的不确定因素的干扰。在对工程方案决策时，若考虑因素不周会导致不合理的决策结果，如：西康线 K61＋650～＋820 段，在方案决策时考虑到挖填平衡，降低造价，放弃了隧道方案，采用了 37 m 高的深路堑方案。然而在建成后不久便发生了两次大滑坡，造成了巨大的经济损失，并严重影响了西康线正常运输。决策时，深路堑方案成本为 540 万元，加上滑坡抢险费用 282 万元和工程修复费用约 4 000 万元，最终成本为 4 822 万元；若采用浅埋隧道方案 900 万元，加上附近路堤填方的200万元，总成本约1 100万元。由于没有考虑工程的风险干扰因素，最终导致路堑方案比与隧道方案多花了3 722万元，中断和影响运输的损失还没有计算在内(雷大鹏，2004)。

除需考虑风险因素外，在对工程方案进行决策时，还需要引入全寿命的理念。根据可持续发展的思路，工程建设方案既要考虑当前发展的需要，又要考虑今后发展的需要；既要考虑当前的利益，也要考虑后期的风险；既要重视工程建设的初始造价，又要考虑到寿命周期内所需的费用。即要以工程全寿命周期的性能与成本作为衡量工程性能和成本的指标，并以此来进行典型工程方案的决策。

从环境保护的角度看，一般来说，深挖路堑对环境的破坏程度较隧道要大。深挖方路堑土石方量大，会破坏地面植被和原有地貌，导致地表裸露，造成水土流失。废弃的土石往往就近堆弃在山沟、斜坡上，人为造成了崩塌、泥石流、滑坡等地质病害。采用隧道方案避免了对山体大填大挖，有效地保护了当地的生态资源，弃方数量也相应减少，减少了由于弃土场的设置对环境的影响。横亘于山区的高速公路还将区域内的动植物群落割为两块，截断了动物的生活、迁徙、饮水等路径，进而改变其原有生存环境。如果在深挖方路堑地段采用隧道方案，则可以架起一座天然的桥梁，为沟通高速公路两边的动物群落起到一个很好的缓冲作用。

然而，浅埋隧道的工程造价往往比路堑方案要大得多，且在特定的地形及地质环境下，比如地形地质条件有利、环境保护措施到位、路堑附近存在或已设天然的或人工的动物通道时，深挖方路堑对环境的影响程度有限。因此，在对方案进行决策时，需要找到一个合理的平衡点，提出一套合理的评价模型，使得最终选择的方案在经济、安全、环境保护方面达到最优的组合。因此，为了更加合理地对深挖路堑和浅埋隧道方案进行决策，提出基于全寿命期风险分析的路堑与隧道方案决策模型具有十分重要的意义。将风险和全寿命期的理念结合起来，运用多目标决策理论进行方案决策，将会使浅埋隧道和深挖路堑的决策更加合理，具有重要的工程价值。

1.2 国内外研究现状分析

1.2.1 工程风险研究现状

1. 隧道及岩土工程风险、决策研究现状

1964年，Casagrande首次提出了岩土工程的计算风险，并以“Role of

'Calculated Risk' in Earthwork and Foundation Engineering"为题作太沙基讲座演讲，标志着岩土工程风险分析研究的开始。

随后，Einstein(1974，1994，1996a，1996b，1998)在隧道与地下工程中进行了大量的风险分析研究，其研究多以理念的建立和定性的研究为主，定量的研究主要侧重于结构和岩土体介质材料的可靠度计算方面。他还提出了一种适用于硬岩隧道的基于计算机模拟的隧道成本模型——Tunnel Cost Model(Einstein and Vick，1974)，该模型是隧道工程行业最早的一个将不确定性引入工程造价估计中的模型，在之后的研究中得到了改进并在实际工程中得到大量应用。Einstein et al.(1994)曾分析了 Adler 隧道的长期风险和施工风险，对 3 种施工方案进行决策，比较了 3 种施工方案的总成本，并对各方案的长期性能进行了评价。

Salazar(1983)的博士论文"*Stochastic and Economic Evaluation of Adaptability in Tunnelling Design and Construction*"认为，风险分析与管理是降低软土隧道造价的一种有效手段。

Sturk et al.(1996)提出了一个以概率方法和有效统计为工具的风险分析与决策系统，并将其应用于斯德哥尔摩环形公路隧道工程几种不同设计方案的比选中，从风险和可靠性角度得到了一些方案决策的有价值的结论。

Laughton(1998)在其博士论文"*Evaluation and Prediction of Tunnel Boring Machine Performance in Variable Rock Masses*"中考虑了岩体参数的不确定性以及设备故障的不确定性对 TBM 工法施工的隧道施工风险的影响，预测了隧道施工的费用及工期。

针对哥本哈根地铁工程，Kampmann et al.(1998)运用风险评估技术概括总结了 40 多种灾害的 10 种风险类型，对风险事件发生的可能性、影响结果提出了具体的分类体系，并汇总了 48 个风险控制措施。

Isaksson(1998，1999)在对隧道工程成本估计中，考虑了不希望的潜在事件发生的可能性、影响结果和不同地质因素对建设效率的影响，提出了工程总成本的表达式，并将其用于瑞士 Grauholz 隧道选择不同盾构及隧道施工方法的决策中。

Snel and Van Hasselt(1999)针对阿姆斯特丹南北地铁线路，提出了一个包括列举主要因素清单、预防措施和额外措施的 IPB 风险管理模式(Inventory of Critical Aspects；Preventive Measures；Backup Measures)，以控制复杂的地下工程设计施工过程中的工期、造价和质量方面的风险。

Weiss and Vigl(2001)对工程中不可预见的影响工程目标的一些事件的发

生概率进行分析评价，并通过传统的成本和时间评估方法对单个事件的损失进行分析。

美国华盛顿州运输局（Reilly，2003；Reilly and Brown，2004）针对工程费用超支的问题研究开发了 CEVP（Cost Estimate Validation Process）程序，它将“可能成本范围”的概念引入费用估计中，提高了预测的准确性。随后，美国联邦运输局对此程序进行了鉴定，并要求以后的费用估计必须引入风险成本估计。

2003 年，Duijvestijn and Bout（2003）采用定量风险分析的手段分析了阿姆斯特丹城市南北线地铁工程初步设计阶段各方案的成本风险图和结构的可靠度，并在最终设计过程中对影响工期、成本、技术质量和安全的所有识别的风险进行了粗略的风险分析，帮助决策者在设计的几个不同阶段做出合理的决策。

Kolic（2003）分析了克罗地亚 Mala Kapela 公路隧道投标阶段所有可能影响其设计、施工、成本预算和合同关系方面的风险。针对隧道的设计和施工，引入定性和定量的风险分析方法分析比较了 TBM 和 NATM 两种施工工法的成本。

此外，国际隧协在 2004 年由 Work Group II 的 Eskesen 等人（2004）撰写了“*Guidelines for Tunnelling Risk Management*”，为隧道工程的风险管理提供了一整套参照标准和方法。2004 年国际隧协年会专门设置了安全、费用与风险的专题，Reilly and Brown（2004）提交了题为“*Management and Control of Cost and Risk for Tunnelling and infrastructure Projects*”的论文。同年英国隧道协会和英国保险协会组织编写完成了隧道工程风险管理的联合规范。

可以看出，风险管理在隧道及岩土工程的应用研究已经相当普遍，并已经成为隧道及岩土工程领域实施的一项重要内容。同时，多数关于风险方面的研究集中在岩土体性质或支护结构以及施工机械产生故障的不确定性问题上；有些学者则偏重于对引起工程投资或工期增大的风险原因的调查统计上；还有些学者偏重于对组织管理风险上的分析，甚至政治的影响等。对于某些重大风险事件的分析，特别对风险事件产生的后果多数都是建立在定性或半定量的评价基础上，定量的后果分析方面研究还较少。

2. 基于风险的成本及工期预测模型

工程项目建设是一个周期长、投资大、技术要求高、系统复杂的生产消费过程，在建设过程中会受到各种各样的不确定因素的干扰。工程建设参与各方均不可避免地面临着各种风险，如果不加防范，很可能会影响工程建设的顺利进行，使工程项目的投资、进度、质量和安全控制目标不能顺利实现。然而，在一些工程项目的建设中，常常对这些不确定因素估计不足或认为难以估计而忽视，致使工程的成本或工期远远超过预期值。针对工程成本概预算中存在的问题，将风险与工程造价联系起来对工程成本进行估计是一种科学而合理的方法，基于风险的隧道及地下工程成本估计模型研究也取得了一定进展，比较典型的如Multirisk、TCM、DAT 和 CEVP 等(路美丽等，2006)。

(1) Multirisk 模型

Multirisk 是一种以计算机为基础建立的包含不确定性成本和时间估计的方法，是一种对含有随机变量函数的模拟方法。对于成本的计算，可以按照如下步骤进行(Eskesen et al.，2004)：

1) 识别大量独立的主要成本条目；

2) 估计每个成本条目的最小、最可能和最大值；

3) 计算每个成本条目的期望值和不确定性范围；

4) 计算成本的总和与方差；

5) 如果总的方差太大，那么将对不确定性有最大影响的成本条目分解为独立的几个条目；

6) 重复步骤 2～5，直到获得可接受的总的方差；

7) 结果采用平均成本、标准差来表示。

Multirisk 用于工期预测时的步骤与上述类似。其原理及应用过程都比较简单，对于不确定性程度高的随机事件尤为有用，可用于计算发生频率相当高的灾害事件对时间和成本的影响，并以最大值估计其影响程度。该方法的缺点是不能用于计算工程中发生频率较小但可能对工程有严重影响的灾害事件。

(2) TCM 模型

隧道成本模型(Tunnel Cost Model，Einstein and Vick，1974)是一种适用于硬岩隧道的基于计算机模拟技术的模型。它运用适当的主观概率技术和隧道施工计算机模拟来估计总的施工成本和完工时间的分布。在估计中主要考虑两种不确定性：地质条件预测的不确定性和施工掘进与成本估计的不确定性。

隧道成本模型由地质子模型、施工子模型和隧道模拟器三个子模型组成，地质子模型使用主观概率表达的地质信息产生在隧道指定位置处各种地质条件发生的概率；施工子模型是对隧道在各种可能地质条件下进行施工工序的模拟，从而评价这些施工作业对成本和工期的影响；隧道模拟器是通过综合以上两个子模型所得到的信息来模拟在许多可能地质剖面情况下的施工作业循环，得到施工总成本和完成时间的分布，反映了估计中固有的不确定性。该模型的局限性在于：模型中所使用的一套有限的 7 个地质参数对可能的地质描述存在着固有的局限性；模型的构建过程十分费时，复杂的相关关系是很耗时的。

(3) DAT 模型(Moavenzadeh et al.，1974；Einstein et al.，1998；Haas and Einstein，2002)

Einstein 等人在 TCM 模型基础上提出了一种隧道决策工具 DAT(Decision Aids in Tunnelling)。该工具可用于评价地质条件的不确定性和施工过程的不确定性对工程成本和工期的影响，由地质模块和施工模块组成。地质模块首先将隧道地质细分成所谓的与地质单元一致的区域；然后通过马尔科夫模型估计这些地质参数和它们在每个区域中的不确定性；DAT 使用这些信息为每个参数产生一个可能的剖面，综合所有这些参数的剖面和地质分类剖面，便得到了一个概率地质剖面，揭示隧道具体位置处发生的具体地质条件的可能性。而施工模块是对穿越每个地质分类剖面的施工过程进行模拟，包括把地质条件(地质分类)和施工方法联系起来确定隧道横断面、初始永久支撑以及适合具体地质分类的开挖方法；每种方法对应的施工成本和时间经常以成本和掘进速率的分布形式表示，用以揭示每种隧道施工方法成本和时间的不确定性。

DAT 是一种不确定情况下的决策工具，已用于多个隧道工程的施工前期预测(Einstein et al.，1996c)。由于随着工程的施工进展，不确定性信息逐渐减少，因此有必要对前期预测进行更新，Haas and Einstein(2002)通过一个基于贝叶斯理论的更新过程对 DAT 进行了拓展，这种更新不仅可以考虑用开挖的实际数据代替原先的预测，也包括一个用实际的开挖信息对隧道未开挖部分改进的预测。

(4) CEVP 模型(Reilly，2003，2005；Reilly and Brown，2004；Sangrey et al.，2003)

2002 年华盛顿州运输局开发了一种基于风险的评估管理复杂地下工程成本的 CEVP(Cost Estimate Validation Process)模型，该模型是采用风险和不确定性的方法来构建一个工程的成本估计，获得可能的成本范围。它的发展和应用向广大工程师提出了“复杂工程的成本不是一个定值，而是一个潜在的范围”的观点。CEVP 模型中区别并分别处理基本成本和风险事件成本，它的分析过程分为以下 3 个步骤：详细检查工程，估计并确定工程的基本成本；识别潜在的风险和机会，并估计它们的发生概率和影响程度；综合基本成本、风险和机会事件，形成可能的成本和工期范围。

CEVP 模型已用于一些大型复杂的交通建设工程中，得到美国联邦的认可并决定在以后的运输和地下工程中运用。该模型最大的好处在于它可以强迫工程人员考虑所有的风险，特别是长期的风险，如政治、当地和国内的一些政策风险、管理方式和管理的连续性风险等非技术性风险。然而该方法需要组织国内外专家和工程人员进行多次分析研讨，会消耗大量的人力与财力，因而一般只适用于大型基础工程建设的成本估计中，对于一般的工程项目则无法体现出其优越性。

1.2.2 风险分析中的全寿命理念

全寿命期工程成本分析方法，就是在设计阶段确定工程从建设到寿命终结时的总费用。在进行方案比选时，不仅要考虑初始建设费用，还要考虑服役期间维修、养护等各种费用。从本质上说，建设单位要对基础设施项目的“全寿命”负责，避免“短期行为”给社会带来经济损失。全寿命周期工程造价管理是运用多学科知识，采用综合集成方法，重视投资成本、效益分析与评价，运用工程经济学、数学模型方法，强调对工程项目施工期、运营维护期总成本最小的一种管理理论和方法(董士波，2003)。

1. 全寿命周期成本体系发展

全寿命期造价管理主要是由英美的一些工程造价界的学者和实际工作者于20 世纪 70 年代末和 80 年代初提出(Gordon，1974；AIA，1977)。80 年代初，全寿命周期造价管理研究方面取得了许多突破。

Orshan(1980)从建筑设计方案角度出发，探讨了在建筑方案设计中应该全面考虑项目的建造成本和运营维护成本的概念和思想，提出了工程项目成本划分方法、工程项目造价的数学方法模型和工程项目的不确定性风险的估算方法。

Flanagan(1983，1984，1989)从建筑经济学的角度出发，深入讨论了全寿命周期造价管理中所涉及的先进的技术要求与合理的造价成本有机结合等一些主要问题。

Ockwell(1990)从公路项目出发，探讨了公益性项目的全寿命周期造价管理的思想和方法，他认为公路项目的全寿命周期造价不仅应该包括公路初始的建设成本和随后的维修、保养和翻新成本，而且应该充分考虑公路使用者的使用成本，从而使全社会获得最大的社会福利。

另外，Medley and Larry(1996)从工程项目造价事前管理的角度，讨论了如何运用全寿命周期造价的方法，进行项目的方案比较和选择。

20 世纪 90 年代以后，全寿命周期工程造价管理的体系已经基本形成，人们开始把注意力转到技术和应用方面的研究，主要集中在 4 个方面：风险和不确定性因素的研究；实际应用领域方面的研究；寿命周期成本计算软件研究；寿命周期成本和环境影响集成研究。

2. 技术和应用现状

全寿命周期成本估价和管理技术，现在已经应用于所有的建设领域，包括建筑物、公路、桥梁、水利系统等，甚至可应用于建筑物的某一特定部件。美国交通部 Department of Transportation(1990)介绍了寿命周期成本分析技术在公路设计中的应用，讨论了在公路设计时应用 LCCA(Life Cycle Cost Analysis)的基本原则；分析了输入参数的问题，并提供了一个传统 LCCA 方法在公路设计中应用的例子；讨论了输入数据的可变性和内在的不确定性，提供了折现率(时间价值)一个可接受范围的建议；推荐采用蒙特卡罗技术来处理 LCCA 中的可变性和不确定性，用以指导多项公路工程的建设。

美国阿拉斯加州教育及早期发展部门(Department of Education & Early Development，1999)的寿命周期成本分析手册给出了建设项目寿命周期成本分析的术语：初始化和未来费用、残值、研究周期、实际折现率、现值等；给出了寿命周期成本各个成本部件的定义、计算及寿命周期成本的计算；并指导学校设施寿命周期成本分析的计算和不同方案的选择。

美国 Department of Natural Resources 的 Life Cycle Cost Analysis Guidelines(2002)给出了何种情况需要进行寿命周期成本分析、寿命周期成本分析的时间选择、正式批准过程、法律需求等，并给出了寿命周期成本分析的过程和寿命周期报告的标准格式。

Tucker et al.(2001)把饮用水、污水和雨水设施综合进行考虑，开发了计算整个城市水利设施的寿命周期成本的模型，包括初始化投资成本、运营、维护和替换成本。他把整个水利设施分为 5 类：储存、传送、水泵、处理和处置。把每类的寿命周期成本定义为三个范畴：建设成本、运营成本和替换成本。每个范畴进一步分解为许多子范畴(例如资本、安装、维护、职员等)。

在我国占统治地位的工程造价管理模式是全过程工程造价管理，我国对全寿命周期工程造价管理模式的研究还很少。国内的邓雪松和周继祖(2000)、王劲和柳瑞禹(1996)、姬晓辉和柳瑞禹(1996)、邵良杉和高树林(1996)、温国锋(2002)、荀志远和于彩华(2001)等人把人工智能、模糊数学、灰色调系统等理论用于工程建设的投资决策。

基于风险理论的工程寿命周期成本分析不仅可以应用于投资估算阶段，还可以应用于施工阶段和运营维护阶段，作为设计方案、实施方案和运营维护方案评价的依据，作为典型方案的决策依据。基于全寿命成本分析的决策方法主要过程如图1-1所示。

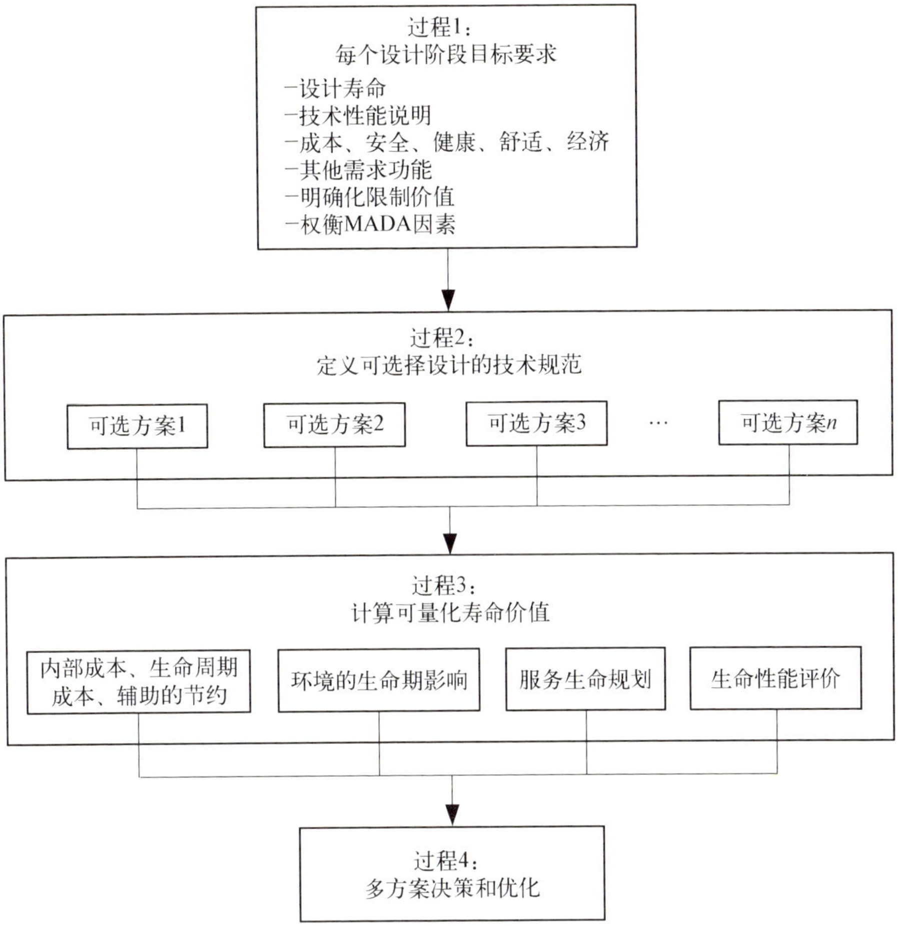

图1-1　全寿命成本分析方法决策过程

1.2.3　多目标决策

多目标决策是根据多个目标准则来比较、排序多个方案，从中选择出一个或几个方案的决策过程。因此，多目标属性决策可以定义为：对于给定的选择方案(离散、有限),决策者根据一组目标准则去衡量和判断出各方案的目标属性值,进而采用某种决策准则比较各方案,从中得出各方案的排序(或优先等级)结果。多目标决策包含5个基本要素:决策者、目标准则、方案、属性值和决策准则。

多目标决策属性值的决策的基本数据,主要有以下几个特点:

(1) 量纲不一致性。这是由于目标准则的不一致性造成的。由于多目标属性决策问题中的许多目标属性的量纲不一样,会产生不可比性。而多数多目标属性决策方法则要求各目标属性值具有可比性,因此有必要对各目标属性值进行规范化工作,使之变成可比数值。

(2) 定性定量相混合。在属性值矩阵中,有些属性值是明确的。可以定量表示的,如成本、工期、损失等,而有些属性值则是定性的、模糊表示的,如环境影响、可靠性等。对于这些模糊描述的属性值,有必要进行模糊量化工作。

(3) 属性导向的不一致性。属性导向的不一致性也即有的属性值越大越好,如可靠性等,而有的则是越小越好,如成本、工期等。导向的不一致性是由于目标准则的相互矛盾而引起的。越大越好的属性称谓获益性属性,而越小越好的属性称谓损失性属性。

有限方案多目标决策由于各个目标之间的互相冲突和不可公度性,要从中选择出满意解,往往需要融入决策者的偏好判断信息。依据对偏好信息的表示和处理方法的不同,可以将有限方案多目标决策分为传统决策方法和模糊决策方法。经典的有限方案多目标决策方法将决策者的偏好信息看作是非模糊的,特别是在权重和模糊信息的处理中,淡化了偏好信息的模糊性而用确定(明晰)的数值表示之。比如:

字典序法(Luce,1956)只要求决策者对各目标的重要性给出顺序,然后按照重要性顺序依次比较所有方案。如果对于最重要目标,某个方案优于其他所有方案,则该方案为最满意方案;如果在该目标下若干个方案没有明显差别,则将这几个方案作为一个方案子集,并按照次重要目标做进一步的优选,直至得到所有方案的排序。

线性分配法(Bernardo and Blin,1977)的基本思想是:如果某个方案按照几个重要目标均排序靠前,那么从总的来说,该方案排在最前面的可能性较大,并由此构造一序权矩阵去估计每个方案的排列,然后建立二值线性规划求解最满意方案。简单线性加权平均方法是最常见的决策方法之一,要求给定方案的目标值和权重信息,然后对各方案的目标值加权求和,最大值者即为最满意方案。

逼近于理想解的排序方法 TOPSIS(Hwang and Yoon，1981)是一种接近于简单线性加权的排序方法，只要求各目标的效用函数为单调增(或减)即可，并利用方案与正、负理想解的距离以及相应的相对接近度衡量方案的优劣。

ELECTRE 法(Roy，1971；Duckstein and Gershon，1983)要求决策者参与决策计算，决策者承担某种风险的程度决定了方案的淘汰与选择。其基本思想是：根据某种指示值对方案作级别关系检验，然后淘汰其中级别较低的部分方案，保留较好方案，逐步淘汰，直至得到最满意方案。

多维偏好线性规划方法 LINMAP 法(Srinivasan and Shocker，1973)与 TOPSIS 法有类似之处，都是通过与理想解的比较求解最优方案，但前者利用方案的有序对来估计目标权重和理想解，从而得到最满意方案。

层次分析法 AHP(Satty，1980；王莲芬和许树柏，1990)是目前广为应用的定性与定量相结合的方法，它允许将复杂问题分解成若干个递进层次，并通过两两对比确定目标的相对重要性，从而将决策者给出的属性值进行集结并对方案进行排序。

在多目标决策问题中确定目标权重时，决策者还可以用模糊语言变量，诸如：很重要、重要、稍重要、不重要等来表达，并通常用某种与之对应的模糊数来表示。与传统多目标决策相比，模糊多目标决策具有以下一些特点：模糊(或部分模糊)的目标值和权值；运用模糊运算；用模糊距离表示方案之间的差异；方案优劣用模糊集合(也可以是明晰数)表示，理想解是模糊极大集合，因而涉及模糊集合的排序；用模糊集表达决策者的语义描述等。

Bellman and Zadeh(1970)首先将模糊集理论应用到了多目标决策问题中，并提出了模糊最大最小法，该方法认为各目标是等权重的。在此基础上，Yager(1978)又对该算法作了改进，并将其推广到非等权重的情况；这两种方法计算简单，均属悲观决策方法。

模糊加权平均法 F-SAW(Bass and Kwakernaak，1977；Chen and Mclnnis，1980；Dubois and Prade，1982)利用 α 截集将经典线性加权法推广到了模糊状态下，该法能保持传统加权平均方法的基本思想；类似方法都有一个共同问题，即忽略了目标特征值的归一化问题。

1977 年，AHP 法的创始人提议在 AHP 法中引入模糊判断的概念；Laarhoven and Pedrycz(1983)在 AHP 法中引入了三角模糊数，将 AHP 法推广到了模糊状态；Buckley(1985)中用梯形模糊数改造了 AHP 法，许若宁和翟晓燕(1988)对该方法做了进一步的改进;魏毅强等(1994)提出了区间数特征向量法。

另外,Chen and Hwang(1982)运用模糊距离发展了 TOPSIS 法;Siskos et al.(1984)研究了模糊 ELECTRE III,Brans et al.(1984)提出了模糊 PROMETHEEH 方法;汪培庄(1983)提出了模糊线性加权平均综合评判方法;陈守煌(1998)建立了结构性、非结构性、半结构性模糊多目标决策单元系统理论、模型与方法。

1.2.4 路堑与隧道方案决策比选

工程方案的决策应遵循自然、经济和社会的协调发展,争取经济效益、社会效益和环境效益三统一。深挖方路堑方案虽然一般情况下造价低一点,但它对自然资源破坏严重,还可能诱发边坡失稳、工程滑坡或因日久风化而造成的落石等。如果选择浅埋隧道方案,虽然在造价上可能会高一点,但在保护生态、减少地质灾害及长期经济效益方面会优于深挖路堑方案。两个方案的比选应从技术的可行性、经济的合理性、运营维护的难易程度、环境保护和其他需特殊考虑的目标因子等方面综合考虑。

专门针对路堑与隧道方案比选的相关研究十分有限。周波(2004)通过高填土路堤与高架桥方案之间、深挖方路堑与隧道方案之间的费用分析,寻找可替代方案间费用相同时的临界值。得到了如下结论:当微、弱风化硬质岩石挖深超过 34～36 m,软质岩石或强风化硬质岩石挖深超过 28～30 m 时,可考察采用隧道方案的技术可行性。

王险峰(2005)从工程经济的角度对路堑与隧道工程可替代方案的费用进行分析,寻找可替代方案费用相同时的临界填挖高度值,也尝试给出方案选择开挖的高度判断值,其基本思路与周波(2004)基本相同。宋夫才等(2004)从环境影响方面分析了云南思小高速公路高填深挖的影响,对深挖路堑方案产生的土石方量、新生成的坡面面积以及植被破坏面积进行统计计算,简单论述并对比后将高速公路多处原深挖路堑方案修改为浅埋隧道方案。谷栓成等(2004)分析了目前高速公路中深路堑方案存在的问题,阐述了公路设计中环境保护和可持续发展的设计思想,提出浅埋隧道方案在高速公路建设中的应用。李吉根和李伟平(2000)以梅坎线两个傍山高路堑边坡为例,分析了路堑发生病害的原因,并针对提供的处理措施,提出了明洞方案代替深挖路堑方案的措施。胡志方(2004)从直接工程费用、长期经济效益以及生态环保三方面简单描述了两个方案的差异,为方案决策提供参考。国际隧协（International Tunnelling Association）Working Group 13（ITA，2004）发表了题为“Underground or aboveground? Making the choice for urban mass transit systems”的报告，主要针对城市轨道交通项目采用地上或地下的建设方案决策进行了分析，指出方案决策是一个复杂的关乎规划、施工技术、市政设计、经济和政治的问题。并指出初始投资只是所有花费的一部分，还需考虑运营、维修、安全及搬迁费用；并在决策时需全面考虑直接的和间接的、短期的和长期的效益。

已有的工程实践说明，在工程技术均可行的前提下，目前的浅埋隧道与深挖路堑方案的决策主要考察了经济的合理性，并且多以定性描述或两个方案对环境影响的优劣程度定性评价。有些学者统计了采用不同方案的占地面积、毁林数目、毁草面积，还有些学者在考虑受到影响的动植物种类及珍稀程度方面做了一些描述，但都是数量上的统计或定性的环境影响程度的描述，对于工程建设期的风险分析、运营期相关费用以及工程方案可靠性方面的研究在实际决策中基本没有考虑。

1.3 主要研究内容及思路

深挖路堑方案与浅埋隧道方案之间的决策普遍存在于山岭重丘区公路及铁路建设中。实际操作中，在工程技术均可行的前提下，主要是考察经济的合理性，在营运成本相差不大的情况下，以建设成本决定方案的优越性。然而，工程建设项目是一个周期长、投资大、技术要求高、系统复杂的生产和消费过程，在工程建设全寿命期内难免会受到各种各样风险因素的影响。本书依托交通部西部科技项目——山区高速公路工程风险分析与控制对策研究（项目编号：2006318799107），基于多目标决策理论，通过分析不同方案施工期内的常规成本风险、常规工期风险、施工期偶然风险导致的人员伤亡、经济损失和工期损失，以及运营期内的运营维护成本、方案可靠性和环境影响评价等指标，将全寿命理念和风险定量分析方法融入方案决策，构建路堑与隧道方案的决策模型，并利用蒙特卡罗仿真技术，以 Matlab 为平台开发相应的风险定量分析及决策软件。本书的主要研究内容包括：

(1) 常规工期风险与常规成本风险分析。利用规划评审技术 PERT (Program Evaluation and Review Technology)和蒙特卡罗仿真技术，求取不同方案的工期分布。将各施工工序的成本分为时间相关成本、数量相关成本和固定成本，然后根据各道施工工序的成本计算不同工程方案的总成本分布。第2章内容主要描述了常规工期风险与常规成本风险的分析方法。

(2) 针对深挖路堑方案，重点分析滑坡风险。计算边坡失效概率，预测滑坡规模，确定承险体的数量和分布，定量分析滑坡发生导致的人员伤亡、工期损失和经济损失，给出工程滑坡风险分析方法。第3章节3.3主要分析了边坡工程滑坡风险的定量计算方法。

(3) 针对浅埋隧道方案，重点分析塌方或冒顶风险。分析塌方概率，预测塌方规模，分析塌方影响区域内施工人员的伤亡、机械损坏以及塌方加固措施所需费用，估计塌方导致的工期损失，给出隧道塌方风险分析方法。第3章中3.4节主要介绍了隧道塌方冒顶的风险定量评价方法。

(4) 对不同工程方案的运营成本进行计算，并基于模糊综合评判法和模糊层次分析法，对不同方案的工程可靠性和环境影响进行评价。第4章内容主要分析了路堑方案和浅埋隧道方案的可靠性评价方法和环境影响程度方法，并对两种方案的运营成本进行了计算。

(5) 分析总结常用的多目标决策集结算子，对模糊判断矩阵的构造方法、排序方法以及一致性检验方法进行深入探讨。第5章进行多目标决策方法的探讨，并最终确定决策模型中所采用的单个决策者的决策信息集结算子以及群决策信息集结算子。

(6) 运用蒙特卡罗技术，基于Matlab平台开发了基于全寿命期风险分析的工程方案决策系统，实现对不同工程方案的决策，主要内容见第5章。

(7) 利用所建立的工程方案决策系统，对云南省水麻高速公路某处工程进行浅埋隧道与深挖路堑方案的决策，其决策过程与方法见本书第6章。

具体研究方法及思路见图1-2。

1.4 关键技术与创新点

1.4.1 关键技术

(1) 在进行滑坡风险和塌方风险分析时，建立地质灾害风险的发生概率和损失与岩土体力学性质的相互关系；

(2) 将滑坡风险及隧道塌方或冒顶风险的损失后果分析定量化；

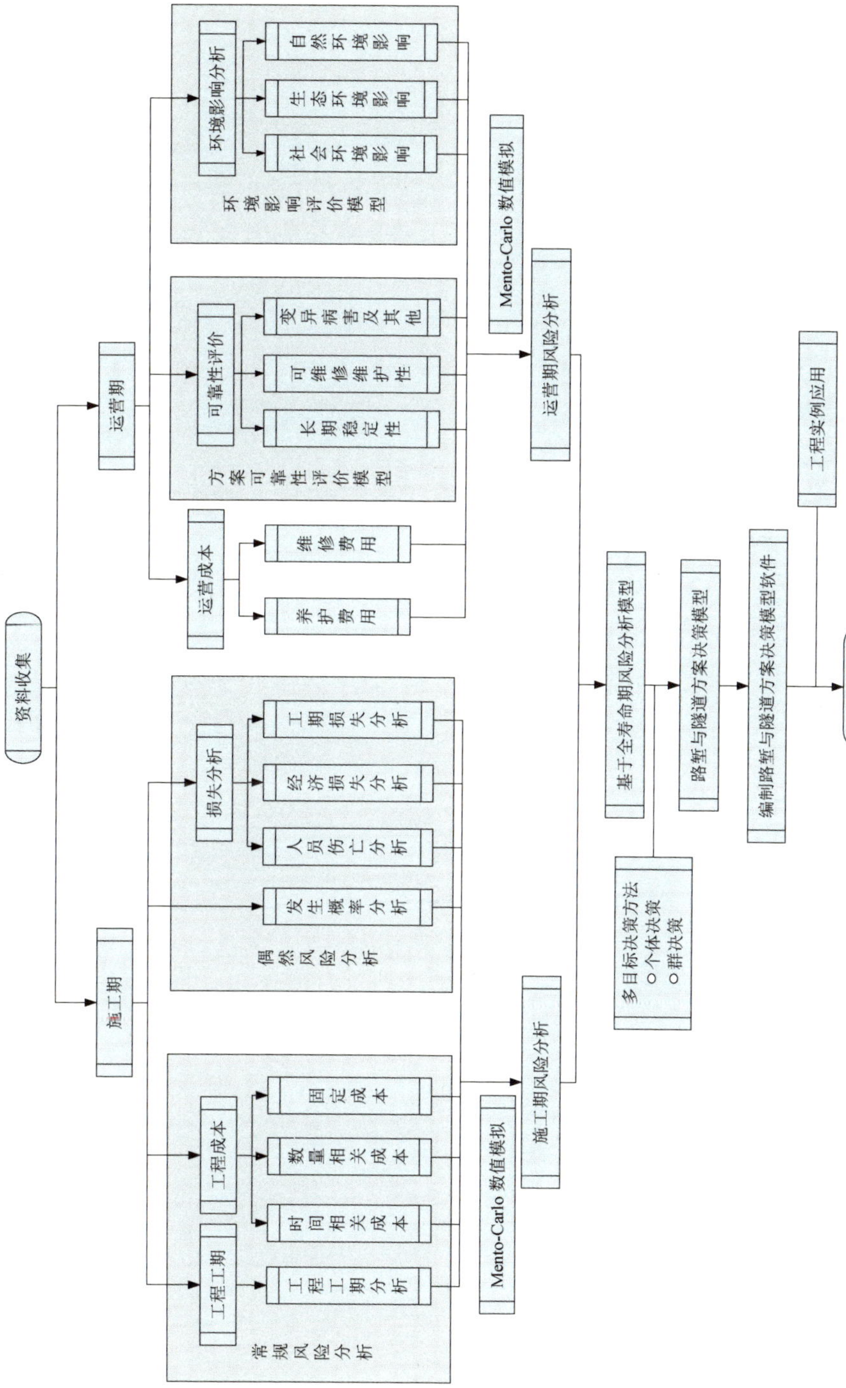

图 1-2 本书研究方法及思路

(3) 考虑常规风险对工程成本以及工期的影响,合理预测成本及工期的可能分布范围;

(4) 分析不同方案的环境影响程度以及可靠性程度;

(5) 建立风险定量分析和风险决策模型,并开发基于全寿命期风险分析的工程方案决策系统。

1.4.2 创新点

(1) 将全寿命期理念与工程风险分析融入工程方案的决策中,不仅考虑工程成本、工程工期,还考虑了施工过程中偶然风险造成的人员伤亡、经济损失以及工期损失,同时还考虑了运营成本、工程方案可靠性、环境影响等,为方案的合理决策提供科学依据;

(2) 将力学模拟、概率分析、损失计算等方法有机结合,提出了路堑、隧道工程建设风险的定量化分析方法;

(3) 提出了基于定量风险分析的工程方案决策方法,同时开发了相应的程序,为工程方案的优化比选提供了理论依据和技术支撑。

第2章 工程施工期常规风险分析

2.1 工程项目风险

工程项目风险对工程项目目标的影响体现在多个方面，主要包括工期风险、成本风险、质量风险和安全风险等。

项目成本风险是在给定项目条件下，项目实施期内可能产生的成本变动。建设项目的实现过程和一般的产品生产过程不同，它是在不确定性外部环境和条件下进行的。孙海虹和叶晓甦(2005)将成本风险分为三种成本：确定性的成本、风险性的成本和完全不确定性的成本。不同性质的成本贯穿于建设项目实施的全过程，只有到项目完成时，才能最终形成一个完全确定的工程成本。常规的工程成本风险主要表现在成本构成要素的不确定性上。成本构成要素是指构成工程成本的各项费用支出，主要包括土建费用、预备费和其他费用等。由于要素各子项均存在不确定性，从而造成工程总成本也存在不确定性。

工程成本超支在工程建设中是十分常见的，据最近的一份调查表明(Sangrey et al.，2003)，90%的基础设施建设项目都超过了初期预算值，最终成本平均超出初期预算值1.2倍之多。在地下及隧道工程建设中，问题尤其突出，最终成本可能超过原预算值的80%～100%，除政治、经济、策略风险外，其主要原因还有工程范围改变、规划设计失误等，其中对于隧道及地下工程，工程水文地质突变、施工水平的影响是工程成本超支的最常见、最严重的原因。Flyvbjerg et al.(2002)对全球58个铁路建设项目(包括高速铁路、城市轨道交通、普通铁路、城际铁路)、33个桥梁和隧道工程以及167个公路工程共计258个工程项目的成本进行了统计分析，发现工程最终成本平均超出预期成本约 28%；对于桥隧工程，成本超支率为 33.8%，且不确定性较大，成本超支率标准差为 0.624。图 2－1 和图 2－2 所示为最终成本超出原预算值的比例。可以看出，风险因素对工程成本的影响程度是巨大的，在对工程的成本进行预测时，必须要考虑风险因素的影响，这样才能使得成本预测更加准确与合理。

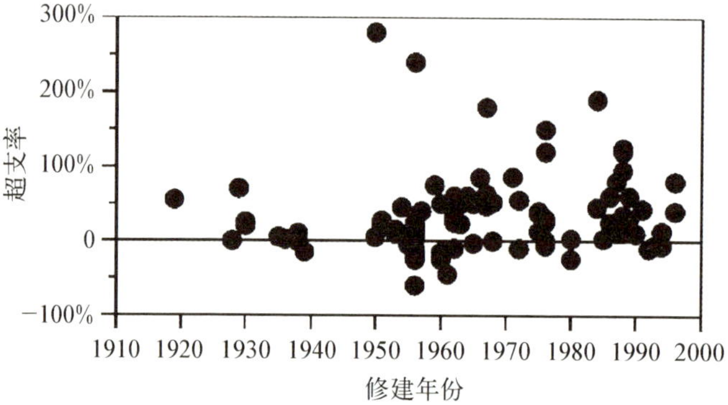

图 2－1　工程最终成本超支率统计(Flyvbjerg et al. 2002)

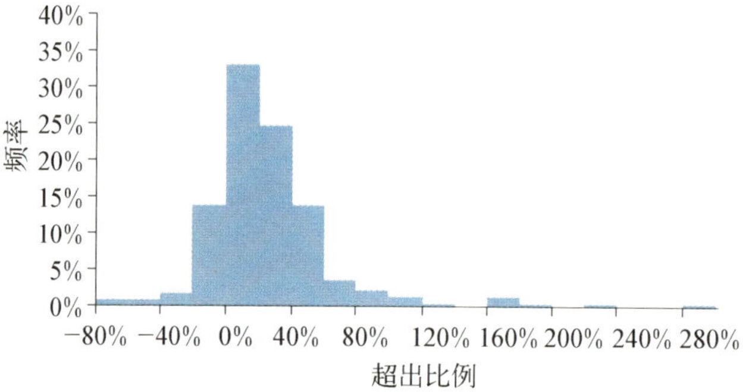

图 2－2　最终成本超出比例及频率(Flyvbjerg et al. 2002)

理论上，工程总成本受到工程所涉及的所有确定以及不确定因素的影响，它可以表示为所有变量的函数，包括确定性因素变量(α_i)和不确定因素变量(b_i)，如式(2－1)所示：

$$C = f(\cdots, \alpha_i, \cdots, b_i, \cdots) \tag{2-1}$$

在成本预测中，Isaksson(2002)将工程总成本(C)用基本成本和由于风险因素产生的风险成本的和来表示：

$$C = C_b + C_r \tag{2-2}$$

式中，C_b 为基本成本；C_r 为风险成本。

本书将工程建设中的风险分为常规风险和偶然风险。由常规风险引起的成本增加称为常规风险成本，由偶然风险引起的成本增加称为偶然风险成本。常规风险成本是可认知的，是必然发生的。比如人工单价、机械单价和材料单价受市场因素影响很大，土石方总量也是不确定的，这些不确定性风险即为常规风险。这些不确定性是必然存在的，形式上可采用概率论和统计学进行分析预测，常采用连续分布的概率函数来模拟这一不确定性（Isaksson，2002），如均匀分布、正态分布、三角形分布等。在工程建设中，诸如工程滑坡、隧道塌方等重大的、人们所不愿意看到的，对工程造成较严重后果的风险属于偶然风险。这类风险事故可能发生，也可能不发生，但一旦发生就会导致巨大的经济损失、人员伤亡和工期损失等严重的后果。偶然风险在风险评估工作中占有十分重要的地位。因而本书关于工程成本的计算公式可表示为式（2－3）：

$$C = C_n + C_e \tag{2-3}$$

式中，C_n 为常规风险成本；C_e 为偶然风险成本，两者均为不确定数值。

同样，工程项目的工期风险分析十分重要。工程项目建设是一个周期长、投资大、技术要求高、系统复杂的生产消费过程，在施工过程中影响工期的因素也众多，且逻辑关系复杂，例如，土地和地质条件、气候条件、材料和设备缺陷、设计范围不完整、设计结果有缺陷、设计发生改变、劳动生产率改变、承包商失职等都会产生工期风险。约旦的一些学者对影响工程工期的原因做了相关的统计和分析。Battaineh（1999）对 1996—1999 年期间约旦的 164 个建筑工程项目和 28 个公路工程项目的施工进度报告进行评估，结果表明工期延误是十分普遍的：实际完工工期和合同计划工期的平均比率，对于公路工程达 160.5％，建筑工程达 120.3％。Al-Momani（2000）对 1990—1997 年期间约旦的 130 项公共建设项目进行了施工延误原因分析，给出了不同种类建筑工程的实际工期与计划工期之间的回归模型及不同原因导致工期延误的发生频率，得出工程项目工期延误主要原因与设计人员、用户改变、气候、工地条件、延期支付和经济条件等因素相关。表 2－1 所示为 Al-Momani（2000）对各类建筑物工期拖延的统计数据。图 2－3 为引起工期拖延的原因分析柱状图，由图看出 130 个工程项目中，106 个（81.5％）存在工期拖延的现象，可见研究工程项目工期风险的必要性。

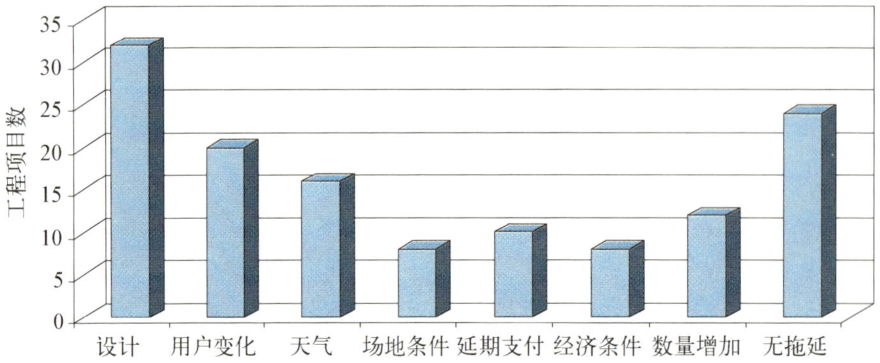

图 2-3　导致工期拖延的原因(Al-Momani,2000)

2.2　常规工期风险

2.2.1　常规工期风险

工程的工期就是工程从开工到竣工投产的持续时间,它是由整个工程进度计划决定的。施工进度计划是工程项目施工的时间规划,规定了工程项目施工的起讫时间、施工顺序和施工速度,是控制工期的有效工具。所谓工期风险,就是达到或实现预定工期目标的不确定性。工程中常用的工期有定额工期、合同工期、竣工工期等。合同工期是在定额工期指导下,由工程建设的承发包双方根据项目建设的具体情况,经招投标或协商一致后,在承包合同书中确认的建设工期。本文所研究的工期是对合同工期而言,在签订合同之前的工期风险因素不做考虑。

表 2-1　公用建筑项目工期统计数据(Al-Momani,2000)

种　类	工程数量	工 期/(天)		
		特征值	预计工期	实际工期
民宅	14	最大值	450	832
		最小值	75	66
		平均值	221.4	297.2
		标准差	102.3	192.9

续　表

种　类	工程数量	工 期/(天)		
		特征值	预计工期	实际工期
办公楼	34	最大值	750	751
		最小值	100	67
		平均值	354.6	442.2
		标准差	120.0	152.9
学　校	52	最大值	660	928
		最小值	150	225
		平均值	395.4	467.5
		标准差	129.7	141.1
医疗中心	20	最大值	720	904
		最小值	90	193
		平均值	313.5	444.5
		标准差	162.6	231.7
交通工程	12	最大值	360	410
		最小值	195	230
		平均值	268.2	308.2
		标准差	58.0	59.9

工期延误就会使时间相关成本相应增加，包括各种设备机械的租赁费、水电费、工人工资等，同时还会造成不良的社会影响，导致整个系统工程的使用延迟等。

所谓工期风险的量化分析，就是借助于历史资料、专家判断和分布理论知识，对各风险因素选择一个适当的概率分布，该分布可以显示因素变量出现的可能结果及每一可能结果发生的概率。风险因素可以使用典型的分布进行模拟，在经济系统的风险估计中，常用的概率分布有：经验分布、均匀分布、阶梯形分布、三角分布、β 分布、正态分布、梯形分布等。这些分布常用于随机变量(时间、费用、效益、次数)的概率描述，还可以描述天气、劳动生产率、合同承包商违约这样的风险因素(李林等，2001)。

Bekr(1990)对建筑工程项目中一些风险进行了研究，其结果表明：设备失效的风险适合用两点分布来描述;设计发生改变,设计范围不完整风险适合用均匀分布来描述;气候条件恶劣、劳动生产率低下、材料供应拖延、土体地质条件等适宜用三角形分布来描述;合同承包商违约风险适合用阶梯形分布进行描述。对于地下工程或岩土工程问题,建设过程中遇到水文地质条件与设计不符的情况经常发生,从而导致施工方法及设计变更是对工期拖延影响较大的因素。一些学者(廖伟权,2004;张少夏,2006)对导致工期拖延的风险源进行归类总结,主要有:

(1) 施工中环境风险源　工程建设中,地质条件和水文地质条件与勘察设计资料不符,一旦遇到水文地质以及环境等方面的不利因素,必然会影响施工进度。

(2) 气候风险源　施工进度与气候是密切相关的,特别是野外工程施工,雨季的增长或降水量的增多,可能使工程无法实施。恶劣的天气气候、暴雨、高温、洪水等会造成临时的停工甚至破坏,均是影响工期的因素。

(3) 材料风险源　材料风险源包括材料供应和材料质量风险源。工程的工期是在材料正常供应的前提下确定的,但在实际工程中,特别是在山区高速公路建设中,由于不可确定的因素多,交通条件差,材料无法及时供应的情况经常发生,这就会使工期产生拖延。

(4) 资金风险源　工程顺利施工,是需要大量的资金作为后盾的。施工单位的资金不到位,必将导致工程无法展开。另外,由于工程工期延误致使工程成本增加也是一种资金风险。

(5) 安全事故风险源　建筑业伤亡事故严重,主要有从高处坠落、被高处坠物击中、起重机起吊物坠落伤人、使用电工具误操作、爆破工程引发事故等。伤亡事故的调查以及善后、工作人员的变化都会影响到工程的进度。

(6) 其他风险源　影响施工进度的风险源还有很多,如施工机械故障风险、监理人员与施工人员合作不协调导致冲突等。在山区高速公路施工中,还可能会遇到人文环境问题产生的征地拆迁困难、人为阻工事件、施工场地狭小影响工程进度、电力供应不满足工程需要、设计变更及审批时间长等风险。除此之外,施工单位自身管理水平对工期风险也有很大的影响。

张云波(2003)对工期拖延原因进行了详细的调查,涉及业主、施工单位、设计单位、项目自身、劳动力、机械设备、建筑材料和其他原因等 8 大类,56 小类进行调查问卷。经过结果统计,进度款不能按时支付、材料供应不及时、材料质量不合格、图纸不完整、现场管理混乱、项目经理能力有限、不可预见的地质条件、地质资料勘探不准确、缺乏管理人员、施工经验不足等 10 项是影响工期较大的因素。作者在云南水麻高速公路的调查研究发现，山区高速公路建设过程中影响工期较大的因素有以下几个方面：气候条件恶劣、材料供应延误、设计变更、劳动生产率低、地质条件差等。

2.2.2　规划评审技术

20 世纪 50 年代末，Malcolm（1959）等人提出了规划评审技术（Program Evaluation and Review Technology），用于解决某一项目由各项活动组成，每项活动时间错综复杂，但又需要合理确定项目完成时间的场合。这种进度计划技术，具有原理简单、使用方便等特点，一直都是项目工期估算的有效工具（黄卫，1988）。PERT 的计算原理如下：

（1）关键路线和关键工序

编制网络计划的基本思路是要在一个庞大的网络图中找出关键路线，在各道关键工序上挖掘潜力，以达到缩短工期、降低工程费用和合理利用资源的目的，并在执行计划时，对各道关键工序加以有效控制和调度。

在网络图中，从始点开始，按照各道工序的顺序、连续不断地到达终点的一条通路称为路，在一条网络图中常常有很多条路。

例如图 2-4 中从始点到终点有 4 条路，即：第 1 条路：①→②→④→⑦→⑧；第 2 条路：①→②→⑤→⑦→⑧；第 3 条路：①→②→⑥→⑦→⑧；第 4 条路：①→③→⑥→⑦→⑧。完成各条路上的各道工序所需的时间分别为：第 1 条路：4＋2＋3＋2＝11；第 2 条路：4＋2＋4＋2＝12；第 3 条路：4＋3＋6＋2＝15；第 4 条路：2＋3＋6＋2＝13。一般情况下，在一张网络图中，不同的路上完成各道工序所需要的时间是不完全相等的。其中，完成各道工序需要时间最长的路称为关键路线，关键路线决定着工程的完工期。在时间进度上，关键路线是

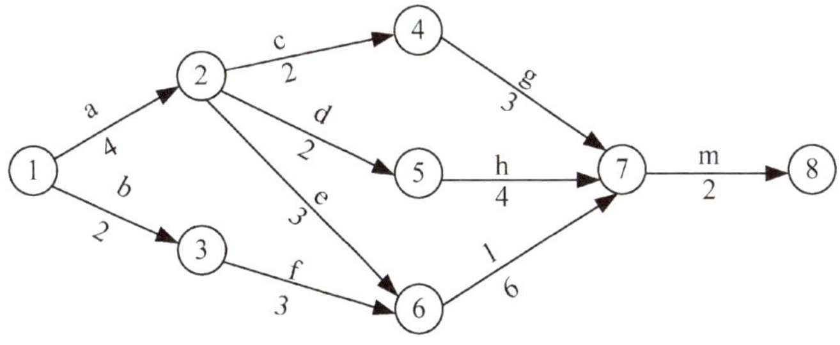

图 2-4　PERT 技术及工序时间

完成工程计划的关键。关键路线上的工序称为关键工序，如果缩短或者延误了关键工序的完工时间，就会使整个工程的完工时间提前或者推迟。图 2-4 中的关键路线是①→②→⑥→⑦→⑧，关键工序是 a、e、l、m。如果在这 4 道工序中，有一道工序的工序时间能够缩短一天，则工程就可以提前一天完工，如果有一道工序延误了一天，则工程完工期就要推迟一天。在不改变关键路线的前提下，对非关键路线上的各道非关键工序，无论是缩短还是推迟完成工序的时间都不会影响工程的完工时间。例如，在不改变关键路线的前提下，在第一条路线上的某一道非关键工序〔c 或者 g〕上，工序的完工时间推迟两天，也不影响整个工程的完工时间。

（2）时间参数及计算

1）工序时间 ET

完成某一工序所需的时间称为工序时间。工序时间有两种方法确定，第一种方法是根据工时定额或劳动量定额资料确定，若不具备这些定额资料，也可根据该工序或者同类工序时间消耗的统计资料，用分析对比的方法确定。第二种方法是在不具备时间消耗的统计资料，且工序时间较长，未知的和难以估计的因素较多的条件下，可以用三点时间估计法确定工序时间。三点时间估计法是对工序时间作出三种时间估计，然后把它们的平均时间作为工序时间。三点估计时间是：

① 最乐观时间：即在顺利情况下，完成工序的最短时间，记为 a；

② 最保守时间：即在不利情况下，完成工序的最长时间，记为 b；

③ 最可能时间：即在正常情况下，完成工序的时间，用 m 表示。

根据经验，平均工序时间可用下列公式计算：

$$ET = \frac{a + 4m + b}{6} \tag{2-4}$$

相应的方差为

$$\delta_{ET}^2 = \left(\frac{b - a}{6}\right)^2 \tag{2-5}$$

2）事件的最早期望完成时间 TE

当事件前存在几个工序时，必须将这些工序全部完成事件才算完成。设 $ET(i, j)$ 为工序(i, j) 的期望完成时间，$TE(j)$ 为事件的最早期望完成时间，则对其固定值，例如 j^*，$TE(j^*)$ 为

$$TE(j^*) = \max_i [TE(i) + ET(i, j^*)] \tag{2-6}$$

式中，(i, j^*) 为到达 j^* 的所有工序。

3）最迟必须完成时间 TL

在不影响总进度的情况下，事件的最迟完成时间称为最迟必须完成时间 $TL(i)$，对某个固定 i 值，例如 i^*，可得

$$TL(i^*) = \min_i [TL(j) - ET(i^*, j)] \tag{2-7}$$

式中 (i^*, j) 指从事件 i^* 出发的所有工序。

4）事件的松弛时间 SE

事件的松弛时间是指在不影响总任务完成的前提下，事件可推迟完成的时间。事件 j 的松弛时间为

$$SE(j) = TL(j) - TE(j) \tag{2-8}$$

5）事件 j 按期或提前完成的概率 P

事件 j 按期或提前完成的概率 P 为

$$P[T(j) \leqslant SD(j)] = \int_{-\infty}^{x(j)} N(0, 1)\mathrm{d}t$$

式中，$T(j)$是事件 j 的完成时间。

$$X(j) = \frac{SD(j) - TE(j)}{\sigma_{TE}(j)} \tag{2-9}$$

式中，$SD(j)$ 为事件 j 的计划完成时间。

2.2.3　工期分布模拟方法

在工程施工进度计划中，三点时间估计法是最常用的工序时间预测法之一，它可用来估计各工序时间的期望值和方差值。同时，工序持续时间常被假设服从某种分布，如 β 分布、正态分布或三角分布等，这使得工序时间估计在实际管理中与三点时间估计法较为一致，因而比较容易操作（王卓甫，2002）。下面针对这三种分布的情况，介绍用蒙特卡罗方法进行模拟的过程，分析工期的近似分布规律。

（1）β 分布、正态分布、三角分布的概率密度函数

1）β 分布

β 分布在估计区间(a, b)内概率密度函数的表达式为

$$f(x)=\frac{\Gamma(r+s)}{(b-s)^{r+s-2}\Gamma(s)\Gamma(r)}(x-a)^{r-1}(b-x)^{s-1},$$
$$x\in[a,\ b],\ r>0,\ s>0 \tag{2-10}$$

其中,参数 r 和 s 决定分布的形状,一般有左偏、右偏和对称三种。偏移系数定义为:

$$K=\frac{E[X-E(X)]^3}{\sigma^3}=\frac{2(s-r)}{r+s+2}\left(\frac{r+s+1}{r+s}\right)^{\frac{1}{2}} \tag{2-11}$$

如 m 居中, $K=0$; m 偏 a, $K<0$; m 偏 b, $K>0$。r 和 s 可由下列方程求解:

$$r=\frac{36\xi-(1+\xi)^2}{(1+\xi)^3},\ s=r\xi \tag{2-12}$$

式中, $\xi=\frac{5b-4m-a}{4m+b-5a}$

当 $m=\frac{a+b}{2}$ 时, $\xi=1$, $r=s=4$

2) 正态分布

正态分布性质详见本书第 2.3.1 节。

3) 三角形分布

三角形分布的一些性质详见本书第 2.3.1 节。

(2) β 分布、正态分布、三角分布的抽样公式

1) β 分布抽样公式

β 分布的概率密度函数极为复杂,难以得到抽样公式的表达式,但可以采用舍选法抽样,其抽样过程具体步骤如下:

① 估计 a, b, m 值,计算 r, s 值;

② 计算 $f(x)$ 的最大值 $f(m)$;

③ 产生两个[0, 1]均匀分布随机数 r_1, r_2;

④ 计算 $f(a+(b-a)r_1)$ 的值;

⑤ 判断 $f(a+(b-a)r_1)/f(m)\geqslant r_2$ 是否成立,若成立,则 $a+(b-a)r_1$ 即为服从 β 分布的随机时间长度。否则,重复③到⑤,直至判断式成立为止。

其中 Γ 函数由以下公式近似求解:

$$\Gamma(x)=\Gamma(z+n)=(z+n-1)(z+n-2)\cdots(z+1)z\Gamma(z) \tag{2-13}$$

式中, z 为位于区间[1, 2]内的数; n 为正整数;若 x 为正整数,则 $\Gamma(x)=(x-1)!$。$\Gamma(x)$ 可查有关数学参考书,可利用插值法求解。

β 分布抽样的流程框图如图 2-5。

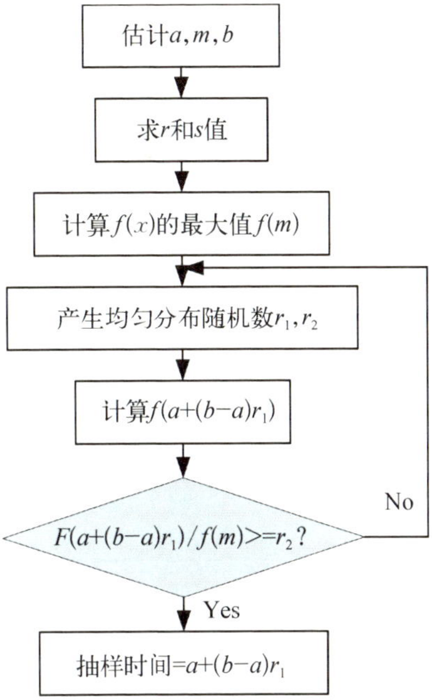

图 2-5　β 分布抽样的流程框图

2）正态分布抽样公式

工序(i, j)持续时间的正态分布抽样公式为：

$$f_{ij} = D_{ij} + \sigma_{ij} \sum_{i=1}^{12} (r_i - 6) \tag{2-14}$$

式中，f_{ij} 为工序(i, j)的随机抽样时间；D_{ij} 为工序(i, j)期望持续时间；σ_{ij} 为工序(i, j)持续时间的方差；r_{ij} 为伪随机数，其取值为(0, 1)。

3）三角分布抽样公式

工序(i, j)持续时间的三角分布抽样公式为：

$$f_{ij} = \begin{cases} a + \sqrt{r_i(m-a)(b-a)} & r_i \leqslant (m-a)/(b-a) \\ b - \sqrt{(1-r_i)(b-m)(b-a)} & r_i > (m-a)/(b-a) \end{cases} \tag{2-15}$$

式中，f_{ij} 为工序(i, j)的随机抽样时间；a、b、m 为三角分布的三点时间估计值；r_{ij} 为伪随机数，其取值为(0, 1)。

(3) 蒙特卡罗仿真步骤

① 编制工程网络计划，对每项工作的持续时间进行三点估计，即最乐观估

计、最可能估计、最保守估计；对正态分布情况，估计每项工作持续时间的均值和方差；

② 确定仿真次数、分组数，确定工作的概率分布，一般为正态分布、β分布或三角分布；

③ 分别按相应的概率分布随机抽样得出 f_{ij}；

④ 用关键路径法 CPM 计算第 k 次仿真时，网络的计算工期 T_k；

⑤ 进行统计分析。

(4) 统计分析

当仿真模拟 N 次以后，计算得到工期的集合 $\{T_k\}$。由此，分别计算均值 $\overline{T}$ 和标准差 S：

$$\overline{T} = \frac{1}{N}\sum_{k=1}^{N} T_k \tag{2-16}$$

$$S = \sqrt{\frac{1}{N-1}\sum_{k=1}^{N}(T_k - \overline{T})^2} \tag{2-17}$$

对样本分析，得出最大值 $T_{\max}$ 和最小值 $T_{\min}$，按分组数确定组距，统计样本在每组中出现的频数，绘制总工期分布的直方图。

2.3 常规成本风险

2.3.1 常规成本风险

基于风险的常规风险成本预测，是指工程能够按原计划顺利完成的情况下工程可能的成本范围。基于风险的工程成本预算使得工程成本不再是一个确定的值，而变成一个成本可能范围，如图 2-6 所示。

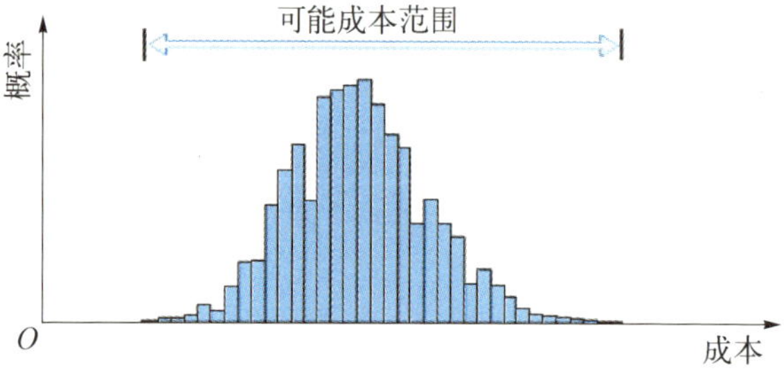

图 2-6 工程可能成本范围示意图

为便于计算常规风险成本，常将一个项目分解为若干个工序，用工序包模型计算项目成本(Rasdorf，1991)。该模型首先确定工作分解结构下各工序对应的成本项及各成本项对应的成本要素，然后计算出每个工序的成本，最后得到整个项目的成本，用公式表示为

$$C_i = \sum_{k=1}^{m_i} (X_{1ik}X_{2ik} + X_{1ik}X_{3ik} + X_{1ik}X_{4ik}) \tag{2-18}$$

$$C_n = \sum_{i=1}^{n} C_i \tag{2-19}$$

式中，C_n 为常规风险成本；C_i 为工序 i 的常规成本；m_i 为工序 i 对应的成本项数；n 为项目的工序数；X_{1ik} 为工序 i 中第 k 项成本项对应的工程量；X_{2ik} 为人工单价即员工完成每工程量的价格；X_{3ik} 为机械单价即机械完成每工程量的价格；X_{4ik} 为材料单价。某些工作为计量工程或计时工程，则将相应的变量置零。

文献(Isaksson，2002)将工程成本分为三种：时间相关成本(Time-dependent cost)、数量相关成本(Quantity-dependent cost)和固定成本(Fixed cost)。表 2－2 说明了一些常规成本的例子。

表 2－2　常规成本分类

分　　类	例　　子
时间相关成本(C_{nt})	工资，场地费用，机械租赁费
数量相关成本(C_{nq})	建筑施工材料，土方量
固定费用(C_{nf})	土地征用费，青苗损失费

本书对工程常规成本计算中，采用工序包模型理论，并将工程的每一道工序分为时间相关成本、数量相关成本和固定成本进行计算。因而，总成本可以表示为如下公式(Li et al.，2008)：

$$C_n = C_{nt} + C_{nq} + C_{nf} = \sum z_i t_i + \sum z_j q_j + \sum z_k f_k \tag{2-20}$$

式中，z_i，z_j 和 z_k 分别表示每种成本类型的成本变量。成本变量 z 经常表示为连续性的随机变量(例如三角分布、均匀分布等)，相应的特征参数按照相类似的历史数据或工程经验由专家给出。t_i、q_j 和 f_k 分别表示成本类型中各个项目的数量。其中人工单价、机械单价和材料单价受到风险的影响很大(郭宇和刘尔烈，2002)。陶学明和李颖(2006)对材料价格的风险因素进行了分析，认为主要包括：投标报价中材料报价的风险、材料供应市场风险以及设计变更和业主变更

工程引起材料变得风险因素对整个工程材料价格的变化影响较大。

常规工程成本的不确定性常用连续概率分布表示，常用的概率分布有均匀分布、正态分布、三角分布、β分布等，下面对这四种常用分布做简单描述（祝玉学，1993）。

(1) 均匀分布 $U(a,\ b)$

密度：

$$f(x)=\begin{cases}\dfrac{1}{b-a} & a\leqslant x\leqslant b\\ 0 & \text{其他}\end{cases} \tag{2-21}$$

分布：

$$F(x)=\begin{cases}0 & x<a\\ \dfrac{x-a}{b-a} & a\leqslant x\leqslant b\\ 1 & x>b\end{cases} \tag{2-22}$$

参数：a 和 b 为实数，且 $a<b$；a 是位置参数，$b-a$ 是比例参数。

范围：$[a,\ b]$

均值：$\mu_x=\dfrac{a+b}{2}$

方差：$\sigma_x^2=\dfrac{(b-a)^2}{12}$

众数：任何 $[a,\ b]$ 内的值

最大似然估计：$\hat{a}=\min X_i,\ \hat{b}=\max X_i$

说明：

1) 若 $X\sim U(0,\ 1)$，且$[x,\ x+\Delta x]$为$[0,\ 1]$上的子区间，其中 $\Delta x\geqslant 0$，则 $P\{X\in(x,\ x+\Delta x)\}=\Delta x$

2) $U(a,\ b)$ 的密度函数见图 2-7：

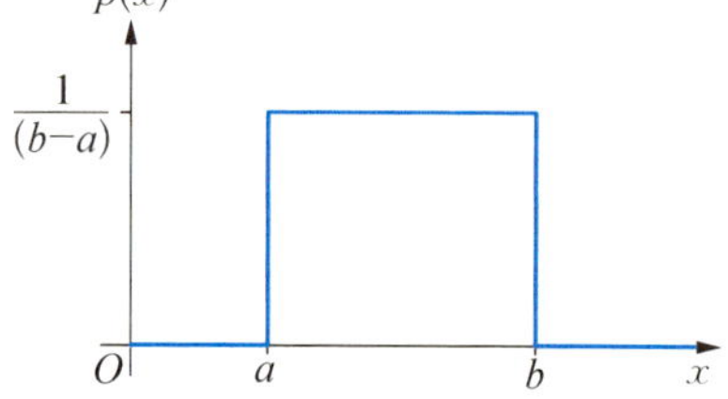

图 2-7　均匀分布密度函数

3) $U(a, b)$ 的累积分布函数见图 2-8：

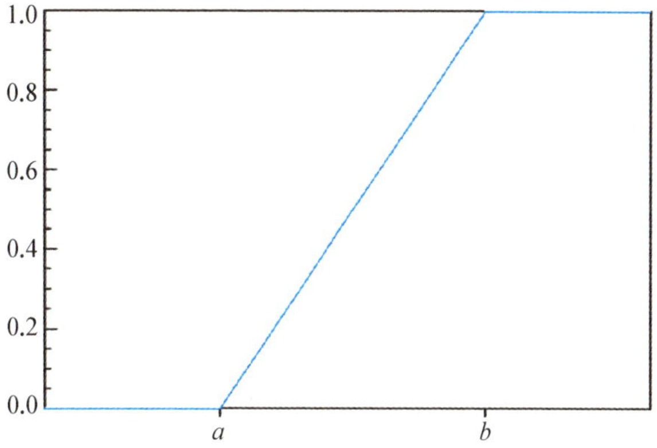

图 2-8　均匀分布累积概率曲线

(2) 三角形分布 $Triang(a, b, c)$

密度：

$$f(x)=\begin{cases}\dfrac{2(x-a)}{(b-a)(c-a)} & a\leqslant x\leqslant c\\ \dfrac{2(b-x)}{(b-a)(b-c)} & c<x\leqslant b\\ 0 & \text{其他}\end{cases}\tag{2-23}$$

分布：

$$F(x)=\begin{cases}0 & x<a\\ \dfrac{(x-a)^2}{(b-a)(c-a)} & a\leqslant x\leqslant c\\ 1-\dfrac{(b-x)^2}{(b-a)(b-c)} & c<x\leqslant b\\ 1 & x>b\end{cases}\tag{2-24}$$

参数：a,b,c 皆为实数，且 $a<c<b$；a 为位置参数，$b-a$ 为比例参数，c 为形状参数。

范围：$[a, b]$

均值：$\mu_x=\dfrac{a+b+c}{3}$

方差：$\sigma_x^2=\dfrac{a^2+b^2+c^2-ab-bc-ca}{18}$

众数：c

说明：

1）$c \to b$ 和 $c \to a$ 的极限情况分别称为右三角形和左三角形；

2）$Triang(a, b, c)$ 密度曲线见图 2-9。

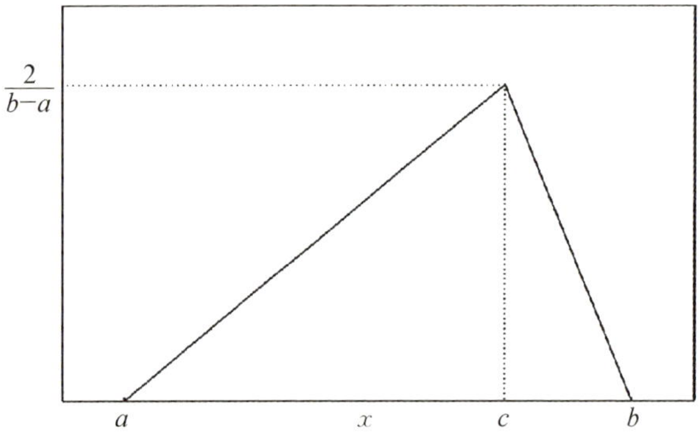

图 2-9　三角形分布函数

3）$Triang(a, b, c)$ 累积概率曲线见图 2-10。

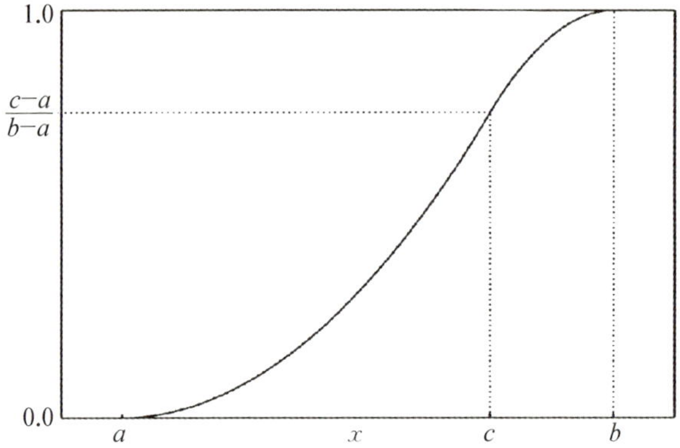

图 2-10　三角形分布函数累积概率曲线

4）三角形分布经常用于商务决策，尤其是计算机模拟领域。通常，如果对数据的概率分布所知信息很少，例如仅仅知道最大值与最小值，那么可以使用平均分布模型。但是，如果已经知道了最可能出现的结果，那么就可以用三角形分布进行模拟。

（3）正态分布 $N(\mu, \sigma^2)$

密度：

$$f(x) = \frac{1}{\sqrt{2\pi}\sigma} e^{-(x-\mu)^2/2\sigma^2}, -\infty < x < +\infty \tag{2-25}$$

分布：

$$F(x)=\frac{1}{\sqrt{2\pi}\sigma}\int_{-\infty}^{x}\mathrm{e}^{-(x-\mu)^2/2\sigma^2}dx \tag{2-26}$$

参数：位置参数 $\mu\in(-\infty, +\infty)$，比例参数 $\sigma>0$。

范围：$(-\infty, +\infty)$

均值：μ

方差：σ^2

众数：μ

说明：1) $N(\mu, \sigma^2)$ 密度曲线见图 2-11。

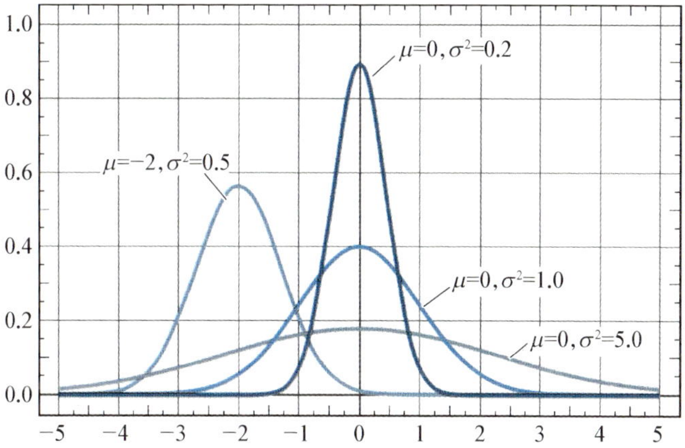

图 2-11　正态分布概率密度曲线

2) $N(\mu, \sigma^2)$ 累积概率曲线见图 2-12。

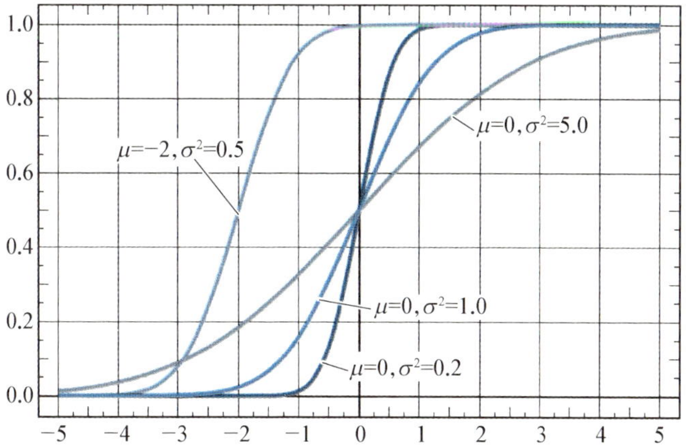

图 2-12　正态分布累积概率曲线

3）正态分布是自然科学与行为科学中的定量现象的一个方便模型。各种各样的心理学测试分数和物理现象比如光子计数都被发现近似地服从正态分布。尽管这些现象的根本原因经常是未知的，理论上可以证明如果把许多小作用加起来看作一个变量，那么这个变量服从正态分布。正态分布是在统计以及许多统计测试中最广泛应用的一类分布。在概率论中，正态分布是几种连续以及离散分布的极限分布。

(4) β 分布 $\beta(\alpha_1, \alpha_2)$

密度：

$$f(x)=\begin{cases}\dfrac{x^{\alpha_1-1}(1-x)^{\alpha_2-1}}{\beta(\alpha_1, \alpha_2)} & 0\leqslant x\leqslant 1\\ 0 & \text{其他}\end{cases} \tag{2-27}$$

式中，$\beta(\alpha_1, \alpha_2)$ 为 β 函数，其定义为

$$\beta(\alpha_1, \alpha_2)=\int_0^1 t^{\alpha_1-1}(1-t)^{\alpha_2-1}\mathrm{d}t \tag{2-28}$$

参数：形状参数 $\alpha_1>0$，$\alpha_2>0$

范围：$[0, 1]$

均值：$\mu_x=\dfrac{\alpha_1}{\alpha_1+\alpha_2}$

方差：$\sigma_x^2=\dfrac{\alpha_1\alpha_2}{(\alpha_1+\alpha_2)^2(\alpha_1+\alpha_2+1)}$

说明：1）若 X 是 $[0, 1]$ 区间内 β 分布随机变量，则 $a+bX$ 为具有同一分布曲线形状的 $[a, b]$ 区间的 β 随机变量；

2）当且仅当 $1-X\sim\beta(\alpha_2, \alpha_1)$ 时，$X\sim\beta(\alpha_1, \alpha_2)$；

3）$\beta(1, 2)$ 密度函数是左三角形，$\beta(2, 1)$ 密度函数是右三角形；

4）$\lim\limits_{x\to 0}f(x)=\begin{cases}\infty & \alpha_1<1\\ \alpha_2 & \alpha_1=1\\ 0 & \alpha_1>1\end{cases}$

5）$\lim\limits_{x\to 1}f(x)=\begin{cases}\infty & \alpha_2<1\\ \alpha_1 & \alpha_2=1\\ 0 & \alpha_2>1\end{cases}$

6）当且仅当 $\alpha_1=\alpha_2$ 时，密度曲线对称于 $x=\dfrac{1}{2}$，且均值与众数相同；

7) $\beta(\alpha_1, \alpha_2)$ 分布概率密度函数曲线如图 2-13 所示。

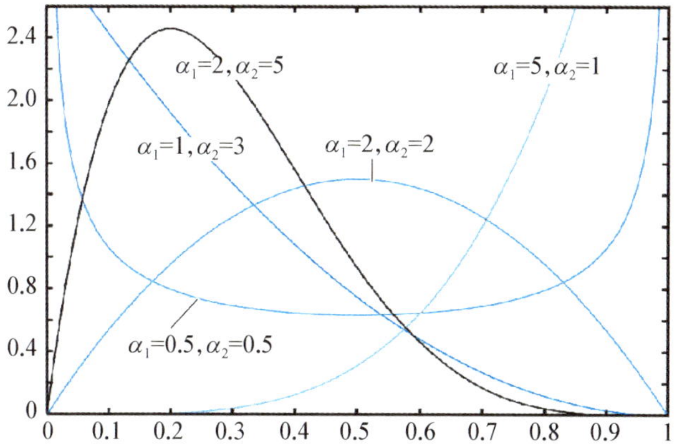

图 2-13　β 分布概率密度函数曲线

8) β 分布累积概率函数曲线见图 2-14。

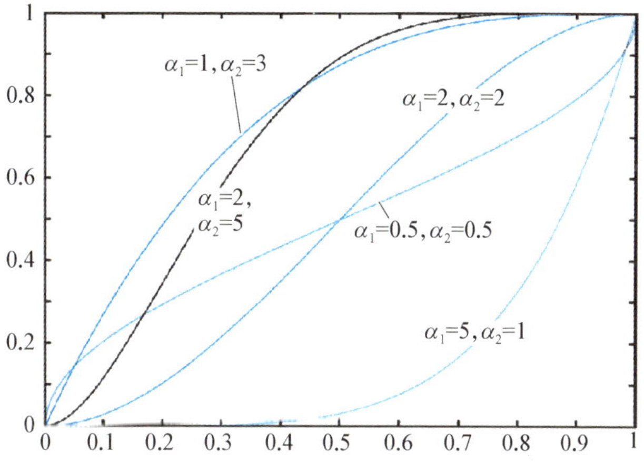

图 2-14　β 分布累积概率函数曲线

2.3.2　蒙特卡罗模拟法

蒙特卡罗(Monte-Carlo)模拟又称随机模拟(Random simulation)法，有时也称作随机抽样(Random sampling)技术或统计试验(Statistical testing)方法。是一种通过对每一随机变量进行抽样，将其代入数据模型中，确定函数值的模拟技术(王卓甫，2003)。

如果风险事件的风险后果 y 与风险因素 x_1, x_2, …, x_m 等有关，可以将风

险后果用数学模型 $y=\varphi(x_1, x_2, \cdots, x_m)$ 表示。若通过分析已求得各随机变量的概率分布,并且各风险因素 $x_1, x_2, \cdots, x_m$ 是相互独立的或是完全相关时:

(1) 根据已求得的风险因素 $x_1, x_2, \cdots, x_m$ 的概率密度 $f_1(x_1), f_2(x_2), \cdots, f_m(x_m)$ 在计算机上分别产生符合这些分布的随机数列;

(2) 将上述随机抽样得到的 n 组随机数带入风险后果数学模型可计算得到风险后果值,有 n 个结果:

$$\begin{cases} y_1 = \varphi(x_1^1, x_2^1, \cdots, x_m^1) \\ y_2 = \varphi(x_1^2, x_2^2, \cdots, x_m^2) \\ \cdots \\ y_n = \varphi(x_1^n, x_2^n, \cdots, x_m^n) \end{cases} \tag{2-29}$$

当 n 较大时,可利用求得的 $y_1, y_2, \cdots, y_m$ 进行统计分析,由此可以决定函数的概率分布特征,包括函数的分布曲线,以及函数的数学期望、方差等重要的数学特征。蒙特卡罗模拟技术可以利用成本构成要素的概率分布来得出对总成本预测的一系列模拟。

在模拟分析过程中,该方法通过从各个成本构成要素的概率分布中抽取独立样本来对项目成本进行试算,一部分试算结果可能偏向于乐观值,而另一部分可能偏向于悲观值。在对项目成本进行第一次试算后,计算机可多次重复这一过程,利用随机数发生器选择一定区间内的值,这种选择根据概率分布确定数据出现频率。其目的是估计依据若干概率输入变量确定结果变量的分布。

作为一种独具风格的方法,蒙特卡罗模拟法的特点是:模拟算法简单,过程灵活;可模拟分析多元风险因素变化对结果的影响;模拟结果的精度和概型的维数无关;模拟成本低,并可方便地补充更新数据。概括蒙特卡罗模拟法在工程造价中应用的优点包括:

(1) 多参数分析。将不确定性转化为概率,可以进行各种风险和不确定性参数同时变化的造价分析、处理。比如:在许多情况下,不同成本构成要素(如材料、人工、机械等)受多种不确定性因素(如市场、政策等)影响同时变化,并且按照一定的概率分布随机变化。

(2) 全过程工程造价动态控制。项目初始阶段信息或技术规范不完备,预计的各种影响工程造价的因素有可能随时间的推移而消失或减弱,同时可能出现新的影响因素。因此在不同阶段，根据信息的获得情况不断调整成本构成要素的概率分布，运用蒙特卡罗模拟原理产生新的成本控制依据，从而进行成本规划与控制。另外，该原理充分考虑折现率的概率分布，可以有效地进行投资分析，从而做出准确的决策。

(3) 预测信息丰富。可获得项目所要模拟的工程造价的概率分布，包括造价的均值、标准差；可进行趋势分析，这在与时间有关的预测中特别有用；可获得不同置信水平下的工程造价数额；可进行灵敏度分析，确定每个假设单元(成本构成要素或工作包)对预测单元(待模拟的工程造价)的影响。

(4) 有效考虑成本构成要素的相关性。工程造价的某些成本构成要素存在一定的相关性。比如，电气安装费用将随着建筑物安装空调系统而增加，并随机械费用的增加而增加。蒙特卡罗模拟技术可以通过定义成本构成要素之间的相关系数，充分考虑成本构成要素的相关性，对工程造价进行较为准确的预测。

2.3.3 常规成本风险计算

隧道的工程量主要包括：洞口及明洞开挖、防水与排水工程、洞口坡面防护工程、洞门建筑、明洞衬砌工程、遮光板(棚)、洞顶回填、洞身开挖、超前支护、喷锚支护、木材工程、洞身衬砌、仰拱及铺底混凝土、边沟电缆沟混凝土工程、洞内路面工程、行车横洞闸门、洞内防水与排水工程、喷涂防火材料、洞内装饰工程、监控量测工程、地质预报工程等。以上工程量主要体现了数量相关成本以及固定成本内容，加上各道工序的时间相关成本可大致反映出隧道工程的建设成本。

路堑工程主要工程量包括：路基土石方、排水防护工程、路面工程、安全设施、拆迁及占地等，其常规成本与隧道工程常规成本预测相似。根据施工网络组织图所确定的每道工序进行计算。首先将每一道工序的成本分为时间相关成本、数量相关成本和固定成本，然后将每个工序的成本进行求和。后运用蒙特卡罗数值模拟，计算出工程总成本的概率分布。

其中时间相关成本，是与各工序的工作可能持续时间密切相关的，关于工程及各工序的可能持续时间，已在上一节中讨论。

如前所述，各工序的成本项及各成本项对应的成本要素的数量及单价均可由连续性的随机数进行模拟。其中人工单价、机械单价和材料单价受到市场的影响较大，而成本要素的数量则受到多重因素的影响，比如，超挖引起多装多运隧道洞碴，超挖空间还需用临时支护或衬砌混凝土回填；欠挖则要清除，从而造成人工、材料的超额消耗，并且处理欠挖更易形成更大的超挖，这对隧道工程的成本影响很大(王承山,2006;孙红杰,2005)。

本书主要针对工程量来计算工程的可能成本范围,通过蒙特卡罗模拟技术来求取成本的概率分布。对工程的常规成本进行分析的主要过程如下:

(1) 绘制工程方案的施工网络进度计划图;

(2) 确定各工序对应的成本项及各成本项对应的成本要素;

(3) 按照时间相关成本、数量相关成本、固定成本将各成本要素进行分类,建立工程费用清单;

(4) 规定关于概率变量的假设。经常根据历史数据统计、经验值判断等方法,分别对各成本变量及项目数量进行概率变量分布假设,常选取正态分布、三角形分布、均匀分布、对数分布等;

(5) 设定迭代次数。一般而言,迭代次数越多,模拟结果越精确;

(6) 运行模拟,并进行结果分析。

2.4 本章小结

本章阐述了常规工期风险与常规成本风险的含义,认为诸如气候风险源、施工中环境风险源、材料风险源、资金风险源、工作效率不确定等是造成工期和成本不确定性的常规风险因素。常规工期风险和成本风险是必然发生的风险,它们都是在工程能够按原计划顺利实施且无重大偶然风险事件发生时的工期和成本,一般可用连续性概率分布表示。

在分析总结导致常规工期不确定性风险因素的基础上,利用 PERT (Program Evaluation and Review Technology)技术和蒙特卡罗仿真技术,将各工序的持续时间按照不同的连续性概率分布表示,得到工程的总工期分布范围。其中,工程常规成本风险主要表现在成本构成要素的不确定性上,由于要素各子项均存在不确定性,从而造成工程造价也存在不确定性。本书将各施工工序的成本分为时间相关成本、数量相关成本和固定成本计算,然后根据各道施工工序的成本和求得工程的总成本。其成本变量参数通常表示为连续性的随机变量,应用蒙特卡罗模拟技术得到最终的工程总成本分布图。

第3章 工程施工期偶然风险分析

3.1 概　述

根据工程建设中风险的特点，本书将风险分为常规风险和偶然风险进行分析。常规风险认为是可认知的，是必然发生的。比如人工单价、机械单价和材料单价受市场因素影响很大，由于地形勘察误差或开挖误差导致土石方总量也是不确定的，此类不确定性风险即为常规风险。常规风险是必然存在的，形式上可采用概率论和统计学进行分析预测，常采用连续分布的概率函数来模拟这一不确定性，如均匀分布、正态分布、三角形分布等。在工程建设中，诸如工程滑坡、隧道冒顶塌方等重大的、人们所不愿意看到的对工程造成较严重后果的风险属于偶然风险。这类风险事故可能发生，也可能不发生，但一旦发生就会导致巨大的经济损失、人员伤亡和工期损失等严重的后果，这一类风险事故也是导致工程能否顺利完工的主要原因。

对于路堑边坡方案，最可能的偶然风险为滑坡风险，在某些特定的地形地质条件下，还可能会发生泥石流、洪水甚至地震等风险。对于浅埋隧道施工，塌方甚至冒顶是最常见的偶然风险事故，其他的诸如突水涌泥、瓦斯爆炸、岩爆等的风险事故在浅埋隧道施工中的发生概率较小。因而，本章主要针对路堑边坡方案中的滑坡风险和浅埋隧道中的塌方冒顶风险进行偶然风险的定量分析，为方案决策提供数据支撑。

3.2 偶然风险损失分析原理

3.2.1 一般原理

工程成本严重超支、工期损失甚至人员伤亡的发生，主要是由一些偶然的风险事件或事故引起的。而这些不受欢迎的风险事件通常与不利的工程及水文地质条件有关(Isaksson,2002)。虽然这些偶然风险事件的发生概率较小,但其影响十分巨大。由此而导致的损失本文称为偶然风险损失。它可以由伯努利分布(Bernoulli distribution,又名两点分布)表示,如图 3-1 所示。

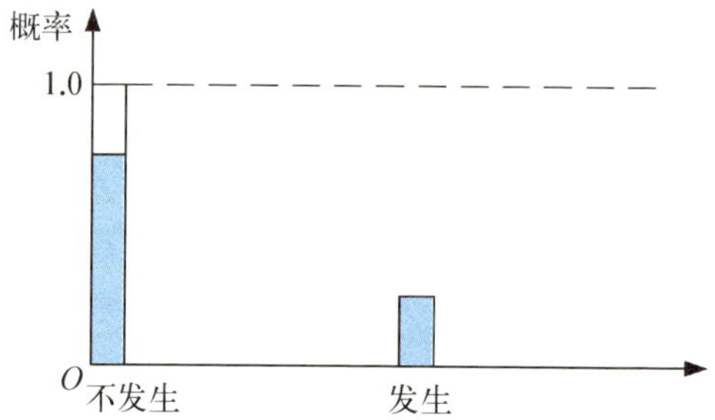

图 3-1 偶然风险事件发生概率

偶然风险事件的发生用伯努利随机变量来表示,当风险事件发生时 $x=1$,没有发生时 $x=0$。概率函数可以表示为

$$p_X(x)=\begin{cases}p & x=1\\1-p & x=0\end{cases} \tag{3-1}$$

式中,p 为偶然风险事件发生的概率。

对偶然风险事件所导致的后果,如成本超支、工期损失及人员伤亡常用事件树的方法来分析,如图 3-2 所示。

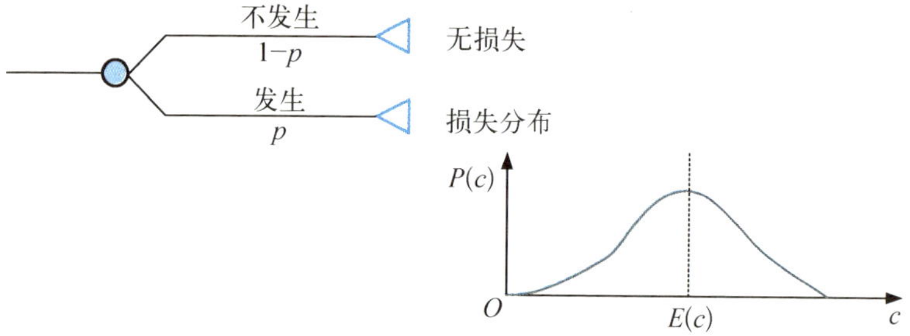

图 3-2 偶然风险事件的发生概率及损失分析

偶然风险事件引起的各种损失实际上是有一定范围的,可用概率密度函数来表示(图 3-2),其期望值为

$$E(C_{csq})=(1-p)\cdot 0+p\cdot E(C)=pE(C) \tag{3-2}$$

实际应用过程中,为便于计算也常将损失进行分级表示,如图 3-3 所示。

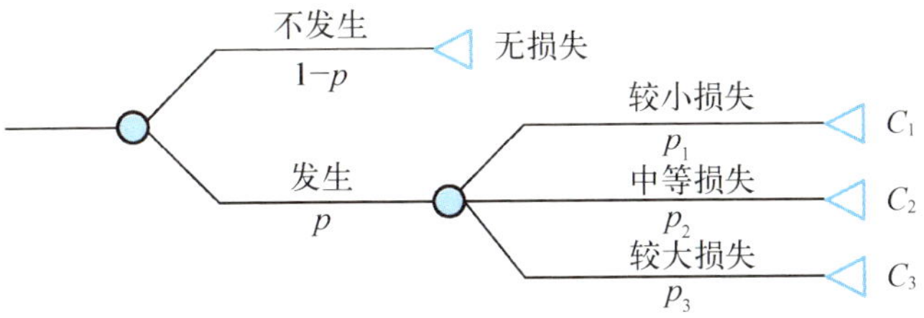

图 3-3　将损失后果进行分级考虑

当对后果损失进行分级表示时，其损失期望值可用下式表示：

$$E(C_{csq})=(1-p)\cdot 0+p\cdot\sum p_i\cdot C_i \tag{3-3}$$

3.2.2　人员伤亡分析

在分析人员伤亡损失时，本书借鉴了“球与盒子的组合问题”（Meyer and Nagpal，2002）来描述滑坡或隧道塌方发生时施工人员遭受不同伤亡情况的场景。球与盒子的问题简单描述为：假设有 n 个球，m 个盒子，求总共有多少种放法的问题。“球与盒子的组合问题”有 3 个不同的条件：n 个球是否相同，m 个盒子是否相同，是否允许有空盒子。若球是相同的，盒子是不同的，且允许有空盒子，总共有 $\binom{n+m-1}{n}$ 种不同的情况。

在对人员伤亡风险或其他可移动承险体进行损失分析时，我们可以认为，n 为现场施工人员的个数，m 为刻画不同受伤或受损程度的区域个数。通过对滑坡或塌方发生时在场施工人员的个数，以及承险体不同受伤或受损程度的区域数（例如将滑坡影响区域分为 3 个区来表征死亡、重伤和轻伤）可以得到偶然风险发生时人员伤亡损失的不同场景。这里我们认为人与人之间是无区别的，而区域之间是有区别的，且可以存在空的区域，如图 3-4 所示：

图 3-4　将影响区域分为死亡失踪区、重伤区和轻伤区

一般情况下，在场的施工人员数是以天为单位循环，并以不同班次变化的，同时每个班次施工人员的数量也是不确定的，可用某一概率分布表示，如图3-5所示。因而，当偶然风险（如滑坡）发生在不同的班次时间段时，其施工人员在场场景是不同的，造成的人员伤亡损失自然也是不同的。因此，在对人员伤亡进行

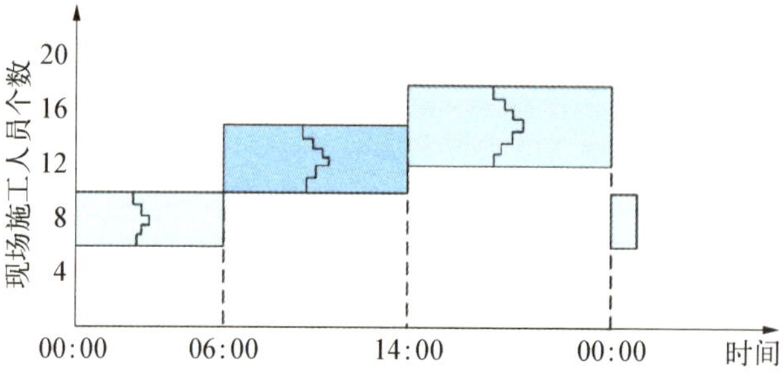

图 3-5　现场施工人员个数分布

分析时，可将风险损失指标按不同班次时间段分开考虑，采用式(3-4)：

$$R_H = P_R \cdot \sum (P_{(T|R)} \cdot P_{(n|S,R)} \cdot V_{(S|R)}) \tag{3-4}$$

式中，R_H 为人员伤亡风险指标；P_R 为偶然风险发生概率；$P_{(T|R)}$ 为偶然风险发生在不同班次的时间概率；$P_{(n|S,R)}$ 为偶然风险发生时空间区域 S 内有 n 个人的概率；$V_{(S|R)}$ 为空间区域 S 内人的平均易损性值；其中 $\sum (P_{(T|R)} \cdot P_{(n|S,R)} \cdot V_{(S|R)})$ 反映了偶然风险发生在不同班次时段内，由于施工人员数量的不同以及空间分布不同，人员伤亡的综合指标值的不同情况。本书中对人员伤亡分析时，将施工班次按每日 3 班计算，空间区域 S 的个数按 3 种损伤区域(死亡失踪区、重伤区、轻伤区)计算，$V_{(S|R)}$ 为 3 种区域内人的易损性建议平均值。

若将人员伤亡程度分为死亡或失踪、重伤、轻伤三种伤亡程度，并分别用 V_f、V_s 和 V_l 表示各伤亡程度的易损性建议平均值。定义死亡 i 个，重伤 j 个、轻伤 k 个的人员伤亡综合指标为

$$I_{hi} = iV_f + jV_s + kV_l \quad (i+j+k=n) \tag{3-5}$$

式中，n 为受到影响的总人数。其最终人员伤亡指标事件树分析原理如图 3-6 所示。

同时，若已知施工人员在不同区域的概率以及在场总人数，就可以求得不同伤亡程度人数的概率，可用二项分布来描述：

$$p_i^{(k)} = \binom{n}{k} p_i^k (1-p_i)^{n-k} \tag{3-6}$$

式中，$\binom{n}{k}$ 表示组合数，即从 n 个事物中取出 k 个的方法数，$\binom{n}{k} = \dfrac{n!}{k!(n-k)!}$。

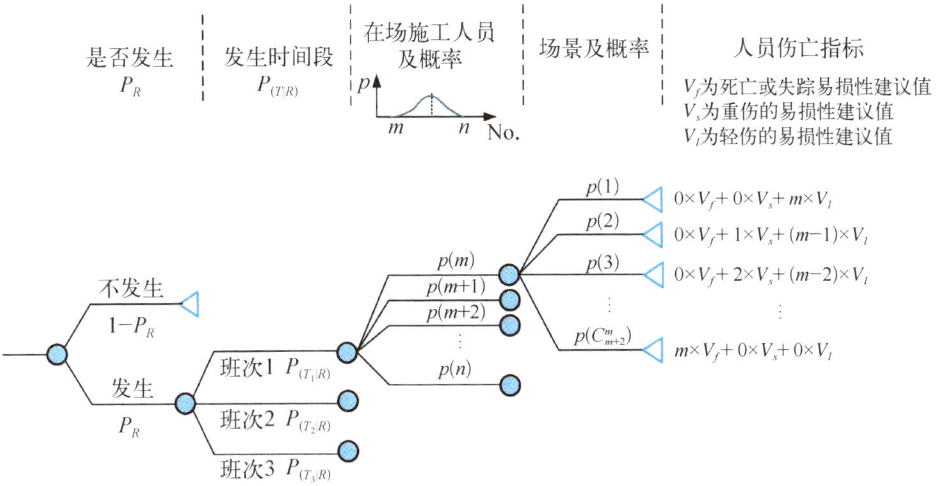

图 3－6　人员伤亡指标事件树分析原理

假设偶然风险发生时，现场人员个数为 n，施工人员在死亡失踪区Ⅰ、重伤区Ⅱ和轻伤区Ⅲ的概率分别为 p_1、p_2 和 p_3，则死亡 i 个，重伤 j 个、轻伤 k 个施工人员的场景概率为

$$p=\binom{n}{i}\binom{n-i}{j}\binom{n-i-j}{k}p_1^i p_2^j p_3^k \quad (i+j+k=n) \tag{3-7}$$

式(3－7)所得结果即为图 3－6 中“场景及概率”一项中的概率结果。

本书根据蒙特卡罗数值模拟方法，基于图 3－6 所示的事件树分析原理得到施工现场施工人员个数以及场景情况，从而得到人员伤亡综合指标的分布情况。

3.2.3　经济损失分析

对于某种可移动承险体（如施工机械）进行经济损失分析时，其分析过程与人员伤亡损失类似，不同的是除对不同损伤程度的易损性进行评价外，还需对施工机械本身的价值进行评估，可采用公式(3－8)进行计算：

$$R_{NSD}=P_R\cdot\sum(P_{(n|S,R)}\cdot V_{(S|R)})\cdot NV \tag{3-8}$$

式中，R_{NSD} 为某种可移动承险体的偶然风险经济损失指标；P_R 为偶然风险发生概率；$P_{(n|S,R)}$ 为偶然风险发生时空间区域 S 内有 n 个该种承险体的概率；

$V_{(S|R)}$ 为空间区域 S 内该种承险体的平均易损性值；NV 为该种承险体的平均市场净值。其中 $\sum(P_{(n|S,R)} \cdot V_{(S|R)})$ 反映了偶然风险发生时，由于承险体数量的不同，以及不同的空间分布情况下，承险体的综合经济损失指标值。本书中对施工机械损失分析时，空间区域 S 的个数按 3 种损伤区域计算（严重损坏区、中度损坏区、轻微损坏区），$V_{(S|R)}$ 为 3 种区域内承险体易损性建议平均值。

因而，对施工机械等可移动物体的经济损失预测，若假定施工机械的损坏程度分为严重损坏、中度损坏、轻微损坏三个等级，并分别用 V_{sd}、V_{md} 和 V_{ld} 表示各损坏程度的易损性建议平均值，NV 为该种施工机械的市场平均净值，则其经济损失综合指标可表示为

$$LE_{hi} = (iV_{sd} + jV_{md} + kV_{sd}) \cdot NV \quad (i+j+k=n) \tag{3-9}$$

式中，i、j、k 分别为施工机械处于三种损坏程度的个数。其事件树描述如图 3－7所示。

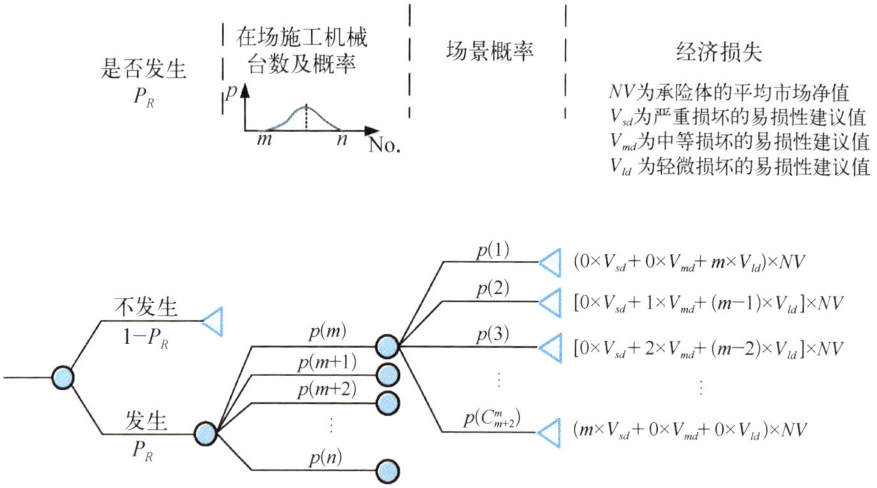

图 3－7　施工机械经济损失事件树分析原理

与人员伤亡情况类似，严重损坏 i 台，中度损坏 j 台、轻微损坏 k 台施工机械的概率为

$$p = \binom{n}{i}\binom{n-i}{j}\binom{n-i-j}{k} p_1^i p_2^j p_3^k \quad (i+j+k=n) \tag{3-10}$$

式(3－10)所得结果即为图 3－7 中“场景及概率”一项中的概率结果。

对于导致已建结构的损失，可按下式计算：

$$R_{SD} = P_R \cdot P_{(D|R)} \cdot V_{(S|R)} \cdot C_S \qquad (3-11)$$

式中，R_{SD} 为某种已建结构的经济损失指标；P_R 为偶然风险发生概率；$P_{(D|R)}$ 为滑坡体或塌方体能够影响到结构的概率，$V_{(S|R)}$ 为结构的易损性，C_S 为建造相应损坏结构的成本。

3.2.4　人员伤亡导致的工期损失

关于死亡失踪、重伤和轻伤的具体损伤程度描述，参考“交通部办公厅关于印发交通部交通行业建设工程安全生产事故统计报表制度的通知”附录，依据《企业职工伤亡事故分类标准》(GB6441—86)和《事故伤害损失工作日标准》(GB/T15499—1995)的相关内容。“重伤”是指造成职工肢体残缺或视觉、听觉等器官受到严重损伤，一般能引起人体长期存在功能障碍，或劳动能力有重大损失的伤害，具体是指损失工作日等于和超过 105 日的失能伤害。“轻伤”是指造成职工肢体伤残，或某些器官功能性或器质性轻度损伤，表现为劳动能力轻度或暂时丧失的伤害，一般指受伤职工歇工在一个工作日以上，但够不上重伤者。“死亡或失踪”包括在事故发生后 30 天内死亡的(因医疗事故死亡的除外，但必须得到医疗事故鉴定部门的确认)。通过对损伤程度的描述，以及本书 3.2.2 节中关于人的易损性的评价，本书关于三种受伤程度的易损性建议取值分别为：死亡或失踪(1.0)、重伤(0.8)、轻伤(0.2)。当然，决策者可根据具体情况对其进行不同的赋值。

偶然风险导致的经济损失及工期的拖延与灾害的规模密切相关。依据“建筑工程重大事故等级评定”办法，建筑工程重大事故系指在工程建设过程中由于责任过失造成工程倒塌或报废、机械设备毁坏和安全设施失当造成人身伤亡或者重大经济损失的事故。分为四个等级，包括：

(1) 具备下列条件之一者为一级重大事故：① 死亡 30 人以上；② 直接经济损失 300 万元以上。

(2) 具备下列条件之一者为二级重大事故：① 死亡 10 人以上，29 人以下；② 直接经济损失 100 万元以下，不满 300 万元。

(3) 具备下列条件之一者为三级重大事故：① 死亡 3 人以上，9 人以下；② 重伤 20 人以上；③ 直接经济损失 30 万元以上，不满 100 万元。

(4) 具备下列条件之一者为四级重大事故：① 死亡 2 人以下；② 重伤 3 人以上，19 人以下；③ 直接经济损失 10 万元以上，不满 30 万元。

对于发生人员伤亡事故的建筑工地，依照不同地区不同的工程情况，可能会产生不同程度的停工整改，由此而导致的工期损失不容忽视。如：

(1) 武汉(2007)　凡发生死亡事故的企业，扣留安全许可证 30～90 天，期间施工企业所有施工项目停工整改，不准承接新工程。整改不力的，延长安全许可证扣留期，直至吊销安全生产许可证(http://news.163.com/07/0414/09/3C1GUBDB00011229.html)。

(2) 新疆(2006)　只要建筑施工企业在施工过程中发生了伤亡事故，安全生产许可证颁发管理机关就会于事故发生之日起 5 个工作日内暂扣企业(包括总承包企业和发生事故的分包企业)的安全生产许可证，并停工 5 天(http://www.tianshannet.com.cn/GB/channel3/98/200602/08/224573.html)。

(3) 成都(2007)　工地发生人员死亡的安全事故，必须停工 3 天以上进行整改(http://www.chengdu.gov.cn/business_chengdu/detail.jsp?id=146347)。

(4) 北京(2007)　发生三级以上安全事故(死亡 3 人以上)的工地将停工一个月以上进行整改，同时该企业所有在京工地停工一周整改(http://beijing.qianlong.com/3825/2007/01/24/118@3633214.htm)。

可以看出，不同的地区不同的工程项目，由于具体情况的不同，人员伤亡而导致的停工时间差异较大。结合以上关于人员伤亡指标的描述，本文将因人员伤亡而导致的停工时间也分为四级，其相应标准如表 3-1 所示。在计算中，假定此项工期损失符合某种分布形式，决策者根据工程项目的具体情况，对此项工期损失的范围进行预测。

表 3-1　因人员伤亡导致停工时间等级划分

重大事故等级		一　级	二　级	三　级	四　级
伤亡人数描述		死亡 30 人以上	死亡 10 人以上，29 人以下	① 死亡 3 人以上，9 人以下 ② 重伤 20 人以上	① 死亡 2 人以下 ② 重伤 3 人以上，19 人以下
人员伤亡指标		≥30	10～29	3～9	0～2
范围示例/天	乐观值	20	15	10	5
	悲观值	30	25	20	15

3.3　路堑边坡滑坡风险定量分析

边坡开挖过程中发生滑坡事故不仅造成巨大的经济损失、工期损失甚至导致人员伤亡，还会造成不良的社会舆论。建设过程中的滑坡事故也司空见惯，如北京到珠海高速公路韶关到瓮城段由于滑坡塌方数量多，不得不进行重新勘察和设计，导致工期延长一年，经济损失近 3 亿元；由于边坡控制费用的增加，宝成线宝鸡到广元段的最终投资达到 4.7 亿元，是预算投资的 1.6 倍等。

Terzaghi(1950)指出引起边坡发生滑塌的因素包括地质环境条件等内部因素，以及降雨、人类活动影响等外部因素。人类活动的影响，如森林砍伐、公路边坡的开挖、建筑基础的开挖等已成为边坡滑坡的主要诱因之一(Dai et al.，2002)。显然，人类工程开挖活动是导致工程边坡发生滑塌的主要原因，因为边坡开挖会产生新的自由面，破坏原始的地质环境平衡条件，导致应力重新分布，进而导致滑坡的发生。

对于某一工程边坡来讲，其安全系数在寿命期限内是一个随时间变化的函数(Popescu，1996)。实际上，对于正在施工中的边坡开挖工程，由于开挖以及支护的实施，其稳定状态在施工期间变化也是十分显著的。可以认为工程边坡的滑坡风险分析是确定边坡不同滑坡场景的风险分析，而这种不同的场景是随开挖施工步骤不断变化的。

对于不同的开挖支护施工步骤，边坡稳定状态的变化是明显的，同时可能的滑坡体积和影响区域也是不同的，因而其承险体的数量以及种类自然也是随之变化的。因此，在边坡工程施工过程中，边坡发生滑坡的概率以及相应的损失是随施工变化的。图 3-8 所示为工程边坡在施工过程中工程风险随时间变化的曲线，并将其简化成随施工步骤变化的柱状图。对于某一特定的边坡开挖支护工程来讲，一般将各施工步中风险最大的施工步作为体现整个工程风险大小的滑坡场景来进行分析评价。

3.3.1　滑坡发生概率及规模预测

边坡工程是以岩土体为工程材料、以岩土体天然结构为工程结构，或以堆置物为工程材料、以人工控制结构为工程结构的特殊构筑物。构成边坡的地质体

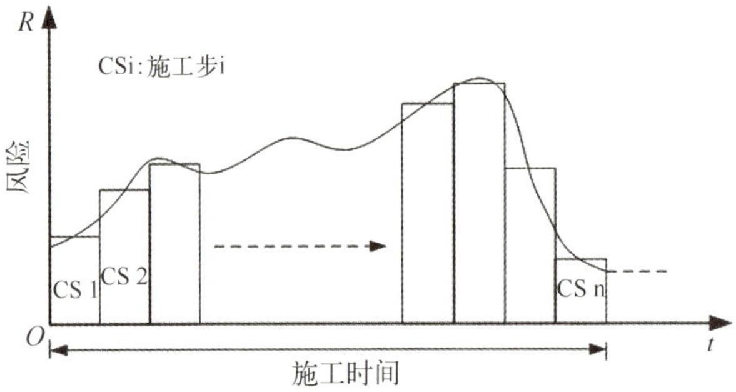

图 3-8　滑坡风险随施工步变化曲线

经受长期的、多循环的地质作用，由于作用强度不一，且又错综复杂，致使它们的工程地质性质差异很大。就是在同一地区，同一岩土体内，也会造成地质特性的强烈空间变化性，这就决定了边坡工程必然具有不确定性，工程边坡发生滑坡具有可能性。

目前，有多种方法可用来预测边坡发生滑坡的可能性及概率。Soeters and van Westen(1996)以及 van Westen et al.(1997)将这些方法划分为几类，包括：详单法、试探法、统计法和确定性方法。澳大利亚岩土工程协会 AGS(2000)将这些方法总结如下：

(1) 调查及经验法：对研究坡体进行调查，对其地质及地形条件进行分析，在此基础上，根据经验对滑坡发生的可能性给出评价。

(2) 详单法：统计尽可能多的边坡滑坡实例，以此为依据对研究边坡的滑坡概率进行定量的预测，或对滑坡可能性进行定性的评价。

(3) 诱因法：分析辨识发生滑坡的诱因事件，分析诱因事件的概率来表征滑坡发生的概率，如降雨、地震等。

(4) 原因后果法：在数学上，分析边坡的地质地形变化特征，推断滑坡发生的可能性。

(5) 确定型/概率型分析：利用一个确定的边坡稳定状态模型，输入不确定的输入参数，计算边坡发生滑塌的概率。

实际工程活动中，对于大多实际的工程项目，对滑坡概率的预测仍然建立在定性的基础上，许多决策仍然是根据经验或者主观上的判断(AGS,2000)。对于边坡发生滑塌的概率或频数的预测，大多都是建立在经验、主观判断或历史统计数据之上。然而，对于某些边坡，比如在偏远山区中高速公路建设过程中遇到的大多数边坡，其历史数据十分匮乏，因而导致了滑坡概率定量分析的困难。

可靠度理论是一种评价边坡失效概率的有效方法。对于某一特定边坡，其失效概率可表示为边坡安全系数小于 1 的概率。在传统方法中，效用函数经常采用简化的极限平衡法，如条分法、简化 Bishop 法以及简化 Janbu 法等(Dai et al.，2002)。这些方法的缺陷是，滑动面是在特定的分析状况下事先得到的，并以此作为概率分析中的滑动面。而实际情况是当边坡处在不同的状况下其滑动面也是发生变化的(Shien，2005)。

本书首先基于蒙特卡罗方法得到岩土体的强度及变形参数，以此作为输入参数，利用强度折减法求取边坡的安全系数，这样可以避免传统可靠度分析中基于极限平衡法的滑动面不变的弊端，同时在计算过程中，还可考虑边坡的支护结构对边坡可靠度的影响，从而得到更加准确的边坡失效概率。

3.3.2　滑坡灾害易损性分析

易损性是风险分析中最基本元素之一(Varnes，1984；Einstein，1988；Leone et al.，1996)。然而，由于缺乏一个统一的确定的方法来对承险体的易损性进行定量评价或等级划分，使得易损性分析成为滑坡灾害风险分析中最难定量化表示的元素(Glade and Crozier，2005)。关于滑坡灾害承险体的易损性预测评价，绝大部分文献都是定性描述的，并且很大程度上是基于主观评价或历史记录数据(Dai et al.，2002)。一些文献(Fell，1994；Leone et al.，1996；Wong et al.，1997；AGS，2000)认为，易损性是滑坡所造成的单个或一组承险体潜在的破坏或损失程度，因而易损性常被表征为一个无量纲区间为 0 到 1 之间的数值。而一些学者(如 Remondo et al.，2008)认为易损性理论上是可以大于 1 的，比如对于建筑结构来说，维修或改建的成本可能大于重新建造一个新结构的成本。

Uzielli et al.(2008)提出了一个较为明确的概念性框架来定量地分析滑坡灾害中承险体的易损性。在他提出的框架中，易损性是关于灾害强度和承险体本身脆弱性(susceptibility)的一个函数。Kaynia et al.(2008)在此基础上，基于 FOSM 方法对原模型进行了扩展。由于引入了诸如空间影响率、人口密度以及人均 GDP 等一些综合性的指标，该方法实际上主要用来评价区域性或国家范围内的滑坡灾害分布。同时一些较为重要的指标，诸如滑坡体厚度、建筑结构基础的深度等对易损性影响十分重要，此方法中没有考虑。同时，将易损性定义为滑坡灾害强度和承险体本身脆弱性的乘积的形式也不太符合实际情况，值得商榷。针对以上缺陷，本书提出一种新的模型来评价滑坡风险中承险体的易损性。

1. 易损性评价模型

Finlay(1996)根据香港地区的滑坡灾害历史数据提供了一些有用的数据来评价易损性。Leone et al.(1996)引入了破坏矩阵(结构、人员、功能)来评价滑坡灾害的易损性。Duzgun and Lacasse(2005)提出了一个三维的概念性构架，用滑坡等级(magnitude)、规模(scale)和承险体(elements at risk)来评价易损性。Remondo et al.(2008)根据研究区域内过去 50 年内的历史数据，列出了每次滑坡灾害导致的经济损失，除以相应承险体的实际价值后得到易损性值。Zêzere et al.(2008)根据历史数据以及滑坡灾害的强度求得了易损性，分析中同时还考虑了结构的一些性质如结构形式、结构的寿命以及层数等。

这里定义易损性为承险体遭受特定强度的滑坡灾害后发生损毁的难易程度或损失程度。承险体的易损性一方面取决于滑坡的强度，另一方面取决于承险体自身的条件。因而本文将易损性定义为某承险体遭受的滑坡灾害强度(I)以及该承险体的抗灾害能力(R)的函数。其表达式如(3-12)所示：

$$V = f(I, R) = \begin{cases} 2\dfrac{I^2}{R^2} & \dfrac{I}{R} \leqslant 0.5 \\ 1.0 - \dfrac{2(R-I)^2}{R^2} & 0.5 < \dfrac{I}{R} \leqslant 1.0 \\ 1.0 & \dfrac{I}{R} > 1.0 \end{cases} \tag{3-12}$$

滑坡灾害强度和承险体的抵抗能力均为无量纲的参数。图 3-9 所示为易损性随 I/R 的变化规律以及不同抗灾害能力的承险体其易损性变化曲线。

由图 3-9(b)可以看出，对于相同的灾害强度，不同的承险体由于抵抗灾害的能力不同，其各自的易损性不同，对于抵抗能力强的承险体易损性较小，而对于抵抗能力差的承险体造成的易损性较大。同时，抵抗灾害能力差的承险体随灾害强度的变化十分显著，在较小的灾害强度下就可能达到 1.0。对于某一抵抗能力的承险体，其易损性的变化率在 $I/R \leqslant 0.5$ 以前是线性增大的，而在以后是线性减小的，其变化率可用图 3-10 表示。

2. 滑坡灾害强度指标

对于某一滑坡来讲，其滑坡等级可通过一些参数如滑坡体积、滑坡速度、厚度、滑坡距离以及影响面积来进行定义(Ojeda-Mocayo et al.，2004；Lee and

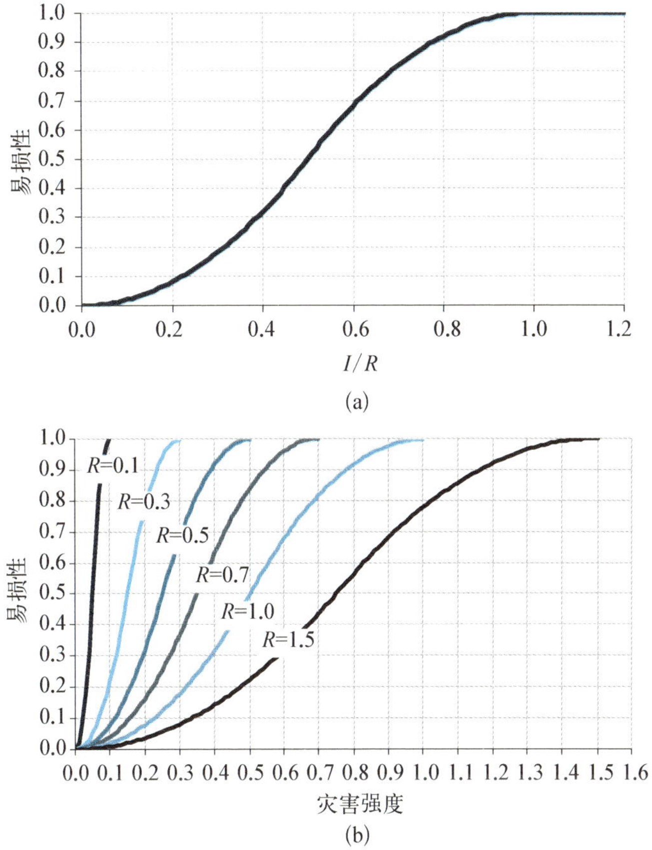

图 3-9　*V* 随 *I/R*(a)及 *I*(b)的理论变化趋势

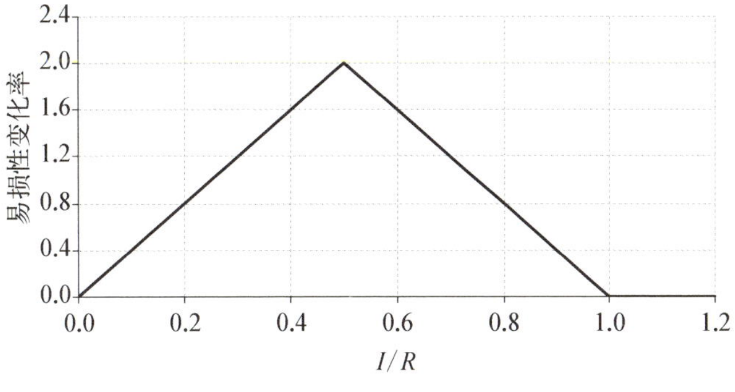

图 3-10　易损性随 *I/R* 增大的变化率

Jones,2004)。一般认为,对一次滑坡事件,其滑坡等级(magnitude)是确定的,但滑坡强度(intensity)在不同位置是不确定的。滑坡强度可以以冲击能量、平均速度或潜在滑坡体厚度来定义(Amatruda et al.,2004a)。

在 Uzielli et al.(2008)提出的模型中,通过考虑滑坡体和所研究区域相互作用的运动学及动力学特征来定义滑坡灾害强度,所提出的强度实为区域性强度。根据经验人为调整运动学及动力学参数的影响度系数,来达到不同速度滑坡的影响。此外,在动力学参数中,只考虑滑坡速度的影响,滑坡体厚度的影响被忽略。本书中,滑坡灾害强度被定义为动力强度参数和几何强度参数的函数,见式(3-13):

$$I = f(I_{\mathrm{dyn}},\ I_{\mathrm{gem}}) \tag{3-13}$$

式中,I_{dyn} 是动力强度参数,是关于平均滑坡速度的函数;I_{gem} 是几何强度参数,反映了特定滑坡规模相关的尺度参数。两个参数都是无量纲参数。同时对于处于不同区域的结构,其灾害强度是不同的,分别定义为

$$I = \begin{cases} I_{\mathrm{dyn}} \cdot I_{\mathrm{dpt}} & \text{不稳定体外的结构} \\ I_{\mathrm{dyn}} \cdot I_{\mathrm{dfm}} & \text{不稳定体内的结构} \end{cases} \tag{3-14}$$

式中,I_{dpt} 和 I_{dfm} 是不同的几何参数,I_{dpt} 为滑坡体厚度参数,该参数用来评价快速滑坡体外受到滑坡体冲击的承险体;I_{dfm} 为结构变形参数,主要用来评价慢速滑坡体不稳定区域内部结构的变形特性。

1) 动力强度参数

显然,对于不同性质的承险体,如静止的承险体(建筑结构、环境)和非静止的承险体(人、行驶中的汽车等),其动力强度参数的标准应该是不一样的。对于一个慢速滑坡来讲(如 5×10^{-3} mm/s),其对建筑结构的影响可能会很大,而对于人员安全来讲,基本上构不成威胁。根据 Cruden and Varnes(1996)关于滑坡速度与相应破坏程度的研究,一个重要的速度门槛值是 5×10^{3} mm/s,这一速度接近人类奔跑的平均速度,当滑坡速度大于该值时,安全撤离的概率是很小的。另一门槛值是 5×10^{-1} mm/s,当小于这一速度时,绝大多数人有足够的时间进行撤离。对于结构来讲上限值应为 5×10^{-1} mm/s,当滑坡速度大于该值时,建筑结构发生破坏或建筑功能丧失;下限值取 5×10^{-7} mm/s,低于这一速度,结构基本不受损伤。因此,本文中,将结构的动力强度参数和人的动力强度参数分开定义,如下:

$$I_{\mathrm{dyn\text{-}s}} = \begin{cases} 0.00 & C_L \leqslant 5\times10^{-7} \quad (\mathrm{mm/s}) \\ \dfrac{1}{36}(\log_{10}C_L + 6.30)^2 & C_L > 5\times10^{-7} \quad (\mathrm{mm/s}) \end{cases} \tag{3-15}$$

$$I_{\text{dyn-p}}=\begin{cases}0.00 & C_L\leqslant 5\times 10^{-1}\quad(\text{mm/s})\\ \dfrac{1}{16}(\log_{10}C_L+0.30)^2 & C_L>5\times 10^{-1}\quad(\text{mm/s})\end{cases}\tag{3-16}$$

式中，$I_{\text{dyn-s}}$ 和 $I_{\text{dyn-p}}$ 分别为开阔空间内结构和人员遭受的滑坡体冲击的动力强度参数，C_L 为滑坡体平均滑坡速度(mm/s)。滑坡平均速度可基于经验方法、简化的解析分析法或数值模拟得到。图 3 - 11 所示为动力强度参数随滑坡平均速度的变化曲线。

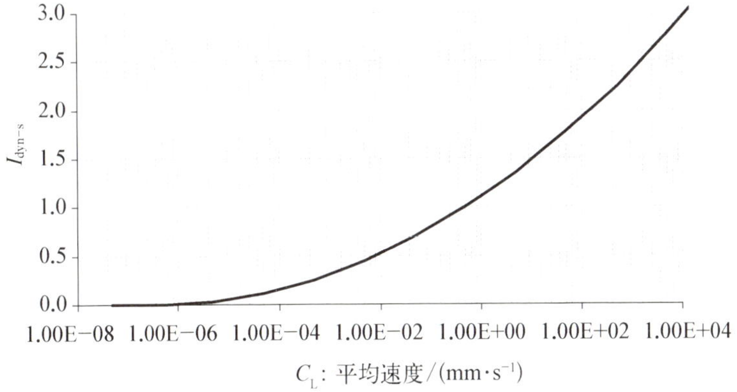

(a) 对于结构承险体的动力强度参数

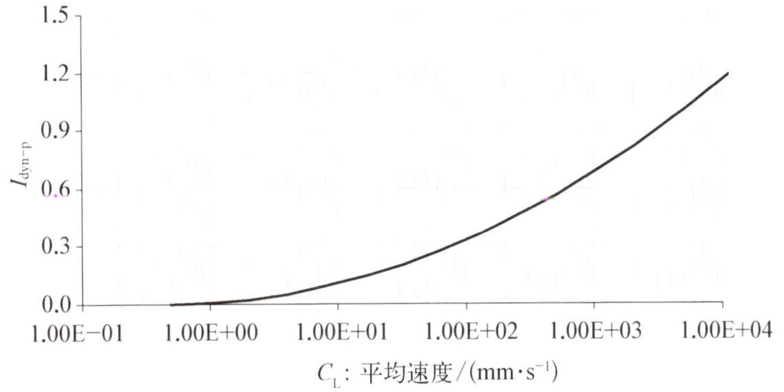

(b) 对于开阔空间内人员的动力强度参数

图 3 - 11 动力强度参数模型

2）几何强度参数

① 厚度参数

Dai et al. (2002)认为只要知道承险体的具体类型以及滑坡体在其位置的

可能厚度，就可以由专家的系统判断分析得到该承险体的大概易损性值。由此可以看出，滑坡体厚度在评价易损性时的重要性。Ragozin 和 Tikhvinsky (2000)认为建筑结构的易损性是与建筑本身的基础深度密切相关的。表 3-2 给出了不同基础深度建筑物在受到不同厚度滑坡体冲击时易损性的建议值。

表 3-2　不同基础深度可能的易损性建议值
(Ragozin&Tikhvinsky,2000)

基础深度(包括桩基础)/m	滑坡体厚度/m	易损性建议值
≤2	<2	1.0
>2	<2	0
小于滑坡体厚度	2～10	1.0
10～13	2～10	0.5～1.0
>13	2～10	0.0～0.5
任何深度	>10	1.0

实际上，表 3-2 中滑坡体的厚度反映了建筑物遭受的滑坡灾害强度的大小，而基础的深度则反映了建筑本身的抵抗滑坡灾害的能力。一般来讲，越深的结构基础其抵抗滑坡灾害的能力越强。这里将表 3-2 中所列的易损性建议值表征为滑坡体厚度强度参数，并提出概念性模型如下：

$$I_{dpt} = 0.1 \cdot D_{dpt} \tag{3-17}$$

式中，D_{dpt} 是建筑物位置处滑坡体的厚度值(m)。图 3-12 给出了强度随厚度

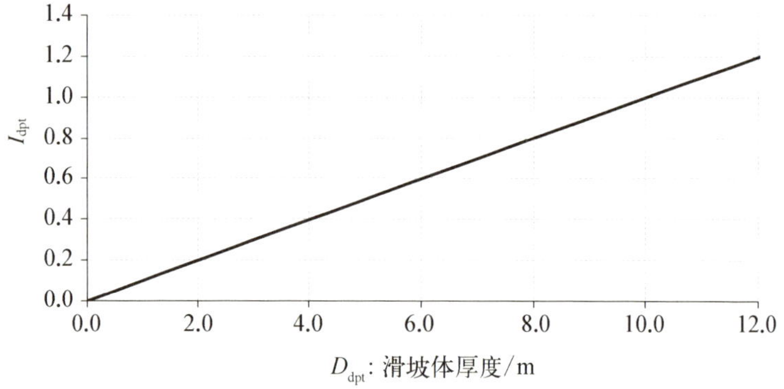

图 3-12　滑坡体厚度强度参数

变化的趋势。

② 变形强度参数

处在滑坡速度较慢的不稳定体上的建筑物，其损坏主要是由于坡体内部基础扭曲或建筑本身的不均匀沉降造成，从而导致结构开裂或失去建筑使用功能。

本书应用以下公式来定义变形强度参数：

$$I_{\mathrm{dfm}} = \frac{D_{\mathrm{G}}}{D_{\mathrm{S,\ T}}} \tag{3-18}$$

式中，D_{G} 为建筑物基础或结构本身的变形参数，$D_{\mathrm{S,\ T}}$ 是导致建筑物完全破坏或功能失效的 D_{G} 门槛值，大于该值时认为建筑物的结构发生破坏或功能失效。变形参数 D_{G} 根据不同的结构形式可以为绝对沉降值、局部倾斜率或者不均匀沉降等。门槛值可由相关理论或经验以及规范获得，表 3-3 根据《建筑地基基础设计规范(GB50007—2002)》列出了一些门槛值，对于不同的结构形式可选不同的变形参数来评价其结构变形强度参数。

表 3-3　不同结构基础变形门槛值示例

变　形　特　征	地基土类别	
	中、低压缩性土	高压缩性土
砌体承重结构基础的局部倾斜	0.002	0.003
工业与民用建筑相邻柱基的沉降差 (1) 框架结构 (2) 砌体墙填充的边排柱 (3) 当基础不均匀沉降时不产生附加应力的结构	 $0.002l$ $0.0007l$ $0.005l$	 $0.003l$ $0.001l$ $0.005l$
单层排架结构(柱距为 6 m)柱基的沉降量(mm)	(120)	200
桥式吊车轨面的倾斜(按不调整轨道考虑) 纵向 横向	0.004 0.003	
多层和高层建筑的整体倾斜 $H_{\mathrm{g}} \leqslant 24$ $24 < H_{\mathrm{g}} \leqslant 60$ $60 < H_{\mathrm{g}} \leqslant 100$ $H_{\mathrm{g}} > 100$	0.004 0.003 0.0025 0.002	

续 表

变 形 特 征	地基土类别	
	中、低压缩性土	高压缩性土
体型简单的高层建筑基础的平均沉降量(mm)	200	
高耸结构基础的倾斜 $H_g \leqslant 20$ $20 < H_g \leqslant 50$ $50 < H_g \leqslant 100$ $100 < H_g \leqslant 150$ $150 < H_g \leqslant 200$ $200 < H_g \leqslant 250$	0.008 0.006 0.005 0.004 0.003 0.002	
高耸结构基础的沉降量(mm) $H_g \leqslant 100$ $100 < H_g \leqslant 200$ $200 < H_g \leqslant 250$	400 300 200	

注：
1. 本表数值为建筑物地基实际最终变形允许值；
2. 有括号者仅适用于中压缩性土；
3. l 为相邻柱基的中心距离(mm)；H_g 为自室外地面起算的建筑物高度(m)；
4. 倾斜指基础倾斜方向两端点的沉降差与其距离的比值；
5. 局部倾斜指砌体承重结构沿纵向 6～10 m 内基础两点的沉降差与其距离的比值。

3. 承险体抗灾能力指标

在工程及自然科学领域，易损性与承险体的抵抗灾害能力密切相关，本书提出关于承险体抗灾能力的定量化表示为式(3－19)：

$$R = \left(\prod_{i=1}^{n_s} \xi_i\right)^{\frac{1}{n_s}} \tag{3-19}$$

式中，ξ_i 是第 i 项抗灾能力系数，$n_s \geqslant 1$ 为抗灾能力系数的个数。抗灾能力系数均为无量纲参数，对不同的承险体可用不同的抗灾能力系数来表示，本文给出对于建筑物和人的建议计算方法。

(1) 建筑结构抗灾能力

建筑物本身的特性一般可用三个最主要的特征指标来描述，这三个特征指标是(Spence et al.，2005)：① 建筑材料及承载结构；② 建筑物高度；③ 建筑物已使用年限。

由于建筑物基础深度对建筑物抗灾能力影响明显，这里引入建筑基础深度指标(Ragozin and Tikhvinsky，2000)。建筑结构的抵抗能力可定量化表示为式

(3－20)：

$$R_{str} = (\xi_{sfd} \cdot \xi_{sty} \cdot \xi_{smn} \times \xi_{sht})^{\frac{1}{4}} \tag{3-20}$$

式中，ξ_{sfd}、ξ_{sty}、ξ_{smn} 和 ξ_{sht} 分别为基础深度系数、结构形式系数(表征第一项特征指标)、建筑维护状态系数(表征第三项特征指标)和建筑物高度系数(表征第二项特征指标)。对于建筑物基础深度系数，根据 Ragozin 和 Tikhvinsky (2000)提供的数据，10 m 的基础深度是一个特征界限值，因而建议采用式(3－21)来计算：

$$\xi_{sfd} = \left(\frac{D_{fod}}{10}\right)^{\frac{1}{3}} + 0.05 \tag{3-21}$$

式中，D_{fod} 为建筑基础深度(m)。随着基础深度的增加，其对建筑物抗灾能力的影响程度逐渐减弱。

滑坡发生时，不同的结构形式有不同的反应。对于建筑结构形式，Heinimann(1999)曾分析了 6 种结构形式对建筑物易损性的影响。这 6 种结构形式对应不同的结构形式系数如表 3－4 所列。

表 3－4　结构形式系数建议值

结构形式	代码	ξ_{sty}
最轻结构(简单木质结构)	LT	0.10
轻型结构	LS	0.20
混合结构(混凝土和木质结构)	MS	0.40
砖墙，混凝土	BC	0.80
钢筋混凝土结构	RC	1.30
钢结构	RF	1.50

为了体现建筑物维护状态对抗灾能力的影响，将建筑物维护状态划分为 5 个等级，所对应不同的维护状态系数如表 3－5 所列。

表 3－5　建筑物维护状态系数建议值

维护状态	代码	ξ_{smn}
很差	VP	0.10
差	P	0.40

续 表

维护状态	代码	ξ_{smn}
中等	M	0.80
好	G	1.20
很好	VG	1.50

同时，建筑物高度不同，其对滑坡体的反应也明显不同，根据建筑物的层数来定义不同的建筑物高度系数，如表 3-6 所示：

表 3-6 建筑物高度系数建议值

描述	代码	层数	ξ_{sht}
一层	S	1	0.10
低层	L	2	0.40
多层	M	3，4，5	0.90
高层	H	6+	1.50

(2) 人的抗灾能力

对于个人来讲，其抗灾能力体现了滑坡灾害发生时个人的抵抗及脱离险境的能力，它是一个反映个人身体和知识能力的指标。本书利用年龄来体现身体抵抗力指标，利用预防滑坡灾害的知识和意识表征个人的知识抵抗力，同时预警系统也对个人的知识能力起到十分重要的作用(Glade，2003)。基于以上分析，提出式(3-22)来表示人在开阔空间或汽车内的抗灾能力：

$$R_{per}=(\xi_{phy}\cdot\xi_{kng})^{\frac{1}{2}} \tag{3-22}$$

式中，ξ_{phy} 为身体抵抗力指标，ξ_{kng} 为知识抵抗力指标。

一些学者对地震引起的不同年龄段的伤亡数据进行了统计分析，这一数据可以反映不同年龄段人抵抗特定强度灾害的能力。Jia 和 Gao(2004)分析了 1975 年中国海城地震人员伤亡的年龄段分布曲线，得到 779 伤亡人数的马鞍形分布形状如图 3-13(a)所示，除以该地区的不同年龄段的人口总数后，得到人员伤亡率，如图 3-13(b)所示。由该图可以看出，老年组的人员伤亡率远远大于年龄较小的儿童。

Tsai et al.(2001)分析了 1999 年台湾集集地震的人员伤亡年龄分布以及在地震区域内不同位置的空间分布情况，得到了南投县和台中县的伤亡人口年龄分布。图 3－14 所示为南投县的人员伤亡率分布图，Tsai et al. 还拟合了一条曲线来大致反映伤亡率随年龄的变化趋势。

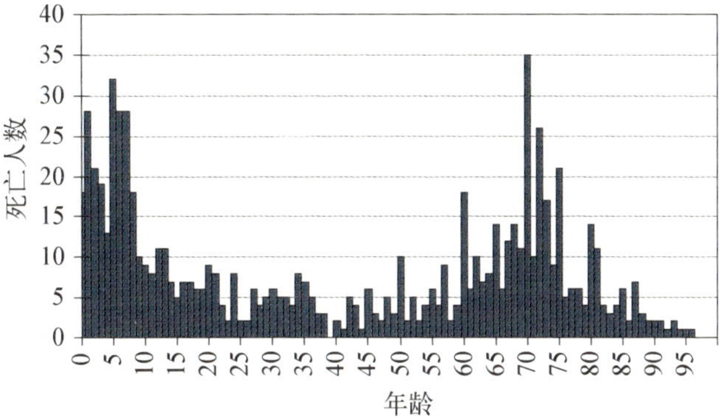

(a) 不同年龄组的人员伤亡数统计

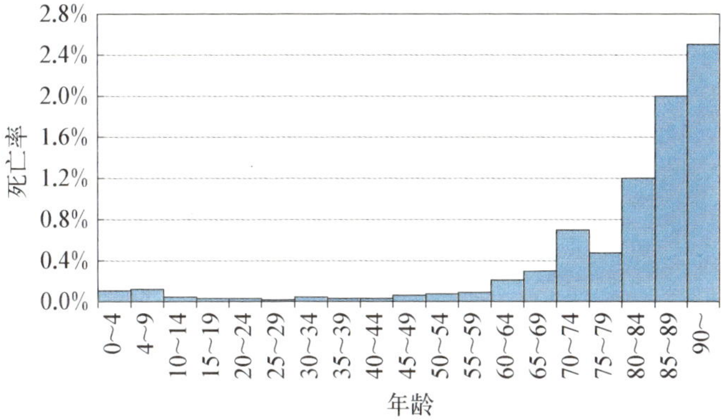

(b) 不同年龄组人员伤亡率统计

图 3－13　1975 年海城地震人员伤亡统计

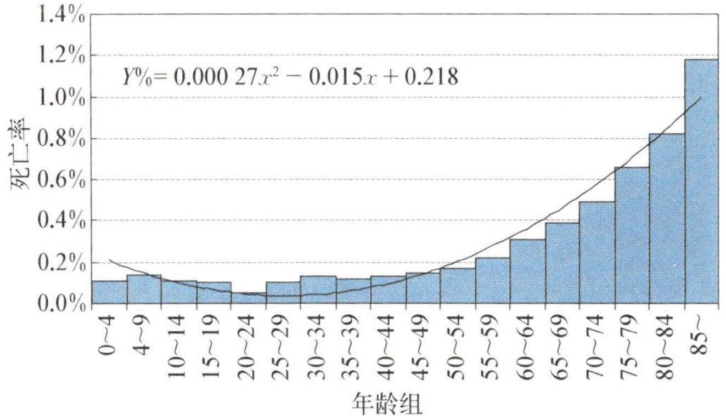

图 3－14　1999 年台湾集集地震南投县不同年龄段死亡率统计

民政部于2007年公布了2006年由于自然灾害导致的人员伤亡数据，根据此统计数据除以当时中国总人口的年龄分布后，可得到图3－15所示的自然灾害导致的不同年龄段的人口死亡率。再次验证了年龄段处于10～30岁的人群具有最高的抵抗灾害的能力，老年人抵抗自然灾害的能力最低，且远远低于年龄较小的儿童。

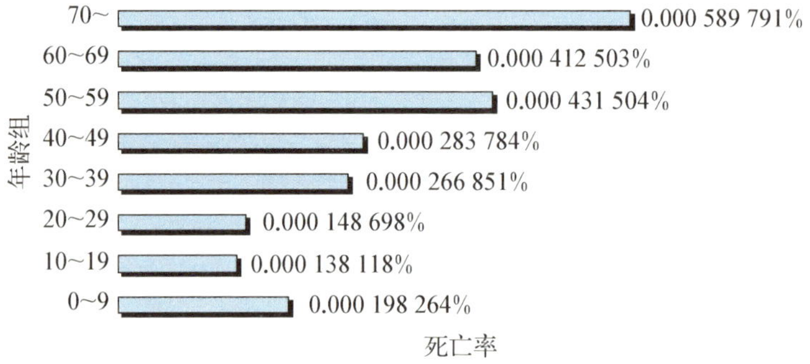

图3－15　2006年中国不同年龄组人群因自然灾害死亡率统计

经过以上分析，认为身体抵抗力指标随年龄段的变化可用一个二次多项式来表示。这里将大于85岁的年龄组的身体指标定义为0.25，年龄在25～29岁之间的人群其身体指标定义为0.95，并提出式(3－23)来定量表示：

$$\xi_{\text{phy}} = 0.95 - 0.00486\left[INT\left(\frac{a}{5}\right) - 5\right]^2 \tag{3-23}$$

式中，a为年龄，$INT(\quad)$为取整函数。图3－16所示为不同年龄段身体指标的分布值。

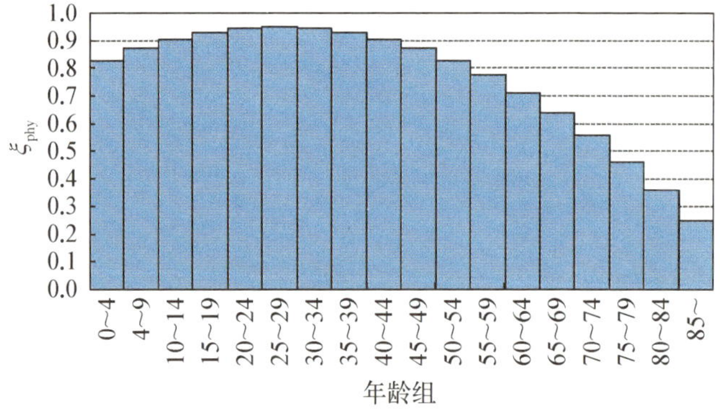

图3－16　不同年龄组的身体指标值

对于知识抵抗力指标，预防滑坡灾害的意识十分重要。如果受影响人群有很强的防灾意识或已设置滑坡灾害的预测预警系统，人的预防意识会大幅提高；如果防灾意识薄弱或没有预测预警边坡滑坡的有效手段，受影响人群的抗灾能力相应降低。本书建议滑坡灾害防灾意识为弱、中等、强时的知识抵抗力指标建议值 ξ_k 分别为 0.25、0.60 和 0.95。

4. 建筑物内人的易损性分析

Finlay(1996)根据所收集的历史数据总结了滑坡发生时建筑物内部人员的易损性的一般规律和建议取值。Ragozin 和 Tikhvinsky(2000)分析了灾害发生时建筑物内人员易损性取值的一些有用的结论。表 3-7 列出了滑坡及其他自然灾害或事故导致的建筑易损性以及建筑物内人员的易损性。同时 Ragozin 等认为实际的人员伤亡可能会远大于表 3-7 中所列值。

表 3-7　建筑物及建筑物内人群的易损性*

建筑物的易损性	人员损伤						
	轻伤		重伤		死亡		总值
	PoP	PoI	PoP	PoI	PoP	PoI	
0.1	0.001 2	85.7%	0.000 16	11.4%	0.000 04	2.90%	0.001 4
0.3	0.013 8	85.7%	0.001 84	11.4%	0.000 46	2.90%	0.016 1
0.5	0.068 6	85.7%	0.009 14	11.4%	0.002 29	2.90%	0.08
0.7	0.222 9	85.7%	0.029 71	11.4%	0.007 43	2.90%	0.26
0.9	0.39	54.5%	0.22	30.8%	0.105	14.7%	0.715
1.0	0.4	40.0%	0.4	40.0%	0.2	20.0%	1.0

* PoP：不同易损性建筑物内人员发生不同程度损伤的概率；
PoI：不同受伤程度人员占受伤总人数的比率。

对于滑坡灾害来讲，三种伤亡程度之间的比例很大程度上取决于滑坡速度，因为滑坡速度的大小决定了是否有足够的时间疏散建筑物内的人员。图 3-17 所示为不同易损性的建筑物内，死亡、重伤和轻伤人数的比例。图 3-18 所示为不同易损性建筑物内，人员死亡、重伤和轻伤的概率。

由于建筑物坍塌而导致的永久性残疾属于重伤，它对人体造成极大的伤害，因而其易损性也较大，本书建议取值 0.8。而轻伤是指一些暂时性的伤痛，如骨折等，由于这些伤痛在一定时间内可以恢复，因而认为轻伤相对应的易损性较

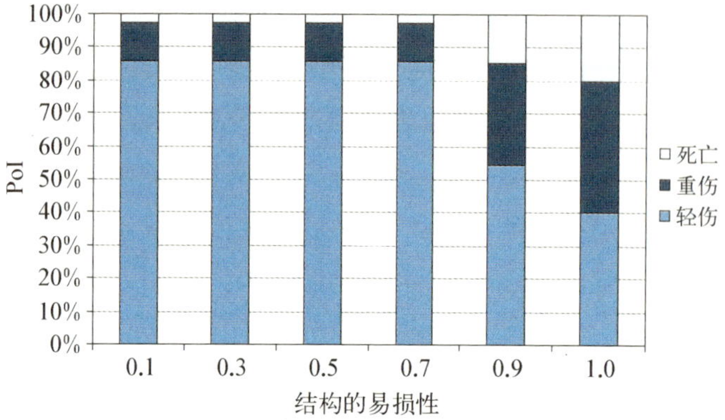

图 3-17 不同易损性建筑物内三种受伤程度人员所占比例

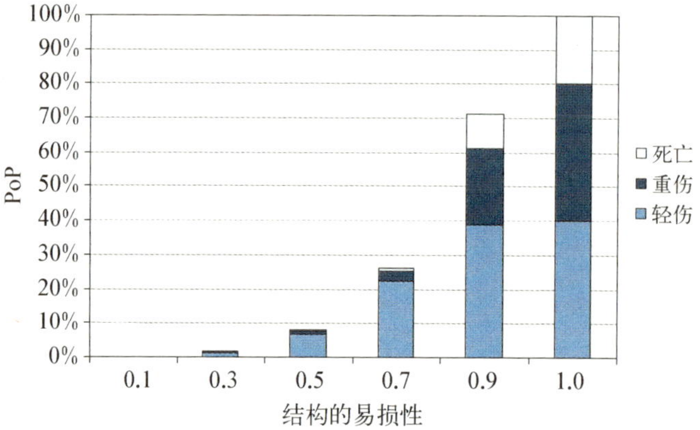

图 3-18 不同易损性建筑物内人员发生不同程度受伤的概率

小,这里建议取值为 0.2。根据表 3-7 所列数据以及以上关于不同受伤程度易损性的假定,建筑物内人员的平均易损性如表 3-8 所示。

表 3-8 建筑物易损性以及建筑物内人群的易损性

建筑物的易损性	0.1	0.3	0.5	0.7	0.9	1.0
人群的易损性	0.000 408	0.004 692	0.023 322	0.075 778	0.359	0.6

由表 3-8 可以看出,当建筑物结构的易损性为 1.0 时,建筑物内人群的易损性小于 1.0,其均值为 0.6。这是因为建筑物的易损性为 1.0 并不意味着建筑物会突然倒塌,比如结构变形过大导致的使用功能丧失也可导致建筑的易损性达到 1.0,即使建筑物发生倒塌,仍然存在人员成功脱离险境的可能性。根据表 3-8 所列数据,可用一个自然指数函数来拟合建筑物易损性与建

筑物内人员的易损性的关系，如图 3－19 所示。式(3－24)为所拟合的函数表达式：

$$V_{p\text{-}s} = 0.0014 \cdot e^{6.07V_{str}} \tag{3-24}$$

式中，V_{str} 为建筑物的易损性。这里需要指出的是，式(3－24)是基于 Ragozin 和 Tikhvinsky(2000)所提供的人员伤亡数据以及本书关于不同受伤程度易损性的假定得到的。

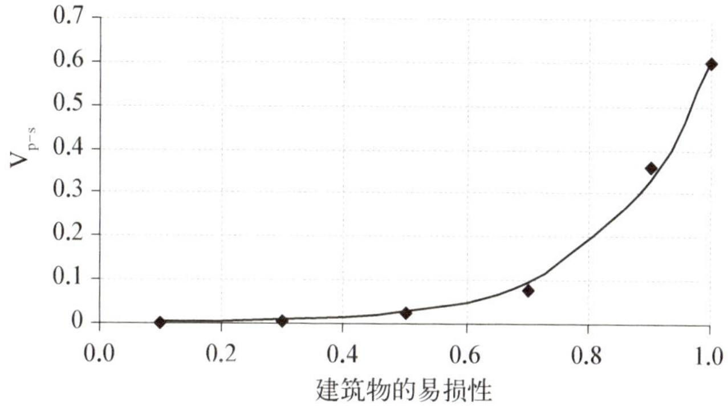

图 3－19　建筑物与建筑物内人员易损性关系的拟合曲线

需要指出的是，书中提出的模型仅是易损性定量计算的一个概念性框架。提出的模型也有一定的使用局限性，比如对于倾倒或崩塌类滑坡，该模型适用性差。同时，在计算过程中某些参数由于难以定量取得，采用了一些主观的经验判断或尝试性参数取值。

3.3.3　滑坡风险损失分析

1. 经济损失分析

(1) 施工机械破坏导致的经济损失

在边坡开挖支护的施工现场，经常使用的施工机械有挖掘机、铲土机、土方运输车等。一旦产生滑坡灾害，这些机械都会受到不同程度的破坏。为计算方便，对于施工机械的损坏程度分三种情况进行评价：严重损坏、中度损坏和轻微损坏。经济损失由施工机械的平均现有市场净值与其易损性值的乘积得到。关于三种损坏程度的描述如表 3－9 所示。如人员伤亡一致，施工机械破坏的经济损失与空间和时间的概率有关，可用事件树的方法求得，如图 3－7 所示。

表 3-9　施工机械易损性评价

破坏等级	描述	说　明	案　例	建议取值
Ⅰ	严重损坏	机械受到严重损坏，无法再次使用或需经过大规模的检查和维修	挖掘机被滑坡体长时间掩埋，或遭受大体积孤石击中致使挖掘机产生较大变形	0.5～1.0
Ⅱ	中度损坏	机械受到中等破坏，只要替换维修部分零部件，即可再次投入使用	机械被滑坡体长时间掩埋，但只有部分零件发生破坏	0.3～0.8
Ⅲ	轻微损坏	机械受损程度有限	机械被零星孤石击中	0.05～0.3

(2) 复旧费用

滑坡导致的经济损失不仅包括承险体本身的损失，还应包括施工复旧费用，如滑坡抢险费用、边坡再治理费用等。当滑坡规模较大时，清除滑坡体的费用是相当高的。在风险分析中，首先要预测可能的滑坡体积，再根据土石方的开挖及运输单价，来预测此项费用。

边坡支护结构如锚杆、锚索、框格梁、抗滑桩、排水渠等已建结构在滑坡中极易产生破坏，而且一旦滑坡发生，这些支护结构大多都彻底丧失支护功能，无法维修并继续使用，因而由此引起的经济损失可用修建这些结构的成本来计算。

若滑坡规模较大，清除滑坡体恢复正常施工的时间会很长，因此而导致的工期拖延产生的经济损失不可忽略。滑坡导致的工期损失主要由两部分组成：清除滑坡体时间和相关损毁工程的复旧时间。由工期拖延所引起的经济损失包括直接的和间接的损失。间接损失主要是由于施工时间延长导致的社会和环境影响造成的经济损失。直接损失主要是时间相关成本如工人工资、管理费用等。同时若时间更长，由于通货膨胀或利率变化的损失也需要考虑。因而，由于工期拖延导致的经济损失可以表示为时间相关损失、运营时间的推迟损失和通货膨胀或利率变化损失的和来表示(Yang and Cao, 2003)。本书中，由于间接经济损失缺乏数据，难以定量估计，因而只考虑直接经济损失。

2. 工期损失分析

由滑坡导致的工期损失主要分为两部分：清除滑坡体时间和相关损毁工程的复旧时间。清除滑坡体的时间主要取决于滑坡的规模，根据滑坡体体积以及除碴效率预测。相关损毁工程的复旧时间主要通过建造相应工程的时间进行计算。由于边坡开挖工程的每道施工工序时间可以得到(见本书 2.2 节)，修筑相应支护结构耗费时间是可以计算的，再根据滑坡规模大小所导致的影响范围，通过预测滑坡对某些工序的损坏比例来得出修复损毁结构的时间。同时，工期损失很大程度上也受到工程各方人为因素的影响。如果施工方在施工前已经建立了滑坡灾害应急预案，一旦发生滑坡，将会以很快的速度决策并快速有效地处理灾害事故；如果没有任何防范措施，工期损失的时间将会大幅增加。

针对滑坡导致的人员伤亡情况，政府或相关监督部门会勒令施工单位进行不同程度的停工整改，由此而导致的工期损失不容忽视。关于由此引起的工期损失见本书 3.2.4 节。

3. 人员伤亡分析

人员伤亡分析可借助于事件树的原理，如图 3-6 所示。同时分析人员伤亡时还需要考虑施工人员的空间位置分布，Finlay et al.(1999)曾根据香港的统计数据给出了人员滑坡灾害易损性的建议值，如表 3-10 所列。

表 3-10　香港地区滑坡灾害导致空旷区人员易损性范围及建议取值

案　例	人的易损性		备　注
	范围	建议值	
空旷区域的人员			
被孤石击中	0.1～0.7	0.5	可能受伤，但不可能致死
被滑坡体掩埋	0.8～1.0	1.0	由于窒息极有可能死亡
没有被掩埋	0.1～0.5	0.1	逃生概率大

人员伤亡指标与滑坡灾害发生时身处施工现场的施工人员个数以及空间的分布概率相关。对于每一个开挖施工步来说，施工现场人数可以大概表示为以一天为循环周期变化。根据滑坡的影响范围以及施工人员与滑坡体的相对位置，结合表 3-10 中所列举案例，确定人员在滑坡发生情况下的易损性。人员伤亡分析可参见本书 3.2.2 节。

3.3.4 工程实例应用

1. 工程概况

研究路段位于云南省水富-麻柳湾高速公路，地处关河右谷坡下段，线路位置高于关河现代河床 28 m，谷坡陡峻，平均自然坡度 35°～40°。坡面极不平整，灌木杂草丛生，局部被垦为坡地。从现状看，高程 635 m 一线以上为自然斜坡，高程 588～635 m 为公路建设开挖形成的人工边坡，坡度约 45°。高程580～588 m一带为施工作业平台，高程 580 m 以下至关河河谷坡为自然坡，坡度上陡下缓，基岩裸露，局部形成小陡崖。

本路段分布的地层以第四系松散堆积层为主，基岩仅在局部出露，自新到老各地层的分布和岩性特征为：① 第四系滑坡堆积体，② 第四系崩积、坡积、洪积层，③ 志留系中统罗惹坪组。

从路段出露地层的分布与产状分析，路段位于黄荆坝-豆沙向斜核部，关河即沿此背斜轴部发育。关河两侧虽地层倾向相反，但倾角极为平缓，一般在 0～10°之间。受背斜拉伸之影响，路段内岩层节理发育，以 155°∠82°和 225°∠85°两组角度剪节理最为发育。由于与层面构成楔状块体，中厚层状的灰岩分布地段常沿节理面产生崩塌并形成陡崖地貌。

按含水介质划分，路段内可划分为第四系松散岩类孔隙水和基岩裂隙水两类。松散岩类孔隙水：含水介质主体为第四系崩积、坡积、洪积层，岩性为碎块石，由于本层主要沿斜坡分布，厚度有限，加之受到各种泥质充填和胶结，透水性能普遍较差。但局部有架空的地段有较好的透水性。补给源以大气降水为主。蒸发和垂直入渗补给下伏基岩裂隙水为主要排泄途径。局部在地形有利处可排泄于地表。具有动态变化大，径流途径短的特点。土体内基本不含有孔隙水，表明含水性具有强烈的季节性特点。基岩裂隙水：含水介质为志留系中统罗惹坪组灰岩夹泥页岩，其富水性与岩性及其裂隙的发育程度和分布的地貌位置有关。调查时未见有岩溶发育现象。斜坡主体部分由薄～中层灰岩与泥页岩互层组成，因此富水性相对较弱。坡脚部分出露的中厚层灰岩因上部碎屑岩的隔水作用，也未发现有裂隙水富集。

总之，本路段地下水富水条件相对较差。受大气降水的影响极为明显。雨季可含少量的孔隙水和裂隙水。水质类型为 $HCO_3^- - Ca^{2+}$ 型，地下水对工程施工影响甚弱，水质对钢筋混凝土无腐蚀性。图 3 - 20 为研究边坡的地形图。

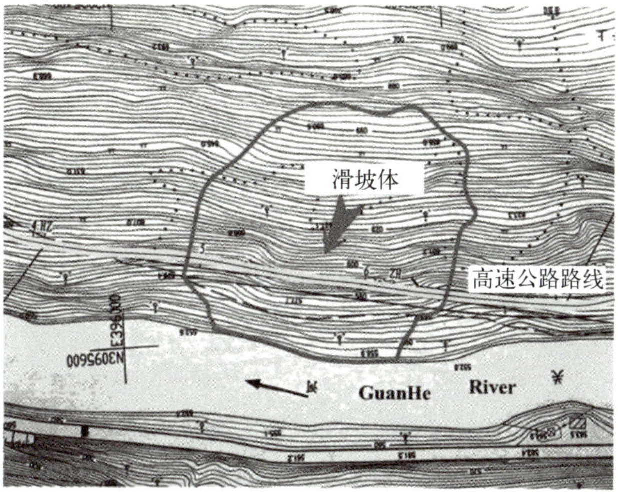

图 3-20　研究边坡的地形图(线条区域为滑坡范围)

2. 滑坡风险定量分析流程

滑坡风险定量分析过程主要包括 4 个步骤：滑坡场景确定、滑坡概率分析、后果损失预测和滑坡风险计算。图 3-21 给出了滑坡风险定量分析的流程，整个流程可以回答以下几个问题：

滑坡场景确定
从所有的施工步中辨识出最危险的施工步
应用 PLAXIS 软件模拟整个施工过程，确定最危险的施工步

↓

滑坡概率分析
基于最危险的施工步，计算估计滑坡发生的概率
基于可靠度理论，利用 FLAC3D 计算边坡的安全系数，并利用自编 FISH 语句计算出边坡失效样本数，从而确定发生滑坡的概率

↓

后果损失预测
确定滑坡规模，预测可能影响的区域，辨识可能受到影响的各类承险体及其数量，估测滑坡导致的工期拖延范围
运用 FLAC3D 软件预测滑坡体的位置、滑坡面的位置以及可能的体积范围，运用 PFC3D 模拟滑坡体的运动状态，从而估计滑坡体可能影响的区域面积，进而确定可能受到影响的承险体种类和数量，预测滑坡可能导致的损失后果

↓

滑坡风险计算
风险 = 边坡失效概率 × 空间概率 × 时间概率 × 承险体

图 3-21　滑坡风险定量分析流程(斜体字为本例所采用的方法)

① 哪一个施工步是最危险施工步?

② 最危险施工步场景下,滑坡发生的概率有多大?

③ 滑坡的规模有多大?

④ 哪些承险体以及多少承险体会受到滑坡灾害的影响?

⑤ 滑坡导致的工期损失、经济损失以及人员伤亡情况如何?

3. 滑坡概率及规模预测

为辨识出最危险的施工步,这里用有限元软件 PLAXIS(2007)模拟了施工开挖支护全过程。计算中,岩土体采用了平均强度参数,应用有限元强度折减法,分析得出了每一个施工开挖步的安全系数,以此评价边坡在开挖支护过程中安全系数的变化趋势。同时,利用不稳定体的面积表征滑坡体积的大小,来反映滑坡产生后果的大小,从而来判断最危险的施工步。模拟工况分为十步,如表 3-11所列。根据地质勘查报告,堆积体的平均黏聚力和摩擦角分别取为 45 kPa和 30°。

表 3-11 开挖支护有限元模拟

模拟工况	描 述
工况 1	初始地应力计算
工况 2	自然状态下边坡的安全系数计算
工况 3	开挖第一层土
工况 4	计算工况 3 下边坡的安全系数
工况 5	开挖第二层土并模拟第一层的锚杆施工
工况 6	计算工况 5 下边坡的安全系数
工况 7	开挖第三层土并模拟第二层的锚杆施工
工况 8	计算工况 7 下边坡的安全系数
工况 9	模拟第三层的锚杆施工
工况 10	计算工况 9 下边坡的安全系数

根据数值模拟结果(图 3-22),自然状态下边坡的安全系数为 1.16,说明在平均强度参数下边坡处于稳定状态。由于开挖卸载,工况 4 下边坡的安全系数有所增大,然而最危险滑动面的位置与原始状态下相差不大。工况 6 到工况 10,滑动面的位置变化明显。考虑到各工况的滑坡体积大小,承险体的数量与种类,以及各工况下安全系数的大小,确定工况 8 为最危险的施工步。因而下文将

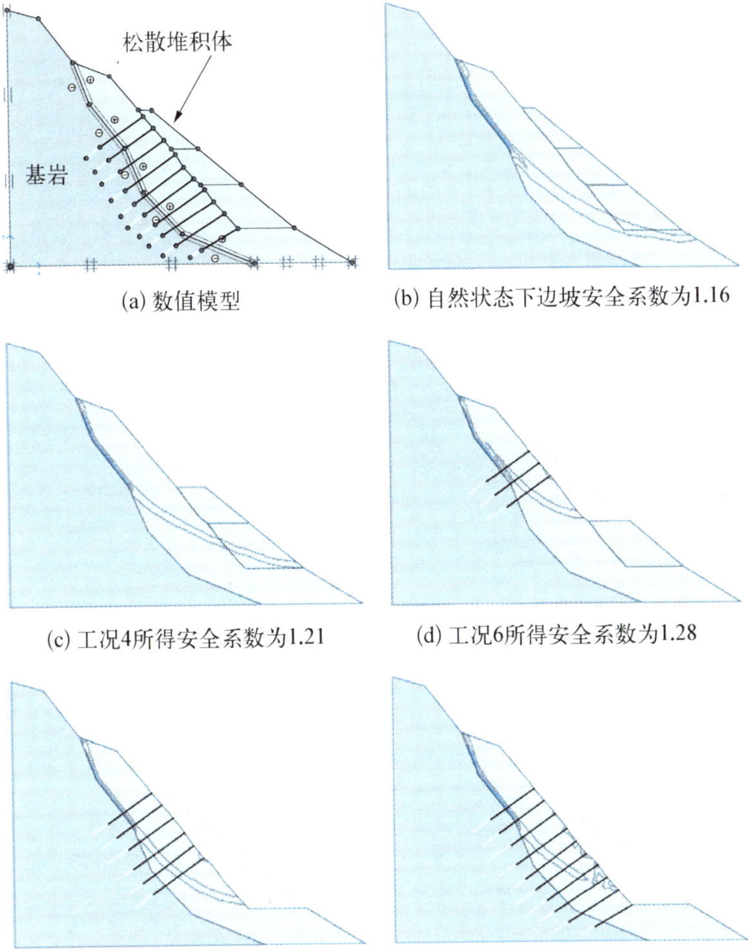

(a) 数值模型　(b) 自然状态下边坡安全系数为1.16

(c) 工况4所得安全系数为1.21　(d) 工况6所得安全系数为1.28

(e) 工况8所得安全系数为1.10　(f) 工况10所得安全系数为1.28

图 3－22　有限元模型及各工况极限状态下的剪应变

对这一施工步进行详细的风险定量分析。

得到了最危险的施工步后，需要确定该施工步滑坡发生的概率，本文采用可靠度的分析方法来分析滑坡发生的概率。首先利用蒙特卡罗方法模拟岩土体强度参数的不确定性和变异性，然后根据强度折减法计算各种情况下边坡的安全系数，在计算过程中考虑锚杆支护效果的作用，通过统计失效样本个数确定边坡发生滑塌的概率。根据现场地质勘察资料，坡体主要为松散堆积体，各参数如黏聚力、内摩擦角、密度等假设服从正态分布。黏聚力 c 的均值为 45 kPa，其变异系数为0.067；内摩擦角 φ 均值为 30°，其变异系数为 0.1；密度均值为1 800 kg/m³，其变异系数设为0.11。并且计算中，认为黏聚力与内摩擦角具有负相关性，$c-\varphi$的相关系数设为−0.5。利用Riscue程序（Huseby and Terramar，2008）产生1 000组数据，其中$c-\varphi$的参数取值如图3－23所示。

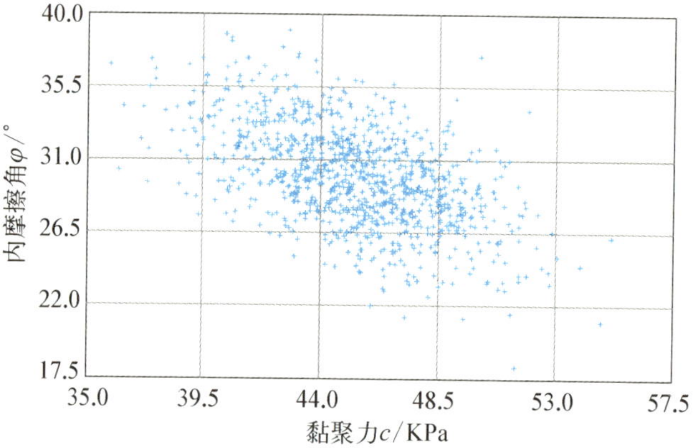

图3－23　$c-\varphi$ 相关性描述

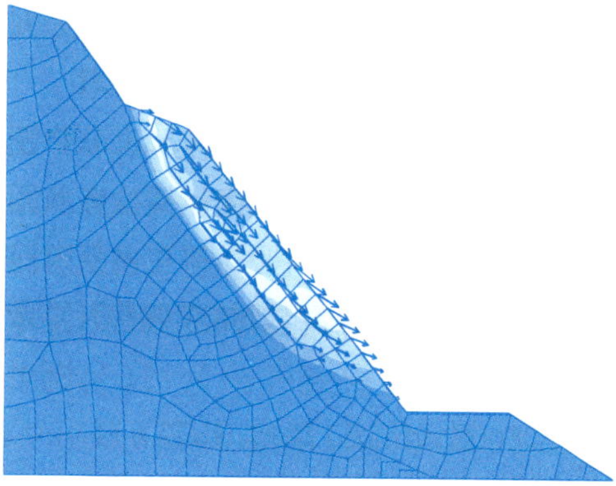

图3－24　计算剖面及极限状态下的位移云图

通过自编程序将1 000组数据代入FLAC3D计算边坡的安全系数，并统计安全系数小于1的样本个数，从而确定边坡的失效概率。为了降低计算量，选取一个典型截面来进行计算，厚度取相邻锚杆纵向间距5 m，边坡截面如图3－24所示。边坡安全系数柱状图如图3－25所示。在1 000个样本中，其中51个样本所得安全系数小于1.0，因而确定其边坡失效概率为0.051。

为确定边坡滑坡产生的后果，需要预测滑坡体积，确定滑坡规模。这里利用FLAC3D(ITASCA 2002)所得到的三维滑坡面的大概位置来确定可能的滑坡体积，如图3－26所示。根据最危险的施工步（工况8）建立三维模型，用最大剪切应变率曲面表征滑坡面的大致位置，利用自编FISH程序计算滑坡体的体积。最终计算得到滑坡的体积约为180 000 m³。

确定滑坡体积后，需确定滑坡的影响范围，从而辨识影响范围内的承险体的

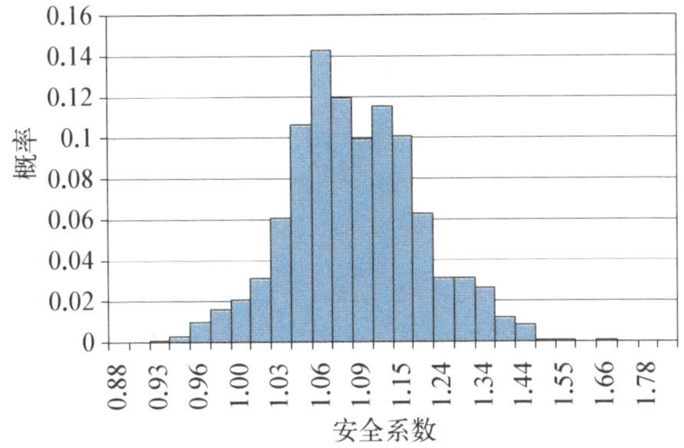

图 3－25　边坡安全系数柱状分布图

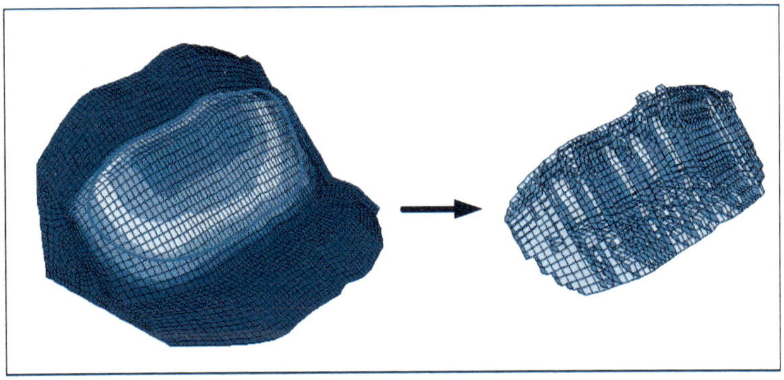

图 3－26　FLAC3D 三维模型及滑坡体积预测

种类及数量，对滑坡的后果进行评价。这里利用颗粒流程序 PFC3D(ITASCA, 2005)来计算滑坡体可能的影响范围。根据 FLAC3D 所得到的滑坡面的位置，基于 PFC3D 建立 ball-wall 模型，计算中不考虑支护结构的影响。图 3－27 所示为 ball-wall 模型的初始状态，图 3－28 所示为滑坡后的终了状态。为了方便结果显示，用不同色度代表不同的滑移距离。滑移距离最远的达到 135 m。根据计算结果，影响范围顺着路线走向长约 250 m，同时由于坡下即为关河河床，滑坡体将堵塞河道，平均深度达到 10 m，这将构成严重的次生灾害，需要

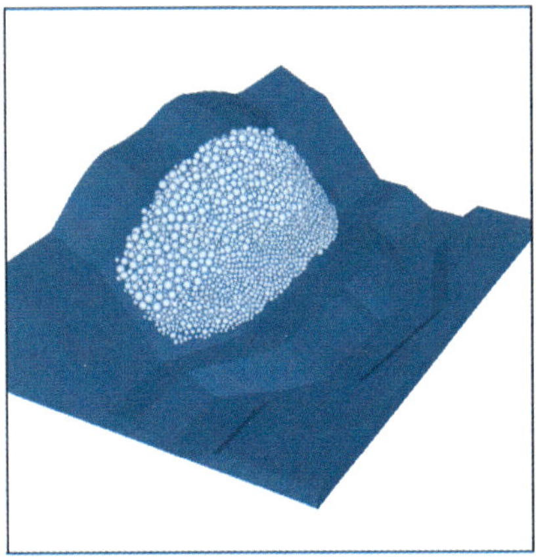

图 3－27　三维 ball-wall 模型初始状态

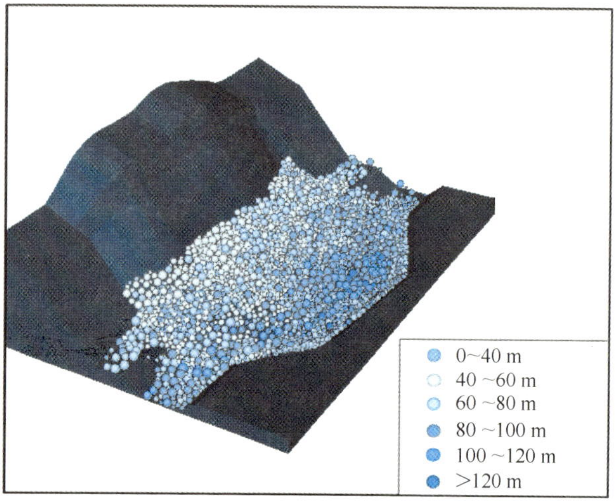

图 3-28　滑坡体影响范围以及滑移距离

十分注意。直接影响区域为250 m× 100 m 靠近滑坡的区域，此区域内的承险体主要包括：施工人员、施工机械、已建支护结构等。

4. 后果损失分析

(1) 人员伤亡分析

关于人员易损性的分析，本书 3.2.2 节有较详细的分析。这里引入施工人员距离滑坡体中心的水平距离 h 来评价人员受伤程度的区域。根据滑坡强度及易损性的定义，参考 Finlay et al.(1999)关于易损性的建议范围，这里将人的易损性定义为 h 的函数。并将人员影响分为 3 级：第一级为死亡或失踪(h：0～80 m)，第二级为重伤(h：80～110 m)，第三级为轻伤(h：110～150 m)，认为滑坡体对 150 m 以外的人员不构成伤害。其相应的易损性范围为：1.0～0.8、0.8～0.2、0.2～0.0。不同时间段现场施工人员数量如图 3-5 所示。根据滑坡灾害发生概率可得到，在时间段 06:00 到 18:00 距离滑坡体中心距离处于 80 m 以内的工人伤亡风险最大，他们的个人伤亡风险为 0.025 5(滑坡发生概率 0.051×时间概率 0.5×易损性值 1.0)。

根据表 3-12 中所列数据，施工人员伤亡个数及其相应概率如图 3-29 所示。计算中假定在场施工人员个数符合均匀分布，可以看出一旦边坡发生破坏，受到影响的施工人员数目及产生不同受伤程度的相应概率。如图 3-29 所示，死亡 15 人的概率最大为 0.085，死亡人数小于 10 个的概率为 0.345。

表 3-12　人员伤亡分析

施工人员				距离滑体中心距离/m	易损性		个人风险
时间段	数量		时间概率		范围	建议值	
	总数	范围					
06:00～18:00	20～25	12～14	0.5	0～80	1.0～0.8	1.0	0.025 5
		6～8		80～110	0.8～0.2	0.8	0.020 4
		2～3		110～150	0.2～0.0	0.2	0.005 1
18:00～00:00	14～18	9～11	0.25	0～80	1.0～0.8	1.0	0.012 75
		4～5		80～110	0.8～0.2	0.8	0.010 2
		1～2		110～150	0.2～0.0	0.2	0.002 55
00:00～06:00	8～12	6～8	0.25	0～80	1.0～0.8	1.0	0.012 75
		2～3		80～110	0.8～0.2	0.5	0.010 2
		0～1		110～150	0.2～0.0	0.1	0.002 55

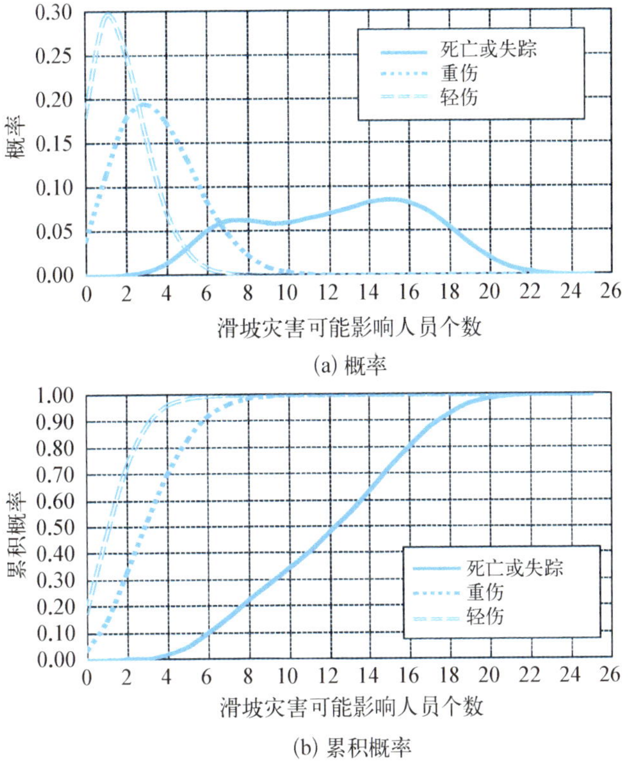

(a) 概率

(b) 累积概率

图 3-29　一旦发生滑坡的人员伤亡分析

(2) 经济损失分析

对于损坏的施工机械，其损伤程度分为 3 个等级，如表 3-9 所列。其损失可以表示为该种施工机械的平均净市值乘以其易损性值。施工机械的损失与人员伤亡类似，与其时间概率和空间概率相关。对于本例，施工现场的施工机械主要为挖掘机和铲运车，相应损失如表 3-13 所列。

表 3-13 施工现场施工机械损失预测

施工机械	数量及相应概率	距滑坡体中心距离/m	时间概率	破坏等级	易损性建议值	平均净值/万元	损失/万元
挖掘机	1(0.3) 2(0.7)	0～80	0.9	Ⅰ	0.7	100	70
		80～110	0.1	Ⅱ	0.3		30
		110～150	0	Ⅲ	0.05		5
铲运车	1(0.6) 2(0.3) 3(0.05) 4(0.05)	0～80	0.8	Ⅰ	0.7	30	21
		80～110	0.1	Ⅱ	0.3		9
		110～150	0.1	Ⅲ	0.05		1.5

一旦边坡发生滑塌，其经济损失预测如图 3-30、图 3-31 所示。挖掘机的损失范围为 30 万～140 万元，平均损失为 110 万元。铲运车的损失范围为 1.5 万～84 万元，平均损失为 27.5 万元，损失大于 24 万元的概率为0.66。最终施工机械平均经济损失为 140 万元，相应的风险值为 7.1 万元。

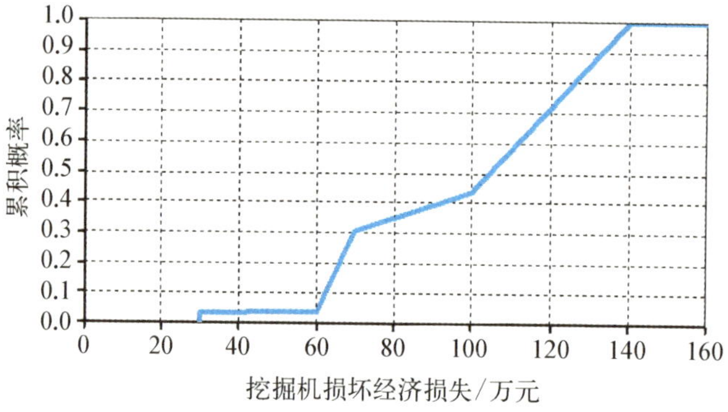

图 3-30 挖掘机可能经济损失范围

滑坡灾害的发生致使先前工序建造的支护结构发生毁坏，其经济损失通过计算相应损毁结构的建设成本进行预测。破坏的结构包括：锚杆、锚索、框格梁、截水沟等。其损失如表 3-14 所列，总经济损失约为 1 千万元。

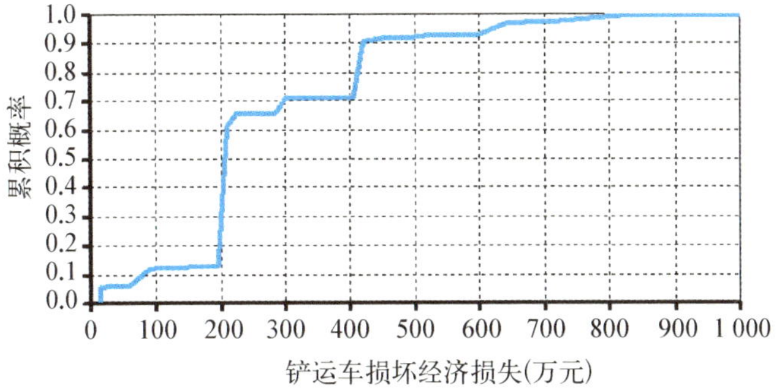

图 3 - 31　运土车可能经济损失范围

表 3 - 14　滑坡发生导致的主要破坏构件损失

序号	结构				单位	工程量	单价/元	小计/元
1	锚杆框架梁	锚杆		Φ32 钢筋	m	4 480	120	537 600
		梁(0.4 m×0.5 m)	钢筋	竖梁	ton	30	5 400	162 000
				横梁	ton	30	5 400	162 000
			混凝土	C25	m^3	300	350	105 000
2	锚索框架梁	锚索		3φ15.24	m	22 000	350	7 700 000
		竖梁(0.5 m×0.6 m)横梁(0.4 m×0.5 m)	钢筋	竖梁	ton	170	5 400	918 000
				横梁	ton	80	5 400	432 000
			混凝土	C25	m^3	1 600	350	560 000
3	截排水沟			浆砌片石(M7.5)	m^3	1 850	150	277 500
合计								10 854 100

根据三维计算结果，总共滑坡体积约为 180 000 m^3，其中需要清理的体积为 110 000～130 000 m^3。假定需要清理的体积符合三角形分布，其最可能体积为 120 000 m^3。据调查，本地的开挖运输土方的单价约为 10 元/m^3。最终清除滑坡体的平均损失约为 120 万元，相应的风险为 6.14 万元，如图 3 - 32 所示。

由于工期拖延导致的损失也可表示为概率曲线的形式。这里只考虑了时间相关成本如工资、管理费用等。时间的拖延为 136～157 天，可根据下文关于“工期损失分析”的方法获得。工人的个数为 42～55 之间。平均工资为每人每天 70～80 元。平均管理费用为每天 2 000 元，挖掘机租赁费为 2 000 元/天。最终由于时间的拖延导致的经济损失在 300 万到 400 万之间，如图 3 - 33 所示。平

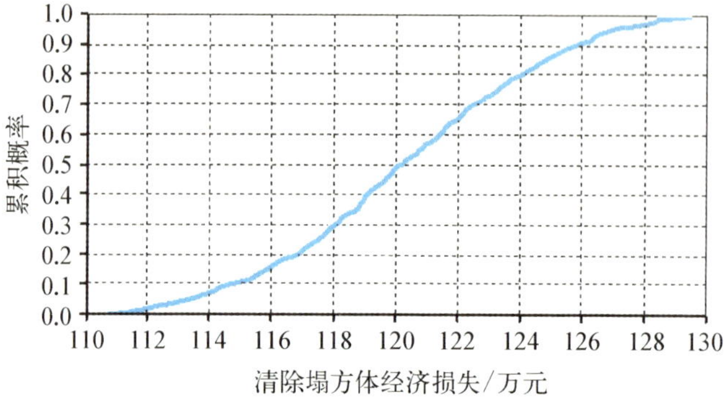

图 3 - 32　清除塌方体的经济损失

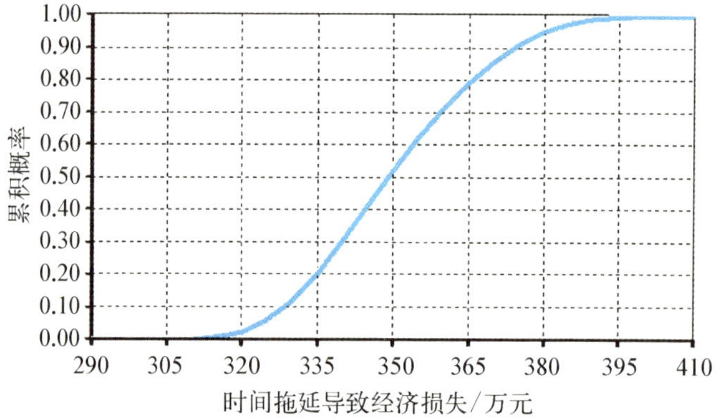

图 3 - 33　工期拖延导致的经济损失

均损失值为 350 万元，相应风险为 18 万元。

总的经济损失为所有这些损失的和。图 3 - 34 所示为滑坡发生导致的总的经济损失的累积概率分布曲线。可以看出损失范围在 1.55 千万～1.82 千万元

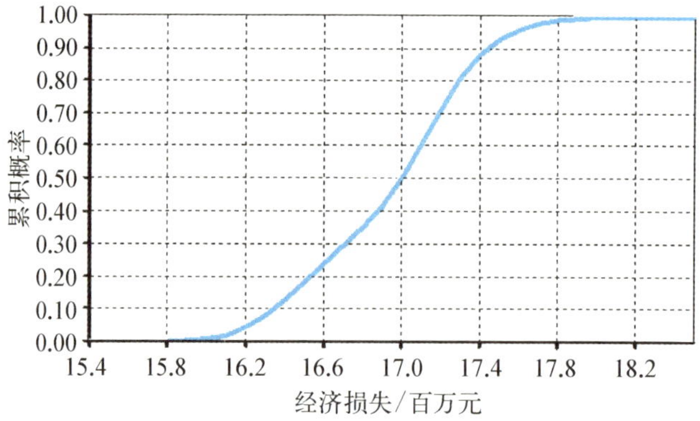

图 3 - 34　经济损失的累积概率分布曲线

之间。损失小于 1 700 万元的概率为 0.50，损失小于 1 740 万元的概率为0.9。平均经济损失约为 1 690 万元，其相应风险为 86 万元。

(3) 工期损失分析

时间拖延主要由两部分组成：清除塌方体和施工复旧时间。根据先前分析，需要清除的滑坡体体积为 110 000～130 000 m^3 之间。一辆铲斗容积为1 m^3 的挖掘机装满一辆载重 20 t 的运土车的平均时间为 5 min 左右。而一辆挖掘机的工作效率为每天 1 600～2 000 m^3。由于场地条件的限制，最多只有两辆挖掘机可以同时工作，且 1 辆和 2 辆的时间概率分别为 0.8 和 0.2。基于以上的假设，可以计算出清除塌方体的时间分布。如果施工方已经制定了相应的应急预案，他们可以及时有效地采取相应的处理措施。图 3－35 所示为清除塌方体的时间分布，时间为 46～68 天。

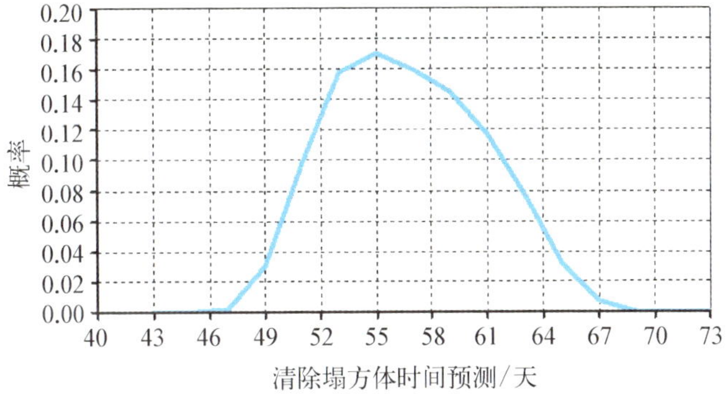

图 3－35　清除滑坡体时间估计

复旧时间，如重新设计和重新支护，可根据传统的工期预测方法来计算。根据工程的原施工计划，滑坡导致的结构破坏建设时间为 90 天。因此最终的工期损失范围为 136～158 天之间，均值为 146 天，相应的工期风险为7.5 天。

(4) 与实际结果的对比

滑坡发生在里程 K121＋490～K121＋670 段，如图 3－36 所示。滑坡体最大厚度约为 10 m，滑动面成直线状。滑动体沿线路走向长度约 200 m，影响区域面积约 10 400 m^2。滑坡体体积约 230 000 m^3，最大滑移距离约 150 m。数值模拟结果与实际数据较为接近。滑坡体形成的拦河坝长度约 200 m，使得上游河水水位抬高约 10 m。

由于滑坡发生时间为早上 5 点左右，因而现场施工人数较少，但仍然造成 2 死、4 失踪、2 重伤、部分轻伤的严重后果。原有支护结构彻底损坏，两

(a) 滑坡全貌　　(b) 堰塞湖

图 3-36　滑坡

辆运土车被掩埋或被落石击中，临近边坡连续梁桥的一颗桩被损坏。总经济损失超过两千万，工期损失超过 6 个月。由于没有相应的应急预案，致使工期损失远大于预测值。表 3-15 列出了预测值与实际损失值的相关数据。

表 3-15　实际损失与预测值之间的对比

人员伤亡						
	可能范围	可能概率(n 为人数)				实际伤亡
死亡或失踪	0～25	0.05($n\leqslant5$)	0.34($n\leqslant10$)	0.73($n\leqslant15$)	0.99($n\leqslant20$)	6(2+4)
重伤		0.33($n\leqslant2$)	0.70($n\leqslant4$)	0.92($n\leqslant6$)	0.99($n\leqslant8$)	2
轻伤		0.73($n\leqslant2$)	0.96($n\leqslant4$)	0.99($n\leqslant6$)	1.00($n\leqslant8$)	一些
经济损失						
	可能范围	概率(c 为经济损失)				实际损失
百万元	15.52～18.21	0.01 ($c\leqslant16.0$)	0.24 ($c\leqslant16.6$)	0.72 ($c\leqslant17.2$)	0.99 ($c\leqslant17.8$)	超过 20
工期损失						
	可能范围	概率(t 为工期损失)				实际损失
天	136～157	0.03 ($t\leqslant139$)	0.29 ($t\leqslant143$)	0.62 ($t\leqslant147$)	0.99 ($t\leqslant155$)	超过 6 个月

3.4　隧道塌方风险定量分析

公路隧道的特点是断面大、地质条件复杂，隧道掌子面前方和洞身的不良地层条件极易引起隧道塌方、涌水、岩溶塌陷等地质灾害。其中，塌方是隧道施工中最常见的灾害现象之一，特别对于浅埋隧道，由于围岩失稳所造成的突发性坍塌、堆塌和崩塌，常会造成严重的安全事故(闫天俊和吴立，2003)。如日本在1984～1997 年间，在隧道施工中死亡的 220 人中，因塌方而造成的死亡占 26%(王国欣，2005)；成渝高等级公路中梁山隧道与给云山隧道在开挖不到一年发生较大坍塌 8 次，严重延误了项目的建设工期(张溶，1994；李代国，1995)；海南环岛高速公路大茅隧道(右幅)的塌方事故造成了特大人身伤亡事故，不但严重延误工期，同时也严重影响隧道衬砌、防水质量及运营安全(刘宏，2000)；云南元磨高速公路大风娅口隧道，塌方 20 余次，最大的一次塌方造成隧道后方初期衬砌结构的破坏，延误工期 3 个月(苏生瑞，2003)；京珠高速公路靠椅山隧道发生的“通天”塌方，使地表出现一个长 71 m、宽 51 m、深 21 m 大坑，塌方量约 20 000 m^3，在隧道内形成长达 188 m 的塌体，其中约有 60 m 全被塌体阻塞，并有 22 人被堵在洞内，隧道被迫停工(邓雄业和孔祥金，2001)。南昆铁路的 415 座隧道中15%的洞段发生过塌方；青藏铁路关角隧道修建过程中发生塌方达 60 余次；大瑶山隧道建设过程中发生大规模塌方 29 次(杨会军等，2003)；兰武铁路 9 座隧道施工中发生塌方 11 次(孙富学和朱秀清，2006)。日本的统计资料表明塌方约占隧道工程事故的 35%(佐藤久和田中胜雄，1998)。可见，塌方已成为造成工期延误、生命财产损失和隧道运营的一个重要安全隐患(关宝树，2003)。

研究表明，隧道工程中大量不确定因素的存在是塌方事故频发的根源，如何对这些不确定因素进行合理评价是解决隧道塌方问题的关键。风险分析作为处理不确定因素及其所带来的问题的有效方法为隧道塌方问题的解决提供了可能途径。

对于塌方类型的分析，一般根据塌方的原因、形式、规模、机理、发生的部位等进行划分，如表 3 - 16 所列。根据塌方形态，可将塌方分为局部塌方、拱形塌方、塌穿型塌方三类(图 3 - 37)，塌方的形态与塌方规模的大小密切相关。汪成兵(2007)统计了 108 例有效塌方实例，3 种塌方类型的分布比例如图 3 - 38 所示，其中由于局部塌方报道得很少，统计资料中的塌方分布比例与实际有些出入。

表 3-16　塌方类型划分

分类依据	类别划分
塌方形式与规模	冒顶大塌方、塌高＞3 m 的大塌方、边挖边塌方、小塌方(塌高＜3 m)、洞顶掉块
塌方速度与机制	蠕变型塌方、崩塌型塌方
塌方原因	不良地质造成的塌方、地下水造成的塌方、地压造成的塌方、设计和施工不当造成的塌方
塌方形态	局部塌方、拱形塌方、异形塌方、大变形的隧道塌方和岩爆
塌方部位	洞口塌方、掌子面塌方、开马口和拉中槽发生的塌方(洞中交叉部位塌方)、坍塌处蔓延性塌方
塌方机理	危岩滑动型、松散介质垮落型、软岩蠕变型、硬岩岩爆型
破坏形式和作用机理	重力坍塌型、碎裂松动型、张裂塌落型、弯折内鼓型、剪切滑移型

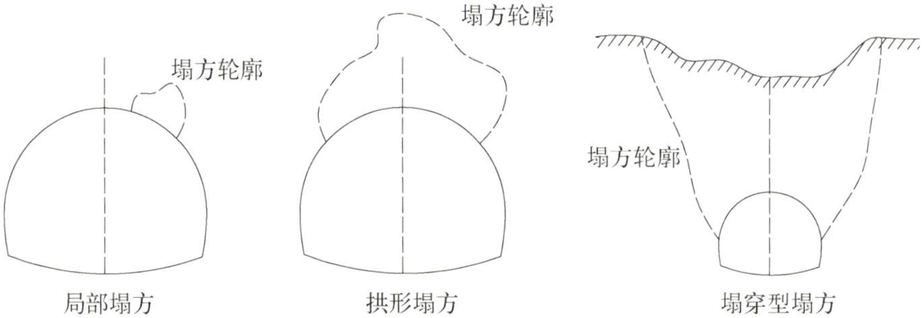

图 3-37　塌方分类

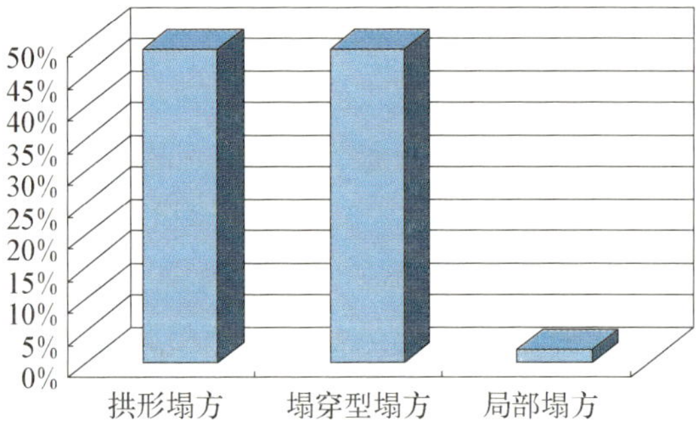

图 3-38　塌方类型分布统计示意图

本书主要针对拱形塌方和塌穿型塌方，从风险角度出发分析塌方发生的可能性及损失情况。

引起隧道塌方的直接原因主要有工程地质条件、地下(表)水、支护措施不当、爆破扰动等，其统计示意图如图 3－39 所示(汪成兵、朱合华，2008)。其中，工程地质条件、隧道埋深、隧道断面形式及大小、地下(表)水、爆破扰动、施工措施不当是引起隧道塌方的主要影响因素。

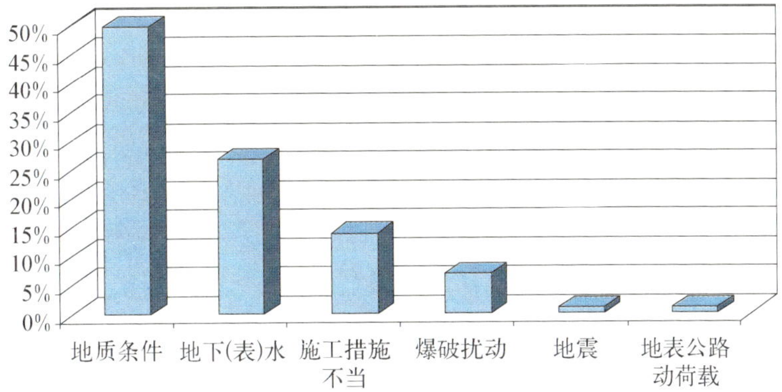

图 3－39　塌方主要原因统计图

王燕(2009)通过对国内近 30 年来 92 个塌方工程案例进行统计，对事故原因、发生时间、规模以及损失情况等进行分析，从地质因素、水的因素和人为因素三类主要因素入手，对塌方发生原因进行统计分析得到图 3－40 所示的结果。

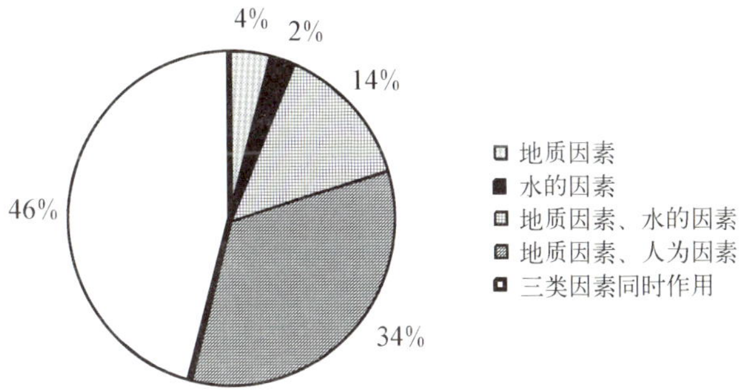

图 3－40　塌方事故类别统计分析

可以看出，三种因素共同作用诱发的事故约占 46%，由地质因素与人为因素共同作用诱发的事故占 34%，由水与地质因素诱发的事故占 14%。约 96%的事故伴随有各种不良地质，62%的事故伴随有水的影响，80%的事故中含有人为因素的影响。地质因素是所有事故中的主要内在因素，人为因素则是重要诱发因素。隧道塌方的发生原因可以概括为以下四个方面：

(1) 工程地质、水文地质因素

水文地质不确定性是引发工程事故的客观内在孕险因素，由于施工过程中，人们对地质情况认识不清，造成施工时出现塌方。

1) 隧道通过不良地质地段，如断层破碎带、节理裂隙发育带、软弱地层等；

2) 隧道通过地段的下水或地表水发育；

3) 隧道浅埋、偏压严重；

4) 特殊的不良地质，如膨胀岩、高地应力、溶洞等。

(2) 决策设计因素

工程设计因素是引发工程事故的主观外在孕险环境，如：

1) 洞口位置选择不恰当，如位于较大的滑动体或断层之中，从而在开挖过程中引发洞口塌方；

2) 设计的支护参数偏小，无法保证围岩开挖后到二次衬砌施作这段时间内的稳定；

3) 针对不良的地质地段，设计决策给出的处理措施不当等。

(3) 管理因素

同样管理因素是引发工程事故的主观外在孕险环境，如：

1) 未经上级技术部门同意，擅自改变施工方法，如开挖方法、支护方式等；

2) 不严格遵守设计文件、施工组织设计、《隧道施工技术规范》、《隧道验收评定标准》的要求和规定组织施工，达不到“均衡生产、有序施工”的要求；

3) 安全、质量意识淡薄，在施工中存在侥幸心理、偷工减料、弄虚作假等，造成支护质量远远达不到设计要求；

4) 由于不合理工期、不合理造价等宏观决策，引起施工过程中强行追求进度，造成支护强度达不到应有的要求，从而引发塌方。

(4) 施工技术、设备和人员操控

施工技术、设备和操作的不确定是工程风险发生的导火索，即风险致险因子。隧道及地下工程建设中，建设队伍、机械设备、施工操作技术水平等因素对工程是否发生风险有直接的影响。由于隧道及地下工程施工技术方案与工艺复杂，并且不同的工法又有不同的适用条件，贸然采取某项施工技术或设备，很容易导致设备类型与水文、地质和边界条件不匹配，机械设备发生停机、故障或失效等风险。同时，由于施工技术错误或设备操作失误，这势必会导致工程施工风险的发生。而且，隧道及地下工程的建设周期长、施工环境条件恶劣，施工人员很容易产生心理影响发生人为操控失误，这进一步加剧了各种风险事故的发生。

3.4.1　塌方发生概率及规模预测

隧道塌方的可能性评价用一般的风险评价方法可以预测，如专家评议法、故障树法、事件树法、蒙特卡罗数值模拟法、CIM 模型法、人工神经网络法、模糊综合评价法等。这些方法大致可以分为两类，一类是利用专家和工程技术人员的经验，对风险值进行主观估计，如专家评议法；一类是统计类似工程项目的历史数据，再对数据进行不同方式的处理，如蒙特卡罗数值模拟法。其实两类方法的内涵都一样，就是利用历史经验来推断当前工程项目塌方发生的概率。而在实际应用过程中，对概率的表达也多为定性的表达或者相对发生概率的等级划分，如频繁发生、可能发生、偶尔发生、很少发生、不可能发生等。

实际上，由于岩土材料的复杂性，隧道及地下工程比其他工程的不确定性和不可预见性都要大。目前的定量分析，其实都是建立在专家的经验或者统计数据的基础之上的。由于各类隧道事故统计量不足，加之本身不同的隧道工程差异明显，因此常常靠专家或技术人员的经验，将定性分析结果凭经验进行分类，然后运用层次分析法或模糊综合评判法等方法将定性结果定量化，只能称为半定量方法，这样的结果主观性太大，往往难以令人信服(周峰，2008)。

对不同的风险进行评估时要选择合理恰当的方法，但获得这些塌方风险影响因素的概率分布需要大量的统计数据，在一些地质地形情况类似的情况下，想获得真实大量的数据几乎是不可能的，尤其涉及人为因素时，概率分布就更不能用精确数值来表示，因此故障树法、事件树法、蒙特卡洛模拟法等基于概率分布统计的方法难以实现，另外，由于邀请各方面的专家和技术人员参与，如专家评议法、德尔菲法等定性评估方法也费时费力，评价结果可信度水平受到主观因素影响也大。

可靠度方法是分析隧道围岩及结构稳定性概率的一种有效方法，能够定量地分析考虑众多不确定性(如各参数的离散型)对安全的影响。目前，地下结构可靠度分析的基本方法有一次二阶矩法、高次高阶矩法、响应面法、蒙特卡罗法、随机有限元法等。

本书从可靠度理论出发，对隧道围岩及支护结构稳定性进行定量的失效概率研究。不管隧道的作用如何复杂，其经受各种作用后的反应可以由周边位移体现出来。通过周边位移观测以了解隧道的力学动态是比较直观也易于实施的办法，隧道的稳定性也应该从周边位移变化和发展得到体现(朱永信等，1999)。因而这里采用基于变形过大的围岩失稳极限状态方程。通过大型有限元软件ANSYS/PDS技术对结构进行稳定性计算研究，首先分析了隧道工程中的不确定性因素，对计算参数，如围岩变形模量、黏聚力、摩擦角及喷射混凝土的弹性模量和厚度、支护结构几何参数的变异性进行了分析，最后输入模型，通过蒙特卡罗有限元计算，获取了围岩及支护结构在各个开挖工况下失稳的概率。

ANSYS/PDS技术(Probabilistic Design System)提供了两种可靠性分析方法，蒙特卡罗法和响应面法，蒙特卡罗法又分直接抽样法、拉丁超立方法、自定义方法三种，本书采用直接抽样法。对蒙特卡罗法而言，分析精度由模拟次数决定，模拟次数越多，精度越高。蒙特卡罗法中所需循环次数与输入变量个数无关，只取决于所求输出结果的类型及其分散程度。

ANSYS进行可靠性分析通常由以下主要步骤组成：生成分析文件、可靠性分析阶段、后处理阶段。ANSYS可靠性分析数据流向如图3-41所示。可靠性分析数据库包含：输入变量、输入变量之间的相关系数；输出变量、可靠性分析方法的设置(蒙特卡罗法、响应面法等)；可靠性分析结果及其存放位置。

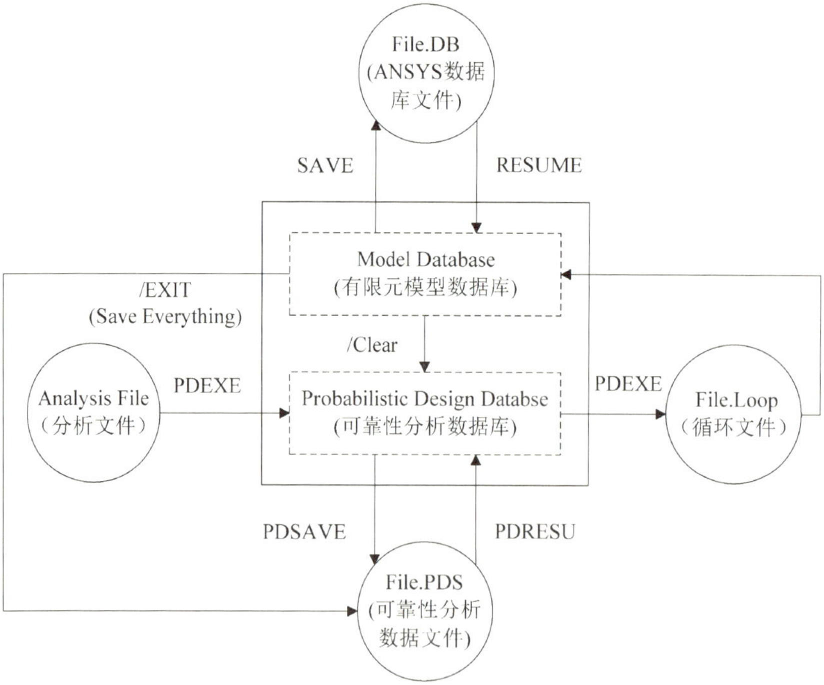

图3-41 可靠性分析数据流向图

1. 隧道围岩及支护结构不确定性研究

锚喷支护系统支护抗力及载荷效应不确定性研究是进行围岩及支护系统可靠性评价的基础。由于锚喷支护系统的荷载与抗力都不明确，围岩的物理力学指标不易确定，以及大部分随机变量都缺乏统计资料，目前对不确定性方面的研究成果尚少，本书主要通过借鉴前人成果的途径，获取支护抗力不确定性因素和荷载效应不确定性因素的统计特征。

（1）支护抗力的不确定性

① 影响支护抗力的不确定性因素

影响支护抗力的不确定性因素主要有喷射混凝土的抗压强度、喷层厚度及锚杆长度与角度等，图 3-42 列出了这些影响因素。

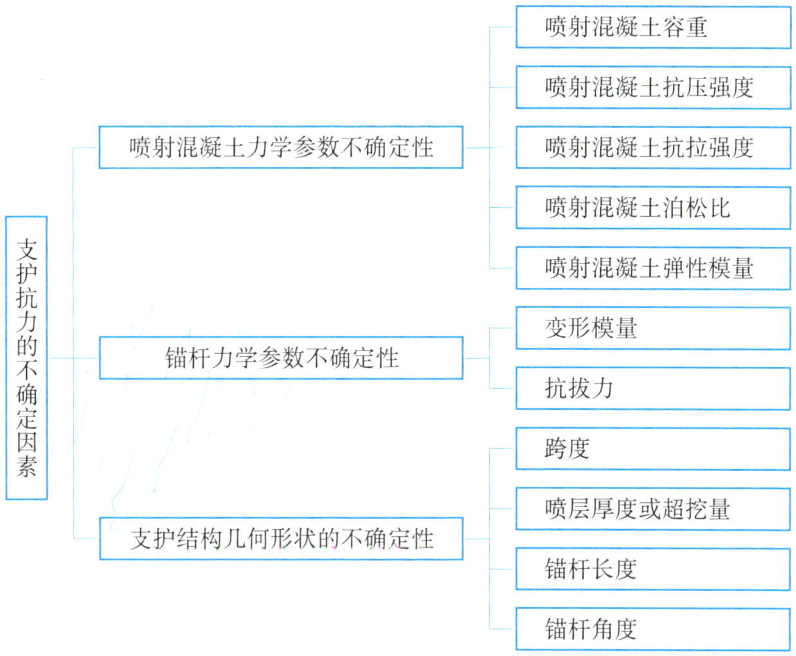

图 3-42　影响支护抗力的因素

从施工实践来看，喷射混凝土的施工质量较易控制，喷射混凝土参数的变异性一般不大，而喷射混凝土厚度不但与施工质量有关，还与围岩性质、超挖欠挖量有关，它的变异性对支护抗力的影响是直接的。同时，由于施工难度的影响，锚杆的长度和角度并不能得到有效的保证，它们的不确定性对支护系统的支护抗力的影响也是显而易见的，本书中将由于锚杆长度和角度的不确定性产生的影响一并考虑在内。

② 喷射混凝土力学参数的不确定性

在喷射混凝土参数中，单轴抗压强度是基本的代表值，其他参数一般可根据基本代表值经换算求得。在本文计算中，根据《混凝土结构设计规范》(GB50010—2002)、《锚杆喷射混凝土支护技术规范》(GB50086—2001)，喷射混凝土材料参数服从正态分布，按表 3－17 取值。

表 3－17　混凝土材料性能参数(MPa)

参　数	混凝土强度等级				
	C20	C25	C30	C35	C40
抗压强度	20	25	30	35	40
抗拉强度	1.8	2.0	2.2	2.4	2.6
弹性模量	21 000	23 000	25 000	27 000	28 000
变异系数	0.18	0.16	0.14	0.13	0.12

③ 喷射混凝土厚度不确定性研究

喷射混凝土厚度是影响计算的一个重要因素。喷射混凝土的厚薄是用厚跨比来衡量的，即喷射混凝土的厚度与隧道跨度之比，通常控制在 0.005～0.014 之间，此时，支护柔性大，允许围岩变形就大，限制围岩变形的支护抗力就小。这样，既改善了围岩应力，又能充分发挥喷射混凝土的作用，这种设计就较为经济合理。喷射混凝土层太厚，支护刚度就大，允许围岩变形就小，使得限制围岩变形的支护抗力增大，这对改善围岩应力的效果不大，却使喷射混凝土受力增大，甚至出现喷层受弯的应力状态，这种设计既不经济又不合理。因此《公路隧道设计规范 JTG D70—2004》规定了喷层厚度的约束条件，为了防止喷层的收缩开裂并具有一定的强度，喷层厚度不宜小于 50 mm，为了使支护具有一定的柔性，喷层厚度不宜大于 300 mm。尽管针对不同的隧道围岩级别所采用的喷锚支护类型不同，喷层厚度也就有所不同，但针对某一具体的围岩级别，实际喷层厚度等于设计喷层厚度加上隧道超欠挖量。所以喷层厚度的变异性主要取决于超欠挖量的变异性，如图3－43所示。

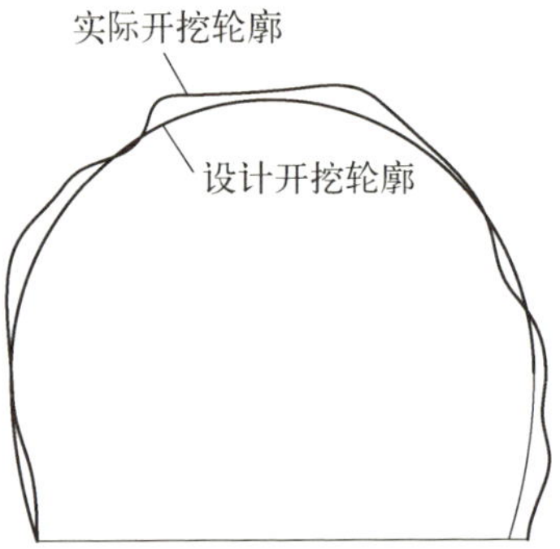

图 3－43　超挖欠挖示意图

王明年和关宝树(1997)在总长 220 m 的测试范围内，获得了Ⅱ～Ⅳ级围岩超欠挖的资料；张弥和杨成永(1996)对京九线多个隧道进行实地调查，得到了超挖量统计资料如表 3-18 所列。可以看出各类围岩普遍超挖，且超欠挖规律可用正态分布表示。

表 3-18　各级围岩超欠挖统计

围岩级别	样本数	平均值/cm	标准差	变异系数	分布类型
Ⅲ	41	3.12	0.718	0.23	正态分布
Ⅳ	309	8.70	2.349	0.27	正态分布
Ⅴ	250	12.0	2.880	0.24	正态分布

根据《公路隧道设计规范 JTG D70—2004》推荐，两车道隧道复合衬砌喷射混凝土厚度范围如表 3-19 所列。由喷层厚度和超欠挖统计数据，可以得到喷射混凝土厚度的实际值。

表 3-19　两车道隧道复合式衬砌喷射混凝土厚度

围岩级别	Ⅰ	Ⅱ	Ⅲ	Ⅳ	Ⅴ	Ⅵ
喷射混凝土厚度/cm	5	5～8	8～12	12～15	15～25	通过试验、计算确定

④ 锚杆角度及长度的不确定性研究

由于地质条件的不确定性，已有的勘察资料并不能完全反映实际的地质条件，因而设计方案可能出现偏差，再加上实际施工条件的限制，施工难度的影响，施工实施过程并不能与设计方案完全一致。锚杆的角度或长度无法避免地会产生一定的误差，甚至在某些工程中偷工减料时有发生，这将导致整个支护结构的支护效果产生较大影响，本书将这些不确定性引入其对整个结构的影响分析中。

(2) 荷载效应的不确定性

确定作用在隧道结构上的荷载是“荷载-结构”模式中最重要的研究工作。研究认为，隧道塌方是围岩发生松弛破坏的最直接表现(景诗庭等，2002)。影响荷载效应的不确定因素是多方面的，如围岩的类别、洞室的跨度、洞室埋深、计算模式的不确定性等(张弥、杨成永，1996)。下面列出了这些影响的因素，如图 3-44 所示。

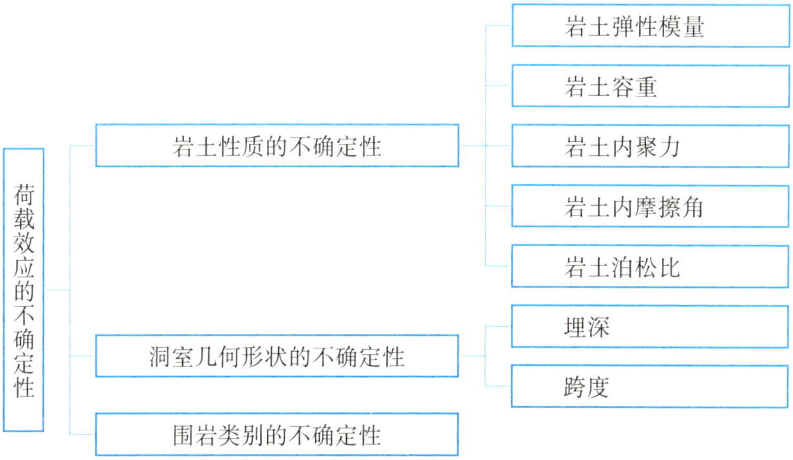

图 3-44　荷载效应不确定性分析

2. 塌方规模预测

欲求得隧道塌方所导致的损失，首先必须预测塌方规模的大小。本书所研究的塌方重点放在拱形塌方和塌穿型塌方上。隧道塌方是岩体发生松弛破坏的最直接表现，塌方的大小与松弛破坏的高度有必然的联系，而松弛破坏的高度及塌方高度与围岩的级别有关。

普氏理论(普洛托季雅克诺夫)认为，隧洞开挖后，顶部的岩体失去稳定，产生坍塌，并形成自然拱。随之，隧道两侧由于应力集中而逐渐破坏，因此顶部坍塌进一步扩大形成塌落拱。如图 3-45(a)所示，如果隧洞开挖后及时支护，按照挡土墙原理，侧面岩石的破碎面与垂直轴的夹角为 $45°-\varphi/2$，顶部破坏则介于自然拱和塌落拱之间，而破坏拱以内的岩石自重即为作用在隧洞支护上的围岩松

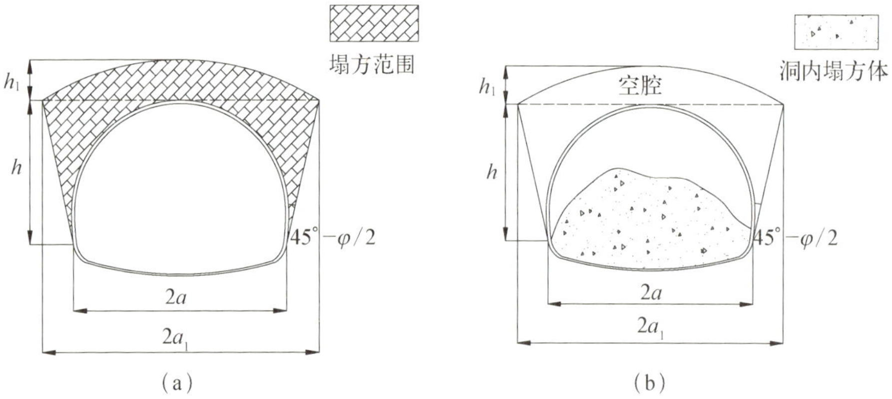

图 3-45　隧道塌落模型

弛压力。普氏破坏拱又称为压力拱，其压力拱曲线为抛物线形，这里假定围岩失稳后所产生的塌落区域就是松弛荷载的范围，即图 3－45(a)图中的填充区域，塌落后示意图如图 3－45(b)所示。压力拱高 h_1 按经验确定，它取决于隧洞的跨度和岩体的性质。按照普氏理论可采用下式计算 h_1(徐干成等，2002)：

$$h_1 = \frac{a_1}{f} = \frac{a + h\tan(45^\circ - \varphi/2)}{f} \tag{3-25}$$

式中，f 为岩石坚固系数，又称普氏系数。一般由 $f = \frac{R_c}{10}$(R_c 为岩石抗压强度，MPa)确定普氏系数，其他参数如图 3－45 所示。

在实际工程中，围岩产生塌方的机理复杂得多，决定围岩稳定的因素并非如此简单，因此不少部门直接根据围岩分类凭工程经验给出塌方高度值。在《隧道塌方案例分析》(冯卫星等，2002)一书中对塌方的高度进行了统计描述，根据有关研究结果建立塌方资料数据库，其中原始塌方数据 1 046 个。经过统计分析得出表 3－20 的结果。

表 3－20　各级围岩塌方高度 h_1 统计表

级　别	Ⅰ	Ⅱ	Ⅲ	Ⅳ	Ⅴ	Ⅵ
均值/m	0.948 7	1.693 1	2.796 6	4.174 4	8.966 7	14.316 0
均方差	0.692 7	1.025 5	1.809 1	2.969 6	7.609 8	13.178 3

上式中的平均塌方高度 h_1 统计大都是来源于单线铁路隧道，洞室宽度为 5.0 m的洞室，与现行的《公路隧道设计规范 JTG D70—2004》中松弛荷载高度的计算公式在没有考虑宽度影响系数下计算所得到的相比，结果基本一致，如图3－46所示。

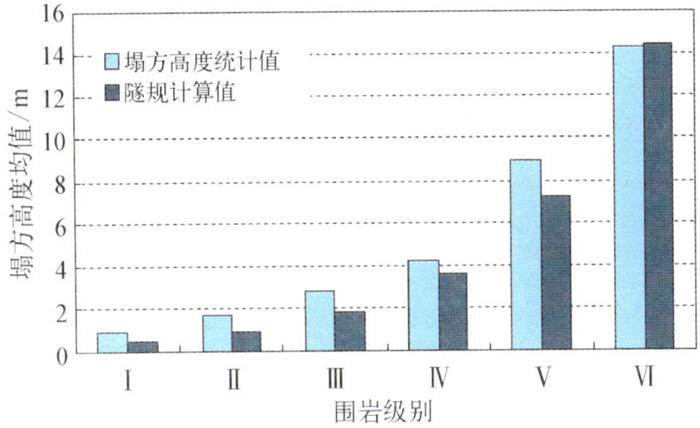

图 3－46　塌方高度统计值与隧规计算值对比

由于没有考虑宽度影响系数，且没有考虑隧道中可能存在较大的断层和软弱夹层，因此统计的塌方高度实际要小于真实情况。就目前两车道公路隧道而言，开挖宽度都在 11 m 以上，且由于地质构造影响，实际发生的塌方高度要大一些。根据收集到的资料和结合规范中计算公式：

$$h_1 = 0.45 \times 2^{S-1}\omega \tag{3-26}$$

式中 S——围岩级别；

ω——宽度影响系数，$\omega = 1 + i(B-5)$；

B——隧道宽度(m)；

i——B 每增减 1 m 时的围岩压力增减率，以 $B = 5$ m 的围岩垂直均布压力为准，当 $B < 5$ m 时，取 $i = 0.2$；$B > 5$ m 时，取 $i = 0.1$。

计算得到公路隧道塌方高度统计如表 3-21 所列：

表 3-21 公路隧道塌方高度统计表

级 别	Ⅰ	Ⅱ	Ⅲ	Ⅳ	Ⅴ	Ⅵ
均值/m	0	0.5～0.8	3.0～5.0	5.0～10.0	10.0～15.0	15.0～25.0

注：Ⅰ级围岩，一般不会发生塌方，主要是发生岩爆，由于两者的概念不同，故在此表中将塌方高度定为 0。

为了计算塌方量，还必须确定塌方长度和宽度。根据目前掌握资料可以得到统计结果如表 3-22 所列。

表 3-22 各级围岩的塌方长度及宽度对应表

级 别	Ⅰ	Ⅱ	Ⅲ	Ⅳ	Ⅴ	Ⅵ
塌方长度/m	0	1.0～2.0	2.0～5.0	4.0～8.0	8.0～20.0	8.0～30.0
塌方宽度/m	0	2.0～3.0	3.0～4.0	4.0～8.0	6.0～12.0	6.0～15.0

由表 3-21、表 3-22 即可计算出各级围岩在一般情况下的塌方量 Q，如表 3-23 所列。

表 3-23 各级围岩的实际塌方数量对应表

级 别	Ⅰ	Ⅱ	Ⅲ	Ⅳ	Ⅴ	Ⅵ
塌方量/m^3	0	2.0～3.0	20～150	100～700	500～3 500	800～7 500

如果塌方发生在较大断层破碎带附近以及在洞口浅埋段的冒顶，则塌方数量还要大一些，如表 3-24 所列。

表 3－24　各级围岩的塌方数量对应表

级　别	Ⅰ	Ⅱ	Ⅲ	Ⅳ	Ⅴ	Ⅵ
塌方量/m^3	0	2.0～3.0	20～300	100～1 500	500～7 000	800～15 000

3.4.2　塌方风险损失分析

1. 经济损失分析

(1) 施工机械损失

在隧道工程开挖施工时，洞内主要的机械和设备有：掘进机、大型凿岩机、支架式冲钻锤、多臂钻孔台车、铲斗装载机、自卸卡车、混凝土搅拌罐车、混凝土喷射机、锚杆钻孔机、整体式衬砌模板台车、抽水泵等。

对于爆破法施工的隧道，洞内设备主要为钻孔台车、铲斗装载机、自卸卡车等。这些施工机械在塌方发生时，都会受到不同程度的破坏。同样将施工机械的损坏程度分三种情况进行评价：严重、中度和轻微。经济损失由施工机械的平均现有市场净值与其易损性参数的乘积得到。

(2) 复旧费用

复旧费用主要与道路塌方发生后采用的塌方处理措施有关。对于不同的塌方规模，塌方所处理的加固措施不同，对于塌方规模的分类，本书采用冯卫星等(2002)的分类方法，如表 3－25 所列。

表 3－25　隧道塌方大小分级表

塌方量/m^3	≤300	300～1 000	1 000～5 000	>5 000
分级符号	Ⅰ	Ⅱ	Ⅲ	Ⅳ
规模评价	小型	中型	大型	特大型
围岩级别	Ⅱ、Ⅲ、Ⅳ	Ⅳ、Ⅴ、Ⅵ	Ⅳ、Ⅴ、Ⅵ	Ⅴ、Ⅵ

对于不同的塌方规模，加固措施主要包括以下几种：

1) 对于中小型塌方，从塌腔口可以观察到在塌壁稳定的情况下，是否可采用清碴的方法，同时根据塌腔的矢跨比(H/B)，采取不同的加固措施。

① 当塌腔的矢跨比 $H/B<0.7$ 时，采用 WNF 法进行处理。

利用围岩暂处于基本稳定状态，边清碴边处理，抓紧时间沿坍塌面采用喷锚支护技术加固未坍塌的地层，即“外层初期支护”，简称“W”，然后沿二次衬砌外轮廓施作钢筋（钢架）混凝土支护壳体，即“内层初期支护”，简称“N”，同时用钢架将内、外层初期支护连成整体，沿内层初期支护的外轮廓依次设防水层、1.0 m厚混凝土护拱及1.0 m以上的土石缓冲层，即“防护层”，简称“F”。使用这种方法的特点是：工序多，处理周期长，成本较高，但安全可靠。

采用 WNF 加固措施时，一般包括加固塌方附近未坍塌的部分、塌方体清理、内外层初期支护、土石缓冲层、混凝土护拱、支撑角钢、衬砌背后注浆等，塌方处理成本计算可以采用工程造价的计算方法，不过只计算建筑安装工程费的直接工程费，不计算间接费、计划利润、施工技术装备费及税金等部分。而直接工程费用一般包含人工费、材料费、施工机械使用费、其他直接费、现场经费。加固处理示意图如图 3－47 所示。

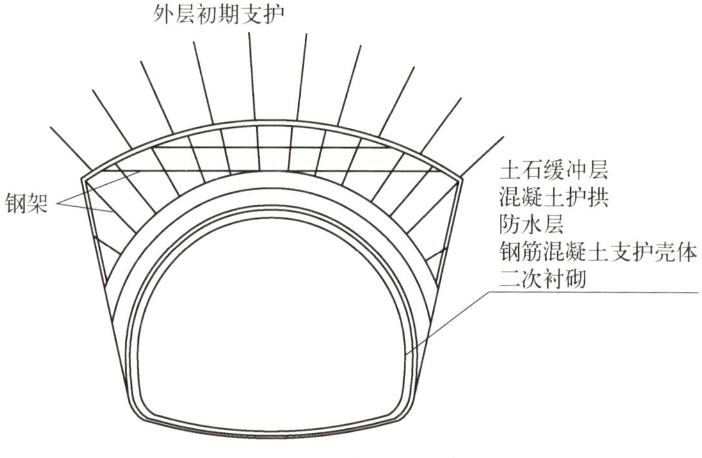

图 3－47　塌方处理示意图

② 当塌腔的矢跨比 $H/B \geqslant 0.7$ 时，采用 WF 法进行处理（W、F 的意义同上），即在塌方发生以后，利用围岩的自稳能力，抓紧时间沿坍塌面进行外层初期支护，即 W。不设（也难于设）内层初期支护，待洞内二次衬砌完成以后，设置与 WNF 法相同的防水层、1.0 m 厚混凝土护拱及 1.0 m 以上的土石缓冲层。与 WNF 法比较，WF 法不设内层初期支护以及内、外层初期支护之间的连接钢架，从而使成本大幅降低，处理周期大大缩短，但因为矢跨比较大，再次塌方的可能性较小，仍能基本保证施工安全。由于设有 1.0 m 的混凝土护拱以及 1.0 m 以上厚度的土石缓冲层，即使隧道竣工后的运营期，发生了一定规模的坍塌，其抗冲击能力仍可确保运营的安全。

2）对于大型塌方，一般不能采取清碴的方法。其理由是清碴数量太大，时间太长，且处理费用过大。而采用 Z 法，及“注浆＋管棚”的整体加固处理方法。其主要内容为：

① 设止浆墙：采用厚 1.0 m 的素混凝土或 2.0 m 厚的浆砌片石。

② 预埋孔口管：直径 50～150 mm，长度 2～3 m。

③ 注浆：以渗透注浆为主，注浆形式可采用全段一次性注浆、分段循环注浆和分段后退式注浆三种。

④ 施作管棚：根据注浆效果选择管棚参数，当注浆效果很好时，也可以小导管代替管棚。

⑤ 开挖及支护：根据注浆及管棚的加固效果决定开挖和支护参数大小。

采用该方法处理隧道塌方时，其成本主要包括：① 止浆墙费用；② 管材费用；③ 浆液费用；④ 管棚费用。

3）当岩石类塌方已塌至隧道上方地表，即产生“冒顶”时，应先处理地表塌口，后处理洞内塌方。地表塌方的处理内容如下：

① 遮盖地表塌口，防止雨水渗入。

② 塌口进行喷射混凝土封闭。

③ 根据情况，采取地表注浆加固技术，以防止塌方继续发展和扩大。

④ 塌口四周施作截水沟和排水沟。

⑤ 待洞内塌方处理完毕后，对地表塌口进行回填，回填一般采用不透水的黏土进行，回填高度应高出地面 0.5～1.0 m。当塌口面积较大，同时地表塌口附近取土困难时，可不进行回填，而改作塌腔四周刷坡，做成簸箕形。簸箕的底面应保证排水，一般坡度为 3.0%～5.0%的斜坡即可。

当隧道产生冒顶塌方时，其处理成本将大大增加，除了洞内塌方处理的几项处理工序外，还包括洞外地表塌口的处理费用，包括：① 塌口的混凝土封闭费用；② 地面加固注浆费用；③ 排水截水沟设置；④ 回填费用或刷坡费用。

土质类塌方的围岩级别一般为Ⅳ～Ⅵ级，围岩以砂、土质或强风化的岩石为主，塌方成土状，含有大量的砂、黏土（≥70%）以及少量的石屑和圆弧石，塌方范围以外的未坍塌部分呈相对不稳定状态。塌方规模一般较大，主要为大型和特大型塌方。对于土质类塌方的处理，不能采用清碴的方式，而必须采用 Z 法进行，即“注浆＋管棚”的方法，其主要作用与 W 岩石类塌方中 Z 法的内容基本相同。但应注意以下两点：

① 注浆应根据坍塌体中土质(或砂)颗粒大小分别采用渗透注浆、劈裂注浆或化学注浆。

② 施作管棚时,因在土质中钻孔成孔困难,可采用跟管钻机进行。

当土质类塌方塌至地表时,同样先对地表塌口进行处理,其处理的内容及步骤同岩石类塌方的相应内容。

综上所述,当塌方体体积较小时,经常采用去碴的处理方式,而当塌方体积较大时,一般不宜采用清碴的处理方法,而且实际中,隧道塌方发生后,清碴所产生的损失是有限的,因而本书在计算经济损失中,主要考虑加固处理措施产生的经济损失。

因而在岩石类塌方中,产生中小型塌方时,其主要的加固方式为 WNF 和 WF,而 WF 由于不设内层初期支护以及内外层初期支护之间的连接钢架,因而用 WF 加固损失大幅降低。本文计算风险损失时按照最大经济损失考虑,因而此处按照 WNF 的经济损失来衡量塌方所产生的损失。因而,按以下方法计算经济损失:

(1) 加固塌方附近未坍塌的部分费用:

$$EL_1^{(1)} = P_1^{(1)} \cdot L_1^{(1)} \tag{3-27}$$

式中,$EL_1^{(1)}$ 为隧道塌方后加固塌方附近未坍塌部分所需总费用,$P_1^{(1)}$ 为加固每延米所需要的费用,$L_1^{(1)}$ 为需要加固长度。

(2) 内外层初期支护:

$$EL_2^{(1)} = P_2^{(1)} \cdot Q_2^{(1)} \tag{3-28}$$

式中,$P_2^{(1)}$ 为喷射每立方喷射混凝土价格,$Q_2^{(1)}$ 为塌方后处理所需的喷射混凝土方量。

(3) 土石缓冲层:

$$EL_3^{(1)} = P_3^{(1)} \cdot Q_3^{(1)} \tag{3-29}$$

式中,$P_3^{(1)}$ 为施作每立方土石缓冲层的价格,$Q_3^{(1)}$ 为塌方后处理所需的土石方量。

(4) 混凝土护拱:

$$EL_4^{(1)} = P_4^{(1)} \cdot Q_4^{(1)} \tag{3-30}$$

式中,$P_4^{(1)}$ 为施作每立方混凝土护拱的价格,$Q_4^{(1)}$ 为塌方后施作护拱所需混凝土方量。

(5) 连接钢架：架设角钢时，纵向间距应为 2.0～2.5 m。

$$EL_5^{(1)} = P_5^{(1)} \cdot T_5^{(1)} \tag{3-31}$$

式中，$P_5^{(1)}$ 为每吨角钢价格，$T_5^{(1)}$ 为塌方后施作角钢的重量。

(6) 衬砌背后注浆：

$$EL_6^{(1)} = P_6^{(1)} \cdot Q_6^{(1)} \tag{3-32}$$

式中，$P_6^{(1)}$ 为每立方注浆体价格，$Q_6^{(1)}$ 为处理塌方所需注浆量。

则处理塌方总的损失为 $\sum_{i=1}^{6} EL_i^{(1)}$。

在岩石类塌方中，产生大型塌方时，常采用 Z 法加固。其主要经济损失为：

(1) 止浆墙：

$$EL_1^{(2)} = P_1^{(2)} \cdot L_1^{(2)} \tag{3-33}$$

式中，$EL_1^{(2)}$ 为设置止浆墙费用，$P_1^{(2)}$ 为每延米厚 1.0 m 的素混凝土止浆墙或 2.0 m厚浆砌片石所需要的费用，$L_1^{(2)}$ 为长度。

(2) 预埋孔口管：

$$EL_2^{(2)} = P_2^{(2)} \cdot L_2^{(2)} \tag{3-34}$$

式中，$EL_2^{(2)}$ 为预埋孔口管费用，$P_2^{(2)}$ 为每延米孔口管的费用，$L_2^{(2)}$ 为长度。

(3) 注浆：

$$EL_3^{(2)} = P_3^{(2)} \cdot Q_3^{(2)} \tag{3-35}$$

式中，$EL_3^{(2)}$ 为注浆费用，$P_3^{(2)}$ 为注浆单价，$Q_3^{(2)}$ 为注浆方量。

(4) 施作管棚：

$$EL_4^{(2)} = P_4^{(2)} \cdot L_4^{(2)} \tag{3-36}$$

式中，$EL_4^{(2)}$ 为施作管棚费用，$P_4^{(2)}$ 为施作每延米管棚的单价，$L_4^{(2)}$ 为施作管棚长度。

在岩石类塌方发生冒顶时，与大型塌方比较，多了对地面处理的费用，主要包括：塌口喷射混凝土封闭费用、地面注浆加固费用、地面施作截排水沟费用等。

(1) 喷射混凝土：

$$EL_5^{(2)} = P_5^{(2)} \cdot Q_5^{(2)} \tag{3-37}$$

式中，$EL_5^{(2)}$ 为喷射混凝土费用，$P_5^{(2)}$ 为每吨喷射混凝土单价，$Q_5^{(2)}$ 为吨数。

(2) 地面注浆加固：

$$EL_6^{(2)} = P_6^{(2)} \cdot Q_6^{(2)} \tag{3-38}$$

式中，$P_6^{(2)}$ 为每吨注浆单价，$Q_6^{(2)}$ 为吨数。

(3) 截排水沟：

$$EL_7^{(2)} = P_7^{(2)} \cdot L_7^{(2)} \tag{3-39}$$

式中，$P_7^{(2)}$ 为每延米截排水沟费用单价，$L_7^{(2)}$ 为截排水沟长度。

在计算中，关于单价量的信息均由当地情况或类似工程经验获得，塌方量相关的参数根据隧道围岩情况以及相应的塌方统计数据基于蒙特卡罗方法获得。计算中，根据塌方体的体积以及基于普氏理论压力拱模型，得到塌方体的几何尺寸信息，然后根据塌方体的尺寸，对各类损失进行计算分析，最终得到塌方的经济损失。同时，由于本书研究的对象为浅埋隧道，因而这里假定，当塌方体体积超过某一规模时，认为发生冒顶塌方，经济损失按处理冒顶塌方的费用计算。

隧道塌方体积以及相应加固措施所消耗的施工材料数量可由普氏理论获得。以图 3-45(a)中所示隧道截面为例，塌落拱上方边界为抛物线，下方边界面按圆形计算，塌方的面积可表示为：

$$\begin{aligned} S &= 2\int_{-a_1}^{0}\left(-\frac{h_1}{a_1^2}x^2 + h_1\right)dx + 2a_1h - \frac{1}{2}\pi a^2 - h^2\tan\left(45^\circ - \frac{\varphi}{2}\right) \\ &= \frac{4}{3f}[a + h\tan(45^\circ - \varphi/2)]^2 + 2h[a + h\tan(45^\circ - \varphi/2)] \\ &\quad - \frac{1}{2}\pi a^2 - h^2\tan(45^\circ - \varphi/2) \end{aligned} \tag{3-40}$$

根据不同的隧道截面，塌方面积不同。假设隧道为两车道隧道，a 约为 6 m 左右，h 约为 7 m。上式变为：

$$S = 27.48 + 49\tan\left(45^\circ - \frac{\varphi}{2}\right) + \frac{4}{3f}\left(6 + 7\tan\left(45^\circ - \frac{\varphi}{2}\right)\right)^2 \tag{3-41}$$

式中，φ 为围岩的计算摩擦角，f 为岩石的坚固性系数。

假设塌方体的长度为 L，则可得到塌方体的体积为：

$$V = S \cdot L \tag{3-42}$$

同样的，塌方体形成的新的空腔面积约为：

$$
\begin{aligned}
NS &= \left[\frac{2h}{\cos\left(45^\circ - \dfrac{\varphi}{2}\right)} + \int_l ds\right] \cdot L \\
&= \left[\frac{2h}{\cos\left(45^\circ - \dfrac{\varphi}{2}\right)} + 2\int_0^{a_1} \sqrt{1 + \frac{4h_1^2}{a_1^4} x^2 dx}\right] \cdot L \\
&= \left[\frac{2h}{\cos\left(45^\circ - \dfrac{\varphi}{2}\right)} + \frac{4h_1}{a_1^2} \cdot \left[\frac{x}{2}\sqrt{x^2 + \frac{a_1^4}{4h_1^2}}\right.\right. \\
&\quad \left.\left. + \frac{a_1^4}{8h_1^2} \ln\left(x + \sqrt{\frac{a_1^4}{4h_1^2} + x^2}\right)\right]_0^{a_1}\right] \cdot L \qquad (3-43) \\
&= \left[\frac{2h}{\cos\left(45^\circ - \dfrac{\varphi}{2}\right)} + \frac{4h_1}{a_1^2} \cdot \left[\frac{a_1^2}{4h_1}\sqrt{4h_1^2 + a_1^2}\right.\right. \\
&\quad \left.\left. + \frac{a_1^4}{8h_1^2} \cdot \ln\left(\frac{2h_1 + \sqrt{a_1^2 + 4h_1^2}}{a_1}\right)\right]\right] \cdot L \\
&= \left[\frac{2h}{\cos(45^\circ - \varphi/2)} + \frac{a + h\tan(\varphi/2)}{2f}\right. \\
&\quad \left.\left(2\sqrt{f^2+4} + f\ln\frac{\sqrt{f^2+4}+2}{f}\right)\right] \cdot L
\end{aligned}
$$

式中，φ 为围岩的计算摩擦角，f 为岩石的坚固性系数。

对于两车道隧道，若取 a 为 6 m，h 为 7 m，有

$$
\begin{aligned}
NS = &\left[\frac{14}{\cos\left(45^\circ - \varphi/2\right)} + \frac{6 + 7\tan(\varphi/2)}{2f}\left(2\sqrt{f^2+4}\right.\right. \\
&\left.\left. + f\ln\frac{\sqrt{f^2+4}+2}{f}\right)\right] \cdot L
\end{aligned} \qquad (3-44)
$$

根据现行的《公路隧道设计规范 JTG D70—2004》，两车道隧道复合衬砌的

喷射混凝土厚度如表 3-26 所列。

表 3-26　两车道隧道复合式衬砌喷射混凝土厚度值

围岩级别	Ⅰ	Ⅱ	Ⅲ	Ⅳ	Ⅴ	Ⅵ
喷射混凝土厚度/cm	5	5～8	8～12	12～15	15～25	通过试验计算确定

因而可以计算出塌方发生后加固处理时，喷射混凝土的方量值。

同样，土石缓冲层的方量约为：

$$Q_3^{(1)} = 23.55L \tag{3-45}$$

混凝土护拱的方量约为：

$$Q_4^{(1)} = 20.41L \tag{3-46}$$

壁后注浆量不确定因素大，计算中假设它为 NS 的线性函数。

2. 工期损失分析

由隧道塌方导致的工期损失主要为加固措施实施所需时间。经过对 15 个塌方案例(表 3-27)的统计可知，塌方加固措施所需时间离散性特别大。如西康线大岭铺隧道，塌方体积达到 2 700 m^3 并塌至地表，但仅用 28 天就顺利处理结束。而内昆线黄莲坡隧道塌方 490 m^3，未发生冒顶，治理时间就达到 33 天。东风隧道塌方量大于 6 000 m^3，加固治理总共 76 天，而白花山隧道塌方 8 000 m^3，加固工期却接近 270 天。

表 3-27　隧道塌方引起的工期损失

编号	案　　例	塌方规模/m^3	情　况　描　述	工期损失/天
1	西康线大岭铺隧道	2 700	长 24 m，塌至地表	28
2	侯家湾四号隧道	3 630	地表形成直径 8 m，深 4 米的塌穴	114
3	岩顶隧道	1 700	突泥流塌	至少 89 天
4	宝成复线新会龙场隧道	8 100	塌至地表，形成半径 10 m 的圆形凹槽，塌方高度 26 m	125
5	内昆线田坝子隧道	4 400	长度 8 m，地表形成长 16 m、宽 12 m、深 2.3 m 的锅底坑	48

续　表

编号	案　　例	塌方规模/m^3	情　况　描　述	工期损失/天
6	新太阳冲隧道	4 500	塌至地表，形成直径约 15 m 的漏斗，地表下沉 5～6 m	45
7	内昆线黄莲坡隧道	490	塌方长度 14 m	33
8	大秦线赵家二号隧道	13 000	塌方长度 10 m，冒顶塌方，地表形成长 13 m、宽 12 m、深 2.5 m 大坑	87
9	东风隧道	大于 6 000	多次塌方，塌方高度 22 m，宽度 20 m	76
10	缙云山隧道	4 000～5 000	长度 22 m，宽 10～14 m，高 18～25 m	150
11	飞鸾岭隧道	3 760	冒顶塌方，洞内塌方面积 10 m×10 m，地表塌口 9 m×15 m	60
12	青岭隧道	15 000	长度 27m，高度约 40 m	120
13	白花山隧道	8 000	顶面长 40 m，底面长 60 m	270
14	蒿庄梁隧道	约 560	两次塌方，顶部塌落高度最大值达到 6 m	60
15	盘道岭隧洞	100	拱顶塌落高度达到 9.5 m，属烟囱状塌方	45

实际上，由于各个工程的具体情况不同，地形地质条件存在很大差异，再加上各施工队伍应对突发性塌方事件的能力不同，自然加固措施实施的时间具有很大的不确定性。本书拟根据塌方的规模预测工期损失时间，决策者根据不同的塌方规模定义可能的工期损失范围。

3. 人员伤亡分析

隧道塌方所产生的人员伤亡分析与滑坡产生的人员伤亡相似，需要注意的是，隧道塌方除塌方体区域人员直接受到生命威胁外，被困人员的情况也可能会导致伤亡。由于缺乏数据，本书从网上搜集到了为数不多的一些关于煤矿巷道塌方和隧道塌方被困人员的伤亡情况，如表 3-28 所列。被困人员的数量以及伤亡情况不确定性大，在分析中需要考虑。

表 3-28　隧道塌方引起的人员伤亡

时　间	塌　方　描　述	被困人数	营救结果
2004 年 2 月 16 日	广东兴宁市石膏矿隧道崩塌事故	4	死亡
2009 年 6 月 4 日	海南三亚绕城高速公路迎宾隧道	8	获救
2007 年 3 月 28 日	北京地铁十号线发生塌方	6	死亡
2002 年 6 月 24 日	河北蔚县煤矿塌方	16	死亡(窒息)
2002 年 11 月 9 日	吉林省靖宇县三〇九煤矿塌方	11	死亡
2008 年 7 月 13 日	神木县赵家梁煤矿冒顶事故	9	1 人死亡
2008 年 9 月 19 日	张家口盛德公司巷道塌方	3	2 人死亡
2004 年 6 月 6 日	北京京煤集团大安山煤矿煤巷发生巷道坍塌	10	死亡
2008 年 5 月 17 日	云南大盈江水电站四级电站导流洞	8	获救
2006 年 9 月 11 日	云南广砚高速公路隧道塌方	25	获救
2007 年 9 月 30 日	兰青线二线八盘峡 2 号隧道塌方	8	获救
2005 年 10 月 26 日	广东天汕高速隧道塌方	12	获救
2005 年 10 月 26 日	天汕高速公路蕉岭广福隧道塌方	12	获救
2005 年 5 月 17 日	昆明铁路新建线面店三号隧道塌方	12	获救
2007 年 9 月 30 日	兰青铁路二线八盘峡 2 号隧道塌方	8	获救
2008 年 4 月 26 日	沪蓉西高速公路野三关隧道塌方	27	获救

3.4.3　计算实例

这里以某浅埋隧道为例，分析隧道塌方的概率、规模以及其可能造成的损失，对塌方风险进行定量的分析。

1. 塌方概率分析

这里基于可靠度理论，采用收敛位移过大作为隧道围岩失稳的判据，利用 ANSYS/PDS 来模拟隧道塌方的可能性。取典型断面为研究对象，如图 3-49(a)所示。

计算模型的左、右边界为水平方向约束，底部为竖直方向约束，顶部为自由面。根据隧道围岩的实际物理力学性质，采用弹塑性的非线性有限元法，本构模式采用 Drucker-Prager(D-P)模型，以计算隧道结构与地层在开挖过程中发生的非线性变形特性。

(1) 载荷作用参数的概率分布

根据该隧道地勘报告和相关规范确定岩体的参数，岩体物理力学参数见表 3－29，设所有指标参数其分布服从正态分布。

表 3－29　围岩的物理力学参数统计表

力学参数	弹性模量 E/($\times 10^3$ MPa)	泊松比 μ	黏聚力 C/MPa	内摩擦角 φ/°	密度/($kg \cdot m^{-3}$)
均值	2.9	0.28	4.5	30	2 000
标准差	0.85	0.04	0.3	3	200
变异系数	0.293	0.143	0.067	0.100	0.100
分布类型	正态分布	正态分布	正态分布	正态分布	正态分布

(2) 支护结构参数的概率分布

计算中重点考虑喷层厚度的不确定性、喷射混凝土材料性能以及锚杆长度和角度的不确定性，而视其他抗力参数为常量，分布如表 3－30 所列。

表 3－30　支护参数统计

力学参数	弹性模量 E/($\times 10^3$ MPa)	喷射混凝土厚度/cm	锚杆长度/m
均值	21	24	8.0
标准差	3.78	3.5	0.3
变异系数	0.18	0.146	0.038
分布类型	正态分布	正态分布	正态分布

计算中，锚杆的角度的不确定性随垂直度增大而增加，具体不确定情况如表 3－31 所列，其中各锚杆编号如图 3－48 所示。

表 3－31　锚杆角度的不确定性

锚杆编号	2	3	4	5	6	7	8	9	10	11
偏离位置标准差/°	1	1	2	2	3	3	4	4	5	5
锚杆编号	12	13	14	15	16	17	18	19	20	
偏离位置标准差/°	5	4	4	3	3	2	2	1	1	

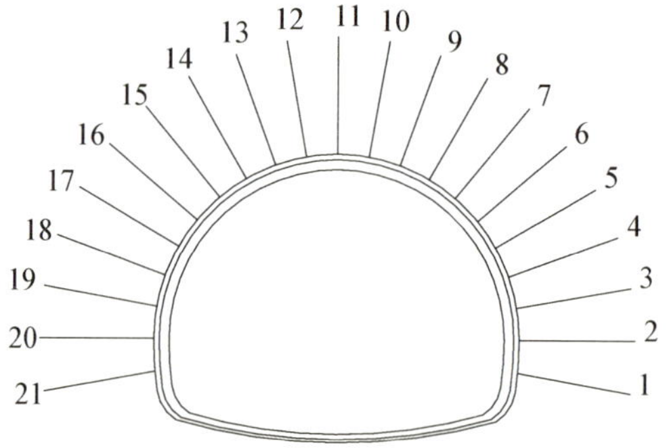

图 3-48　锚杆编号

整个模拟工况划分为 6 步，如图 3-49 所示。分为自重应力场计算、上台阶开挖、上台阶开挖支护并开挖中槽、马口开挖、支护马口开挖并开挖仰拱、支护仰拱。

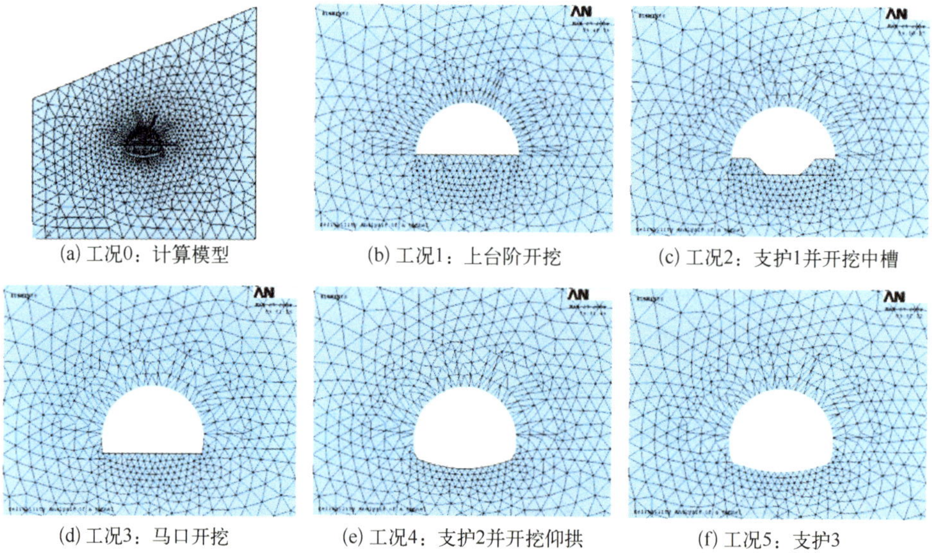

图 3-49　计算模型及工况

(3) 计算结果分析

依据《公路隧道设计规范》规定以及工程实际地质情况，复合式衬砌初期支护的允许洞周相对收敛值应根据围岩地质条件划分。这里取允许收敛值为 7.5 mm作为失稳判据，分析了拱顶点在各工况下位移概率分布，得到了围岩及支护结构在不同工况下失稳的概率。

通过 4 512 次有效模拟可知工况 4 为最危险工况。该工况下拱顶收敛位移分布的概率曲线如图 3－50 所示，累积概率曲线如图 3－51 所示，最终得到其失效概率为 0.025。

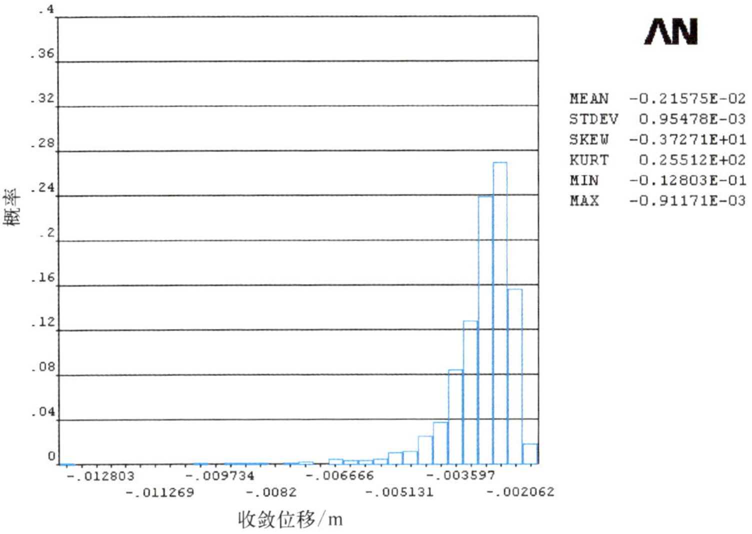

图 3－50　最危险工况下拱顶收敛位移分布图

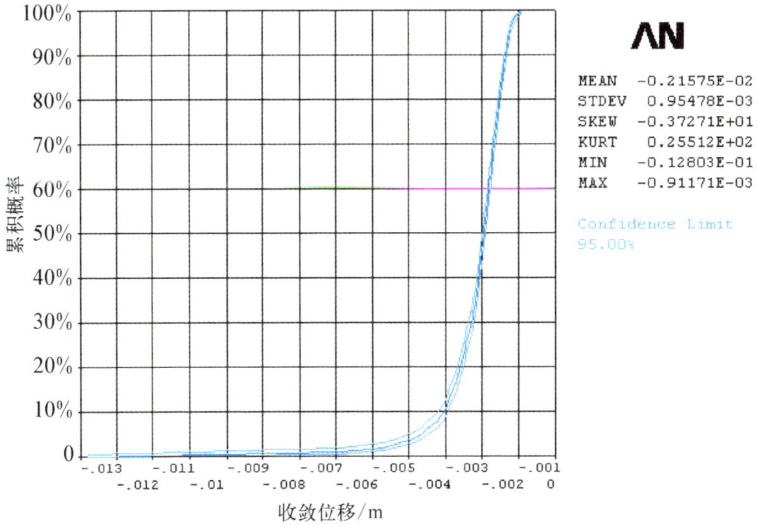

图 3－51　最危险工况下拱顶收敛位移累积概率分布图

2. 后果损失分析

根据研究隧道的围岩类别以及各级围岩的实际塌方数量对应表，可知塌方体积的大致范围。由于塌方的体积是一个不确定的数，这里假设塌方的体积服从三角形分布，经过蒙特卡罗模拟得到塌方体积的概率分布。

根据表 3-20，研究隧道围岩属于Ⅴ级围岩，其最大可能体积为 3 500 m^3，最小体积和最可能体积均为 500 m^3。假设本地清除和运输每方量的塌方体的价格为 15～20 元/m^3，最终可求得清除塌方体的费用。

加固区域的长度为塌方区域前后 4 m，且加固每延米的费用为 4 000～5 000 元/m。根据各工程量的假定范围(表 3-32)，基于蒙特卡罗数值方法，最终可确定其经济损失范围(图 3-52)。

表 3-32　处理塌方工程量范围

项　目	单价/元	数　量	
	分布特征	计量单位	分布特征
隧道加固	均匀分布：4 000～5 000	m	均匀分布(8,12)
塌方体清理	均匀分布：15～20	m^3	三角形分布(500, 500, 3 500)
内外层初期支护	均匀分布：400～500	m^3	三角形分布(100, 100, 200)
土石缓冲层	均匀分布：200～250	m^3	三角形分布(200, 200, 400)
混凝土护拱及角钢	均匀分布：400～500	m^3	三角形分布(200, 200, 400)
衬砌背后注浆	均匀分布：300～400	m^3	三角形分布(80, 80, 100)

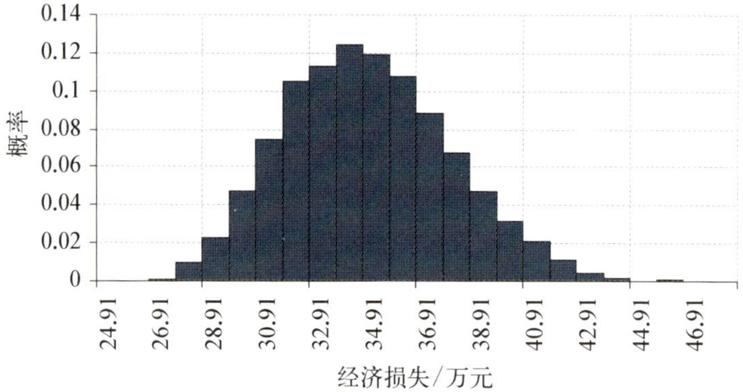

图 3-52　塌方导致的经济损失概率分布

工期损失根据传统工期预测方法以及可能的塌方规模进行估算，详见本书 3.4.2 节，得到工期损失范围为 60～80 天。

处在塌方影响区域内人员分布及概率如表 3-33 所列。

表 3-33　塌方影响区域内人员的时间概率分布

时间区段	人　数		
	最小值	最可能值	最大值
22:00—06:00	0	0	1
06:00—14:00	0	1	1
14:00—22:00	0	1	3

且处在死亡区、重伤区、轻伤区的概率分别为 0.1、0.2、0.7。最终得到的可能人员伤亡如图 3-53 所示。

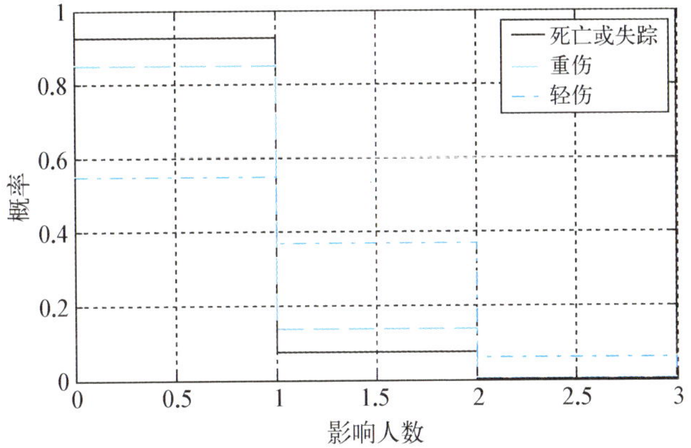

图 3-53　人员伤亡个数及概率分布

3.5　本 章 小 结

本章主要针对两种工程方案施工期的偶然风险进行风险定量分析，文中详细阐述了边坡滑坡风险和隧道塌方冒顶风险的定量分析过程，提出了滑坡风险和塌方冒顶风险的损失预测方法。特别是，本章在总结现有滑坡风险易损性评价模型缺陷的基础上，提出了全新的易损性定量评价模型；借鉴“球与盒子”以及其他经典概率理论提出了人员伤亡损失分析方法；基于普氏理论结合常规塌方加固处理措施，给出隧道塌方冒顶经济损失预测方法；同时，以力学及不同数值模拟方法为基础，定量地分析了偶然风险导致的后果损失。

在对滑坡风险进行分析时，通过力学计算确定滑坡发生的概率以及滑坡体的体积、滑坡体可能影响的区域，从而确定承险体的种类、数量和分布情况。通过有限元数值模拟，确定最危险的滑坡场景，基于可靠度理论计算滑坡发生的概率。在浅埋隧道塌方冒顶风险分析过程中，根据围岩性质及已有统计数据确定隧道塌方的规模范围，结合常用的加固措施计算加固措施费用。最后，以云南省某高速公路路堑边坡滑坡风险和某隧道塌方风险为实例，对滑坡风险定量分析全过程进行了全面详细的描述，验证了风险定量分析方法的可行性和有效性。

第4章 工程方案运营期风险分析

4.1 概　　述

根据可持续发展的思路，工程建设既要考虑当前发展的需要，又要考虑今后发展的需要；既要考虑当前的利益，也要考虑后期的风险；既要重视工程建设的初始造价，又要考虑运营期内所需的费用。即要以工程全寿命周期的性能与成本作为衡量工程性能和成本的指标，并以此作为工程方案的决策依据。

不同的工程方案其运营期所需的运营成本迥异，因此，方案的运营成本是工程方案决策必须考虑的因素之一。同时，不同工程方案的可靠程度不一致。相对浅埋隧道方案，路堑方案在运营期风险主要为路堑边坡发生变形破坏以及次(衍)生灾害的发生(如滚石、塌方、雪崩、雪堆)对安全运营的影响。对于浅埋隧道，由于埋深浅，围岩受外界营力侵蚀较为严重，运营过程中常会出现一系列工程病害，如：边坡失稳、隧道内渗漏水、衬砌开裂和衬砌腐蚀等。因此，两种方案的可靠性程度成为工程方案决策不得不考虑的因素之一。

此外，不同的工程方案对环境造成的影响不一。一般来说，深挖路堑对环境的破坏程度较隧道要大。深挖方路堑土石方量大，会破坏地面植被和原有地貌，导致地表裸露，造成水土流失。采用隧道方案避免了对山体大填大挖，有效地保护了当地的生态资源，弃方数量也相应减少，减少了由于弃土场的设置对环境的影响。横亘于山区的高速公路还将区域内的动植物群落割为两块，截断了动物的生活、迁徙、饮水等路径，进而改变其原有生存环境。如果在深挖方路堑地段采用隧道方案，则可以架起一座天然的桥梁，为沟通高速公路两边的动物群落起到一个很好的缓冲作用。然而，浅埋隧道的工程造价往往比路堑方案要大得多，且在特定的地形及地质环境下，比如地形地质条件有利、环境保护措施到位、路堑附近存在或已设天然的或人工的动物通道时，深挖方路堑对环境的影响程度有限。

本章主要针对路堑方案和浅埋隧道方案的运营成本、工程方案可靠性和环境影响做相应分析，提出一套合理的评价模型，为工程方案决策提供依据。

4.2　运营成本预测

公路在运营期间需要进行正常的维修、养护和更换。目前在公路建设中重视建设速度与建设期的安全和结构强度，相对忽视对土地资源的节约利用，对生态环境保护、工程质量与耐久性方面重视不足；在工程经济性方面，仅考虑建设期间的建筑安装费用，而未能考虑运营阶段维修养护、构件更换等方面的费用差异；建设、养护分离，只考虑短期投资，而未考虑长期的经济效益。

全寿命周期成本（Life cycle cost）按时间来分，可以分为初始化成本和未来成本，而未来成本又分为两个范畴，一次性成本和重复发生的成本。重复发生的成本包括：维护成本、修理成本、运行成本、管理成本等，一次性成本包括：改建成本、大修成本等，如图 4－1 所示（董士波，2003）。维修与养护成本在全寿命成本中占有重要位置。

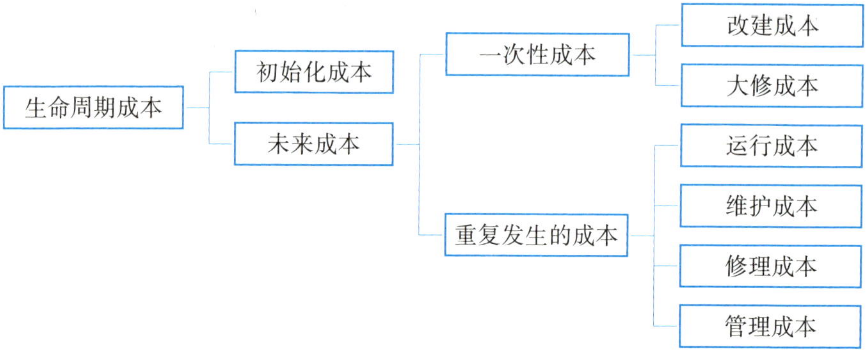

图 4－1　生命周期成本按时间分类

执行全寿命周期成本分析法，要求一个工程立项时首先对其投入资金及其合理性进行评估。全部投资资金应包括初始投资和进一步投资两部分：第一部分是指建设时的设计、施工相关费用；第二部分包括保证达到寿命期所必需的进一步费用（如修复费）。其表达式为（沈鸿雁，2007）：

$$NPV = 初值 + \sum_{k=1}^{n}\left[\frac{1}{(1+i)^{nk}}\right] \tag{4-1}$$

式中，NPV 为净现值费用；n 为进一步投资的年数；i 为折扣率。为了便于理解和使用，上式也可以更为具体地写成如下形式：

$$NPV = CC + \sum_{i=N1,\ N2,\ N3,\ \cdots} \frac{OMC_i + TDC_i}{(1+r)^i} + \frac{CL}{(1+r)^n} \tag{4-2}$$

式中　NPV——净现值费用；

CC——初始建设费用；

CL——评估期结束时的资金损失；

OMC_i——第 i 年的维护费用；

TDC_i——第 i 年的交通阻隔引起的费用；

$N1,\ N2,\ N3,\ \cdots$——进行维护时的年份；

r——分析时的贴现率。

全寿命周期成本分析(Life cycle cost analysis)的最初目的是量化初始设计决策的长期相关的经济因素。采用 LCCA 法对项目评估的目的与标准是在保证工程寿命期的前提下，综合花费成本最少，实现技术可靠、经济合理。一般来讲，首先是确定在分析阶段可供选择的不同策略。由于本书主要解决的是深挖路堑与浅埋隧道方案的选择，这里主要考虑未来成本中的维修和养护成本。而公路运营期间的日常维护、修理及加固成本的成本计算还没有相应的标准可以参考，可以通过大量的调查，结合不同地区、不同公路及结构物的特点，或根据专家的经验对不同方案的维护费用给出评价。

因而，对于处于运营期的单个边坡或隧道，需计算其养护及维修费用，即采用公式：

$$CO = \sum_{i=1}^{n} \frac{OC_i}{(1+r)^i} + \sum_{j=N1,\ N2,\ N3,\ \cdots} \frac{OMC_j}{(1+r)^j} \tag{4-3}$$

式中　CO——维修养护总费用；

OC_i——第 i 年的运营费用；

OMC_j——第 j 年的维护费用。

这里为更真实地反映工程结构可靠度随使用年限的增长而降低，实际维修养护费用不断增大的实际情况，假设 OMC_j 是随 j 逐渐增大的，而非定值，并提出假定模型：

$$OMC_j = IMC_0^{1+\alpha\frac{j}{Mc}} \tag{4-4}$$

式中 IMC_0——初始维修养护费用；

α——维修养护费用增长率。

即式(4-3)变为

$$CO = \sum_{i=1}^{n} \frac{OC_i}{(1+r)^i} + \sum_{j=N1,\ N2,\ N3,\ \cdots} \frac{IMC_0^{1+\alpha\frac{j}{Mc}}}{(1+r)^j} \tag{4-5}$$

式中 MC——维修周期。

对于隧道方案，运营费用主要包括隧道内的照明费用、通风费用、消防等设备运行费以及其他费用（如电气设备保养费用）。对于深挖路堑方案，运营主要费用较少，主要为边坡绿化工程养护费用、防护结构以及排水设施等的维修费用，根据文献查阅，采用绿化工程时，平均管理费用在 0.3～0.5 元/年·m^2。

为描述运营成本的计算方法，这里给出一个计算实例：某隧道长约1 000 m，隧道的设计使用年限为 100 年，维修周期为每 10 年一次。该隧道的运营费用主要为隧道的照明费用以及相关电气设备的维护费用。隧道照明采用 120 瓦的发光二极管 LED 灯，灯具照明时间每天按加强照明 12 小时、基本照明 12 小时计算，电费按 1 元/度计算，并考虑 LED 灯的维护费用，最终得到年运营费用约为 10 万元。假设隧道初始维修养护费用为 5 万元，维修养护费用增长率 α 假设为 0.02，贴现率为 0.01；则根据式(4-5)，有

$$CO = \sum_{i=1}^{n} \frac{OC_i}{(1+r)^i} + \sum_{j=N1,\ N2,\ N3,\ \cdots} \frac{IMC_0^{1+\alpha\frac{j}{Mc}}}{(1+r)^j}$$

$$\begin{aligned} CO &= \sum_{i=1}^{100} \frac{10}{(1+0.01)^i} + \sum_{j=10,\ 20,\ 30,\ \cdots,\ 100} \frac{5^{1+0.02\cdot\frac{j}{10}}}{(1+0.01)^j} \\ &= \left[\frac{10}{(1+0.01)^1} + \frac{10}{(1+0.01)^2} + \cdots + \frac{10}{(1+0.01)^{100}}\right] \\ &\quad + \left[\frac{5^{1.02}}{(1+0.01)^{10}} + \frac{5^{1.04}}{(1+0.01)^{20}} + \cdots + \frac{5^{1.20}}{(1+0.01)^{100}}\right] \\ &= 665.5(\text{万元}) \end{aligned}$$

因而，在贴现率为 1%的情况下，该隧道的维修养护费用约为 665.5 万元。

4.3　方案可靠性分析

4.3.1　模糊综合评判法

对于复杂的建设性生产项目，由于影响方案可靠性的因素较多，并且有些因素是确定的，有些因素是不确定的。这些因素自身表现为随机性，与安全可靠性的关系又表现为模糊性，各因素的地位和作用也各不相同，而且因素间又相互关联、相互作用。一方面，有些因素不能用精确的数量来进行描述，而只能是模糊概念；另一方面，各种因素的变化与安全可靠性之间不存在一一对应的函数关系，不可能建立精确的数学模型来求解，同时，划分及判定可靠性级别（如可靠、较可靠、较不可靠、不可靠）的界线及评价指标之间的关系并不十分确切。存在模糊概念，因此本书引入模糊理论来评价方案的可靠性。

把模糊评判和模糊层次分析法相结合进行工程方案可靠性的综合评判，其基本思路是，在大量的野外调查资料以及有关工程地质测绘资料基础上，分析影响工程方案可靠性的各种因素，采用层次分析法将各种因素划分层次，建立递阶关系，求出各类影响指标对路堑边坡和浅埋隧道方案的可靠性的影响程度，最后用模糊评判方法进行可靠性评价。

其中，层次分析法（Analytic Hierarchy Process）把复杂的问题分解为各个组成因素，将这些因素按支配关系分组形成有序的递阶层次结构，通过两两比较的方式确定层次中诸因素的相对重要性，然后综合人的判断以决定决策诸因素相对重要性总的顺序（张跃、邹寿平，1982）。AHP 体现了人们的决策思维的这些基本特征，即分解、判断、综合。运用 AHP 解决问题，大体可以分为 5 个步骤（杨光强，2005），即：建立层次结构模型；构造判断矩阵；层次单排序及其一致性检验；层次总排序；层次总排序的一致性检验。

在层次分析法（AHP）中，由于判断矩阵中的元素是精确数，这就要求决策者对所比较因素的相对重要性必须有非常清楚的认识。然而实际中，由于客观事物的复杂性、决策者认识上的局限性以及人的思维判断的不确定性和模糊性等原因，用一个确定的数值来描述决策者对因素之间相对重要性的比较判断显然并不确切，而用“大约”、“左右”这样的模糊量来描述则更为合理，模糊集合理论的产生和发展为 AHP 在模糊环境下的扩展提供了可能（胡宝清，2004）。因此，许多学者将 AHP 扩展到模糊环境下，提出了模糊层次分析法（Fuzzy

Analytic Hierarchy Process)。FAHP 与 AHP 的计算步骤基本相同，区别在于 FAHP 所构造的两两比较矩阵是模糊判断矩阵，由模糊判断矩阵计算出比较因素的排序权值。

在建立递阶关系并求得各类影响指标对方案可靠性的影响程度后，用模糊评判方法进行可靠性评价。进行综合评判时必须具备 3 个条件(李功伯和谢建清，1997)：① 因素集 $U=\{u_1, u_2, \cdots, u_m\}$；② 评判集 $V=\{v_1, v_2, \cdots, v_n\}$；③ 单因素决断。

如果把工程的可靠性评价这一问题定义为有限论域 U，把影响工程可靠性的各因素作为有限论域 U 中的各元素，则可表示为

$$U=\{u_1, u_2, \cdots, u_m\}, (i=1, 2, \cdots, m) \tag{4-6}$$

并定义可靠性分级为评判集 V，其中每个可靠性级别为 V 中的一个元素，则表示为：

$$V=\{v_1, v_2, \cdots, v_n\}, (j=1, 2, \cdots, n) \tag{4-7}$$

首先对因素集 U 中的单因素 u_i 做单因素评判，从因素 u_i 确定该因素对评判等级 v_j 的隶属度(可能性程度) r_{ij}，这样就得出第 i 个因素 u_i 的单因素评判集：

$$r_{ij}=(r_{i1}, r_{i2}, \cdots, r_{in}) \tag{4-8}$$

它是评判集 V 上的模糊子集，这样 m 个因素的评判集就构造出一个总的评判矩阵 R：

$$R=\begin{bmatrix} r_{11} & r_{12} & \cdots & r_{1n} \\ r_{21} & r_{22} & \cdots & r_{2n} \\ \vdots & \vdots & \vdots & \vdots \\ r_{m1} & r_{m2} & \cdots & r_{mn} \end{bmatrix} \tag{4-9}$$

而论域 U 上的模糊子集 $\omega=(\omega_1, \omega_2, \cdots, \omega_i, \cdots, \omega_m)$ 称为权重集，其中 $\sum_{i=1}^{m}\omega_i=1, 0\leqslant\omega_i\leqslant 1$, ω_i 为 u_i 对 ω 的隶属性，他是单因素 u_i 在总评判中的影响程度的度量，在一定程度上也代表单因素 u_i 评判等级的能力。

边坡可靠性级别可用 V 的模糊子集 B 来评判，B 为分级模糊向量，表示为

$$B=(b_1, b_2, \cdots, b_n) \tag{4-10}$$

于是当模糊向量 ω 与模糊关系矩阵 R 为已知时，做模糊变换求出模糊向量

B 来进行综合评判。

$$B = \omega \times R = (\omega_1, \omega_2, \cdots, w_m) \times \begin{bmatrix} r_{11} & r_{12} & \cdots & r_{1n} \\ r_{21} & r_{22} & \cdots & r_{21} \\ \vdots & \vdots & \vdots & \vdots \\ r_{m1} & r_{m2} & \cdots & r_{mn} \end{bmatrix} \tag{4-11}$$

$$= (b_1, b_2, \cdots, b_n)$$

模糊综合评判采取 $B = \omega \times R$ 计算模式，即通过模糊关系矩阵 R，将评判因子的权重向量 ω 转变为评价向量 B。

关于隶属度的确定，意味着每个因素属于各种状态的程度。目前确定隶属度的方法多数尚处于研究中，主要停留在依靠经验、从实践效果中进行反馈从而不断校正的阶段。这就要求我们：一方面，隶属度要经常在实践中通过效果的反馈不断校正、不断改善，以便达到更加可信的目标；另一方面确定隶属度的方法本身也多种多样，还要从比较中进行鉴别和取舍。以下是几种比较实用的确定隶属度的方法（王永平等，1996）：

（1）专家确定法

根据主观认识或个人经验，主要是专家经验，给出隶属度的具体数值，这种方法较适用于论域元素离散的情况。尽管得到的隶属度在数值上不一定可信，但这是一种可喜的逼近，比只有 0、1 两种隶属度来描述更接近于真实程度，若经过几次调查后综合多个人的经验知识，其可信度和逼近度会更高。

（2）多相模糊统计法

选用 n 个被调查专家，组成专家组 N，即 $P = \{p_1, p_2, \cdots, p_n\}$ 为领域专家。对于 m 个模糊集合 $A_1, A_2, \cdots, A_m$ 做已知元素 x 的多项模糊统计，可求得 $\mu_{A_i}(x)(i = 1, 2, \cdots, m)$。对某一专家 $P \in N$ 要求确定：

1）$\mu_{A_i} = \begin{cases} 1 & x \in A_i \\ 0 & x \notin A_i \end{cases}$

2）$\sum_{i=1}^{m} \mu_{A_i}^{p_j} = 1$，即 x 一定是属于而且仅被认为属于 $A_1, A_2, \cdots, A_m$ 之一。

3）元素 x 隶属于模糊集 A_i 的隶属度为：

$$\mu_{A_i}(x) = \frac{1}{n} \sum_{j=1}^{n} \mu_{A_i}^{p_j} \quad (i = 1, 2, \cdots, m) \tag{4-12}$$

(3) 隶属函数法

在很多情况下，要用一些常见的分布型函数作为隶属函数来近似地表达一些模糊集合，其中常用的函数形式有正态分布型、岭形分布型、矩形分布型、梯形分布型、三角分布型、S分布型等，当然所选用的分布函数也应尽量符合模糊集合的本质特性(曹炳元，2005)。在确定隶属函数时，应根据问题的实际情况选择分布函数作为隶属函数，并且函数中的待定参数也应根据要表达的模糊集合的实际情况进行选择和统计确定。

在对一个模糊事物用模糊集去描述时，它的隶属函数的取法是关键。法国学者卡夫曼(A. Kaufmann)收集整理了20余种常见的隶属函数，将其分为三大类型，从而为解决各类问题时选择合适的隶属函数提供了理论依据，如图4-2所示。

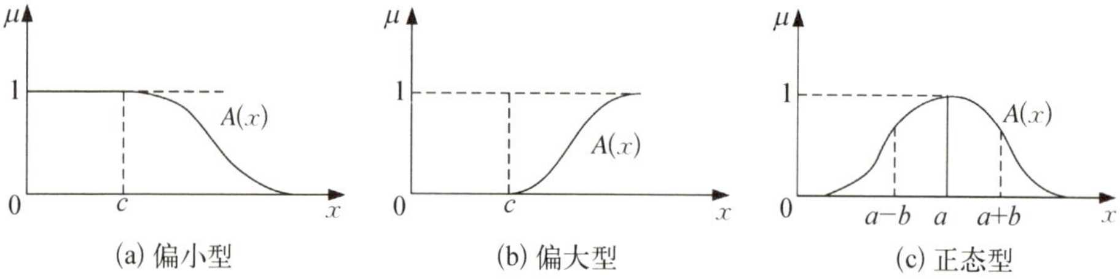

图 4-2　三类基本的隶属度函数

4.3.2　工程方案可靠性评价

(1) 路堑边坡方案

相对浅埋隧道方案，路堑方案在运营期风险主要为路堑边坡发生变形破坏以及次(衍)生灾害的发生(如滚石、塌方、雪崩、雪堆)对安全运营的影响。路堑边坡一旦发生变形破坏，将会导致巨大的损失。直接经济损失包括：滑坡治理费用的追加、清除滑坡体费用、车辆的损坏及行人的伤亡、道路及设施的破坏等。同时，由于滑坡导致的交通堵塞会产生间接经济损失。这里重点研究路堑边坡中常见的滑坡以及滚石灾害对方案可靠性的影响。

滑坡是严重的边坡变形破坏现象，它的发生一方面取决于边坡自身的基础条件，另一方面与边坡受到的各种力有关(崔政权和李宁，1999)。因此，将滑坡形成条件分为基础条件和外界条件：

1) 基础条件

地形地貌是形成滑坡的最基础条件。从区域地貌条件看，滑坡形成于山地、高原地区。从局部地形看，要有适宜的边坡坡度、高度和形态，形成便于岩体崩落、滑动的临空面，这些对滑坡形成具有最直接的作用：崩塌多发生在坡度大于 55°、高度大于 30 m，坡面凹凸不平的陡峻边坡上；滑坡多发生在 15°以上的边坡上。

边坡岩土体是崩塌、滑坡的物质基础，它的性质和结构对滑坡活动具有决定性作用。岩性松软、结构不完整、裂隙发育、边坡岩土体中存在软弱夹层时，容易失稳变形，发生滑坡。

地质构造是滑坡活动的重要影响因素。断裂构造不但使边坡岩土体发育大量裂隙，甚至使边坡变得较破碎，而且促进了边坡岩土体的风化作用和地下水活动，降低了边坡的稳定性，加大了滑坡活动的可能性。

2）外界条件

外界条件是导致滑坡活动的诱发因素。主要包括由于暴雨、洪水、融雪、水库渗漏、人工浇灌或排水等原因，使大量地表水或地下水进入边坡，岩土抗剪强度急剧下降，诱发滑坡；地震、爆破、工程开挖、填土弃碴等原因也会改变边坡应力状态，引起边坡失稳。

汪敏(2001)在分析总结各种影响因素以及工程实践的基础上，从斜坡稳定性分析的角度出发，对岩石斜坡和土质斜坡的影响因素进行综合分级。本文将路堑边坡发生滑塌的影响因素归纳为地形地貌条件、岩土体岩性、地质构造、气候及水文条件、不良地质及特殊岩土 5 项因素。分析这 5 项因素对边坡可靠性的影响时，可根据表 4-1 所列各项子因素进行评价。

表 4-1　影响边坡长期稳定性的因素

影响边坡长期稳定性的因素	地形地貌条件	冲沟发育程度
		坡高
		坡角
	岩土体岩性	基岩岩性
		上覆层岩性
		岩土力学性质
		风化程度
	地质构造	新构造活动性
		区域稳定性
		结构面相关性质

续　表

影响边坡长期稳定性的因素	气候及水文条件	年降雨量
		径排条件
		地下水位
	不良地质及其他	不良地质影响程度
		植被覆盖

在路堑边坡方案中，滚石灾害等次生衍生灾害的影响是十分重要的一项(Li et al.，2009)。一些边坡工程由于地质地形条件恶劣，不得不在公路投入使用后追加投资进行边坡滚石灾害的整治。经调查，高速公路、铁路等穿越山区、切割边坡以及一些相似的地形时，滚石灾害十分严重(Bunce et al.，1997；Brawner and Wyllie，1975；Hungr et al.，1999)。Hoek 等人经过对滚石灾害的研究发现，由滚石灾害导致的人员伤亡甚至已和其他形式边坡失稳所导致的人员伤亡处于同一数量级(Hoek，1996)。此外，根据 Badger 和 Lowell 的研究发现，45%的边坡失稳都与滚石灾害相关(Badger & Lowell，1992)。因此，当采用路堑方案通过山体时，对滚石灾害进行分析和评估是十分重要的。

滚石是个别块石因某种原因从地质体表面失稳后经过下落、回弹、跳跃、滚动或滑动等运动方式中的一种或几种的组合沿着坡面向下快速运动，最后在较平缓的地带或障碍物附近静止下来的一个动力演化过程。这里谈到的块石包括岩质边坡内由地质结构面(或与临空面的组合)切割而成的块体(或岩块)、土质边坡、土石混合体边坡、碎屑坡或碎石坡表面的砾石、角砾或尺寸较大的碎石等(张路青等，2004)。当滚石运动范围内有人类活动或人类构筑的设施并引起一定的损失时，就构成滚石灾害。

产生滚石灾害的原因有很多，比如不利的岩体结构(非连续性)，不利的地下水条件、建设或改建过程中爆破施工影响、气候的变化、风化以及树木等植物的杠杆作用等(Brawner，1994)。McCauley 和他的研究小组对美国加州高速公路发生的滚石灾害进行了全面的研究，他们对 308 起滚石灾害进行分析，发现引起滚石灾害发生的原因主要有 14 种，且 68%与水有关(McCauley et al.，1985)。图 4－3 说明了一些主要的原因及相应的概率。

在不同的地区，滚石灾害发生的原因基本相似。我国的宝鸡到成都铁路朝天到观音坝段，降雨量的大小对滚石发生次数有着较大的影响。图 4－4 所示为该地段 1965—1983 年各月降雨量与滚石发生次数的关系(苏学清，1991)。

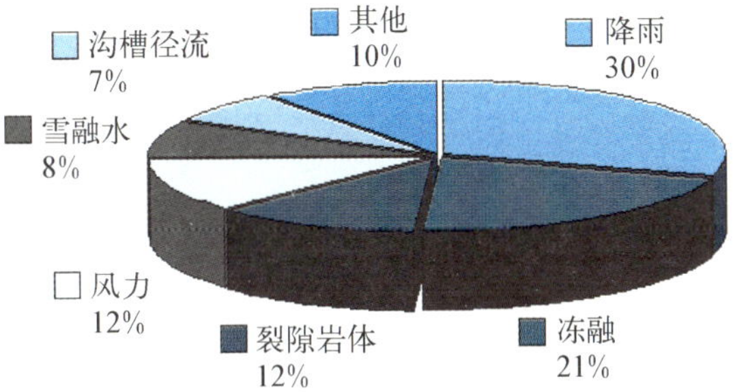

图 4-3　美国加州滚石灾害的主要原因及百分比

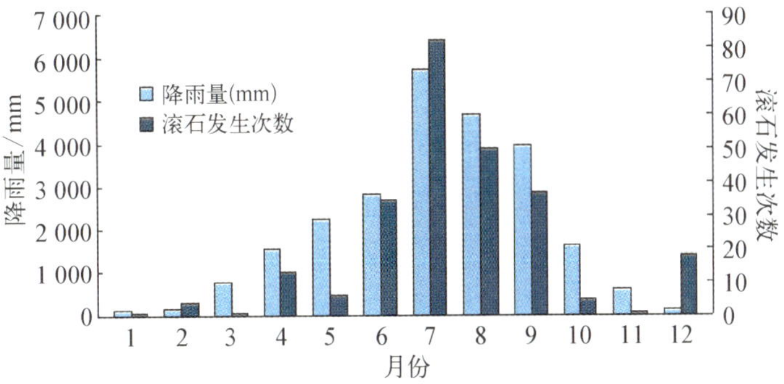

图 4-4　1965—1983 年各月降雨量与滚石发生次数的关系

(2) 滚石灾害风险边坡辨识评价系统

国际上已有一些滚石灾害评价系统对滚石灾害风险边坡进行辨识评价。在早期的边坡评价的基础上，Pierson 提出了俄勒冈州滚石灾害评价系统(Pierson et al.,1990)。2004 年，Budetta 对这一系统进行了修正，同时其他的一些组织也提出了一些相似的评价系统(Budetta, 2004)。这里对这些系统做简单介绍。

1) 俄勒冈州滚石灾害评价系统

美国俄勒冈州高速公路局提出了一个滚石灾害评价系统(Rockfall hazard rating system)，该系统基于 9 个评价指标，已被广泛应用于滚石灾害评价中。其中的 9 个因素包括两类指标：滚石灾害指标和车辆易损性指标。滚石灾害指标包括坡高、地质条件特征、滚石体积或块体尺寸、气候条件、边坡中地下水条件以及历史发生的滚石频率等，车辆易损性指标包括滚石槽拦截效果、平均车辆风险、安全视距百分比以及公路宽度等。在该系统中，用指数函数 $R=3^{f(x)}$ 作为评价得分标准。最终结果为各指标的和，以此来评判高速公路受滚石灾害风险的严重程度。

车辆易损性评价的一个指标为滚石槽的拦截效果。该指标体现了拦截槽阻止滚石侵入公路的能力。在对该指标进行评价时，可用 Ritchie 设计图来确定在一定的坡高与坡角的条件下拦截滚石所需的滚石槽宽度与深度，如图 4－5 所示。根据实际的滚石槽宽度与深度与所需值的比值，来确定该项指标的分值。

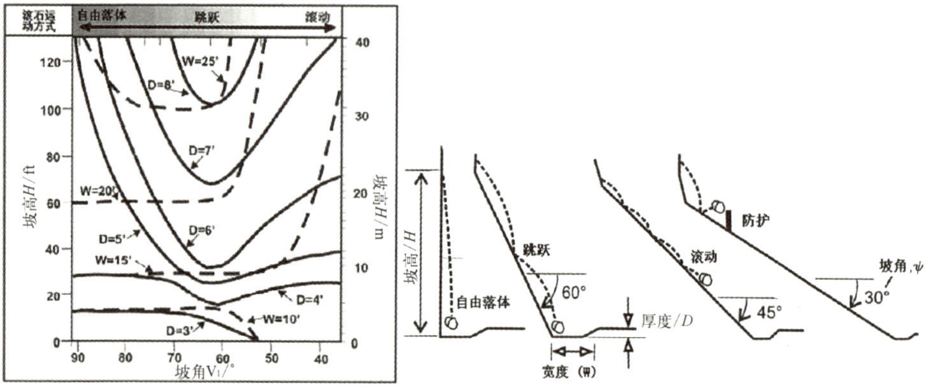

图 4－5　坡高 *H* 与坡角 ψ 的边坡所需滚石槽宽度(*W*)与深度(*D*)的 Ritchie 设计图(Budetta, 2004)

2）意大利修正滚石灾害评价系统

意大利学者 Budetta 修正了 Pierson 等人提出的滚石灾害评价系统，他认为原有的评价系统定性因素太多，某些评价指标采用了过于模糊的定性描述，使得评价结果可能有太多的主观性而显得粗糙。该方法将原有评价系统的一些定性描述定量化表示，减少了由于主观因素对评价结果的影响。在修正的方法中，滚石槽拦截效果、地质条件特征、滚石体积或尺寸、气候及地下水条件和滚石历史频率等指标更加具体和客观。表 4－2 给出了修正滚石灾害综合评价系统的评分及分级标准。

表 4－2　意大利修正滚石灾害综合评价系统(Budetta, 2004)

评价指标	分级标准和得分			
	3 分(3^{1})	9 分(3^{2})	27 分(3^{3})	81 分(3^{4})
边坡高度	7.5 m	15 m	22.5 m	>30 m
滚石槽拦截效果	好 按照 Ritchie 设计图合适的设计＋防护	中等 按照 Ritchie 设计图合适的设计	有限 错误的设计	无滚石拦截槽
平均车辆风险	25%	50%	75%	100%
安全视距百分比	足够：设计值的 100%	中等：设计值的 80%	有限：设计值的 60%	非常有限：设计值的 40%

续　表

评价指标	分级标准和得分			
	3 分(3^1)	9 分(3^2)	27 分(3^3)	81 分(3^4)
道路宽度	21.5 m	15.5 m	9.5 m	3.5 m
边坡岩体分类(SMR)	80	40	27	20
最大块体尺寸	30 cm	60 cm	90 cm	120 cm
块体体积	26 dm^3	0.21 m^3	0.73 m^3	1.74 m^3
一次滚石体积	2.3 m^3	4.6 m^3	6.9 m^3	9.2 m^3
年降雨量及冰冻期	h=300 mm 或无冰冻期	h=600 mm或短冰冻期	h=900 mm或长冰冻期	h=1 200 mm 或长冰冻期
滚石频率	10 年 1 次	每年 3 次	每年 6 次	每年 9 次

在修正的系统中，引入边坡岩体的失稳灾害 *SMR* 分类系统来对地质条件特征进行评价。该指标由岩体评分 *RMR* 减去一个各项因子的乘积，公式如下所示：

$$SMR = RMR - (F_1 \cdot F_2 \cdot F_3) \cdot F_4 \tag{4-13}$$

式中，F_1 为边坡中不连续面倾向与边坡倾向间的关系调整值；F_2 为不连续面倾角大小调整值，体现了不连续面剪切强度的概率；F_3 为边坡中不连续面倾角值与边坡倾角间关系调整值。F_4 是通过工程实践经验获得的边坡开挖方法调整参数。

3）改进的滚石灾害评价系统

Budetta 的修正滚石灾害评价系统将原有评价系统的一些定性描述定量化表示，使得评价系统更加具体。但是，已有的评价系统将所有的评价指标直接相加得到评价分值欠妥，忽略了各评价指标的权重。实际上，各评价指标对滚石灾害发生的影响程度并不一样，更不要说将它应用于不同的地区不同的边坡。同时，现有的滚石灾害指标和车辆易损性指标并不能完全体现滚石灾害风险程度的大小。滚石灾害风险的大小不仅取决于风险体本身，还取决于承险体。在滚石灾害评价指标中，实际还应考虑到滚石岩性、滚石形状、边坡的几何形态、边坡的表面材料性质等。而承险体除车辆及人员以外，还应包括路面、公路设施等。因对以上指标难以定量描述，因而在改进的系统中对两类指标进行了修正，如式

(4-14)所示：

$$R = n \cdot (\eta_I \cdot P_I + \eta_{II} \cdot P_{II}) \quad (4-14)$$

式中，P_I、P_{II} 分别为滚石灾害各项指标的权重评分和以及车辆易损性各项指标的权重评分和；η_I 为滚石灾害指标修正系数，建议取值为 1.0、1.1 和 1.2。当滚石岩性、形状、边坡几何形状、坡面材料性质对滚石灾害有利时，取 1.0，一般时取 1.1，不利时取 1.2；η_{II} 为车辆风险指标修正系数，建议取值为 1.0 和 1.1，当公路结构形式为路基时，取 1.0，当为桥梁时取 1.1；n 为指标总数。

同时，引入各项指标的权重以体现各指标对滚石灾害风险的影响程度，此外，引入权重可以使该系统得到更广泛的应用。该方法的第一步是针对各项评价指标打分。应用指数函数 $R = 3^{f(x)}$ 来对表 4-2 中各项指标评分，如表 4-3 所示。

表 4-3　各指标的指数函数得分

评　价　指　标	得　分
边坡高度(H)	$y = 3^{H/7.5}$
平均车辆风险(AVR)	$y = 3^{AVR/25}$
安全视距百分比($\%D_a$)	$y = 3^{(120-D_a)/20}$
道路宽度(L_c)	$y = 3^{(27.5-L_c)/6}$
边坡岩体指标(SMR)	$y = 3^{80/SMR}$
最大块体尺寸(D_b)	$y = 3^{D_b/0.3}$
一次滚石体积(V_{fall})	$y = 3^{V_{fall}/2.3}$
年降雨量(h)	$y = 3^{h/300}$
历史滚石频率(f)	$y = 3^{1+(0.334 \cdot f)}$

第二步是确定各项指标的权重。通过专家经验或者数学方法如层次分析法、修正的层次分析法等对各项指标进行确定。层次分析法获得权重的方法在本书 4.3.1 节及第 5 章部分内容中已有描述，这里不再赘述。获得各评价指标的权重后，各指标的分数可表示为

$$P_k = \gamma_k \cdot p_k \quad (k = 1, 2, \cdots, 9) \quad (4-15)$$

式中，p_k 为各项评价指标分值，γ_k 为第 k 项指标的权重。根据式(4-14)评价系统的总分数为：

$$R = n \cdot (\eta_I \cdot \sum(\gamma_i P_i) + \eta_{II} \cdot \sum(\gamma_j P_j)) \tag{4-16}$$

式中，γ_i、P_i 为滚石灾害各项指标的权重及评分，γ_j、P_j 为滚石灾害各项指标的权重及评分。

根据俄勒冈州的经验，当评分小于 300 h，一般不需立即治理或做进一步的研究决策工作；当评分大于 500 h，表明滚石灾害风险高，急需采取必要的风险规避措施或需尽快结合其他因素做出决策。

(2) 浅埋隧道方案

浅埋隧道的长期稳定性程度取决于多因素的综合影响，这些因素主要有：围岩的物理力学性质、岩体结构与构造、围岩的天然应力状态、受地质构造的影响程度、地下水、围岩所受的动静力荷载以及隧道的几何尺寸等(杨小永，2004)。

① 围岩岩石的性质：从岩性角度看，围岩主要分为脆性围岩和塑性围岩。塑性围岩主要包括各类黏土质岩石、黏土岩类、破碎松散岩和吸水易膨胀岩等，通常具有风化速度快、力学强度低和遇水软化、崩解、膨胀等不良性质，故对隧道围岩稳定性极为不利。脆性围岩主要为强度高的各类硬质岩，由于这类岩石的强度远远高于岩体的强度，故脆性围岩的强度主要取决于岩体结构面的抗剪强度，岩石本身的强度影响并不显著。

② 岩块的坚硬程度：岩块是岩体的基本组成部分，它被各种结构面所包围而不是孤立的，是通过结构面与周围的岩体相联结。在岩体受力后变形、破坏的过程中，结构面的特性和岩块的坚硬程度同时起着重要的作用。岩块大小在岩体的完整性中已得到反映，而岩块的坚硬程度是指岩块对变形的抵抗能力，实际是反映岩块的物理力学性质，是影响隧道围岩稳定性的主要因素。

③ 岩体的完整程度：岩体的完整程度指岩体的开裂程度或破碎程度，实际是反映不同成因、不同规模、不同性质的结构面在岩体中存在的情况。影响岩体完整性的因素很多，主要由结构面的几何特征即结构面发育程度来反映，包括结构面组数、密度(或间距)、产状和连续性系数以及各组结构面的相互切割关系等，是影响隧道围岩稳定性的主要因素。

④ 围岩的岩体结构：依据工程岩土学，可以将岩体结构划分为整体块状结构(整体结构和块状结构)、层状结构(薄、中、厚层状结构)、碎裂结构(镶嵌结构和碎裂块状结构)以及散体结构(破碎结构和松散结构)，其中散体结构和碎裂结构稳定性最差，薄层状结构岩体次之，整体块状和厚层状岩体稳定性最好。对脆性的厚层和块状岩体，岩体强度主要受软弱结构面分布特点和软弱夹层成分控制。

⑤ 岩体结构面特性：结构面的存在不仅破坏了岩体的完整性，而且成为岩体中强度薄弱的部位。结构面的抗剪特性，反映了结构面对剪切运动的阻抗能力，为自然特性所制约，受地下水的影响。结构面的连续性，平整起伏程度，光滑粗糙程度，张开闭合的状态，充填物的物质组成以及胶结情况等都直接影响着结构面的抗剪特性。地下水的赋存和渗透则往往促使结构面充填物质的软化和泥化，降低了结构面抗剪强度。结构面对围岩稳定性的影响，不仅与结构面抗剪特性有关，还与结构面的组合关系和这种组合关系与临空面的交切关系密切相关。一般情况下，当结构面的倾角≤30°时，常会出现不利于隧道围岩稳定性的分离体，特别是分离体尺寸小于隧道洞跨度时，很可能产生向洞内的滑移而造成局部失稳；当结构面的倾角>30°时，通常是不会出现不利于隧道围岩稳定的不稳定分离体的。

⑥ 围岩初始应力状态：围岩初始应力对隧道工程围岩稳定性的影响是众所周知的，特别是高地应力的存在。岩石强度与初始应力之比(R_c/σ_0)大于一定值时，可以认为对洞室围岩稳定不起控制作用，当这个比值小于一定值时，再加上洞室周边应力集中结果，对围岩稳定性或变形破坏的影响就表现得显著，尤其岩石强度接近初始应力值时，这种现象更为突出。此外，空间最大主应力(σ_1)与洞室轴线夹角的不同，对隧道围岩稳定的影响程度也不相同，当隧道轴线与最大主应力 σ_1 方向垂直时，地应力对隧道稳定性影响最大，因此，隧道轴线通常与水平最大主应力 σ_1 方向平行以改善隧道周边的应力状态，提高隧道围岩的稳定性。

⑦ 软弱结构面特点：主要软弱结构面是指相对发育的软弱结构面，即张开度较大，充填物较差，成组性好，规模较大，有利于滑移的优越方位的结构面。由于结构面产状不同，与洞轴线的组合关系不同，对隧道工程围岩稳定的影响程度亦不相同。当岩体结构面含有软弱夹层时，岩体强度主要由软弱夹层的抗剪强度确定，由于软弱夹层的抗剪强度往往很低，因此对隧道围岩稳定性不利。

⑧ 地下水作用特点：地下水对围岩稳定性的影响主要表现为溶蚀岩石和结构面中易溶胶物，潜蚀充填物中的细小颗粒，使岩石软化，疏松，充填物泥化，强度降低，增加动、静水压力等，从而降低隧道围岩的稳定性。调查资料表明，地下水对不同类别隧道围岩的影响程度存在明显差异：对于Ⅰ级围岩和由硬岩组成的Ⅱ级围岩，地下水对隧道稳定性影响甚微，一般可忽略不计；而对于Ⅲ级以上的围岩，地下水对隧道围岩稳定性的影响较大，地下水的存在将使围岩级别升高 1～2 级。

⑨ 其他因素：隧道的工程因素(断面形状、大小和隧道埋深)、施工因素(开挖方法、炸药用量、支护方式和时机等)以及时间因素。

由于浅埋隧道埋深浅，通过的地段一般山势较低，因此，边坡和进口段围岩受外界营力侵蚀严重，风化卸荷深度较大，岩体破碎，节理裂隙发育，使得浅埋隧道在施工、运营过程中出现了一系列工程病害，如：边坡失稳、隧道内渗漏水、衬砌开裂和衬砌腐蚀等。这些病害一般不是单独存在，而是相互影响、相互作用的，比如隧道产生较大变形与边坡失稳互为原因。

实际上，一方面由于岩体中普遍存在的断层、节理、裂隙、软弱夹层和蚀变带等地质结构面，使得岩体的力学特性往往呈现出非常复杂的非线性和时间效应，即流变特性；另一方面对软弱岩体而言本身就具有很大的流变性。在工程岩体中，岩体流动变形呈现出大量的、具有不同特征的流动变形和破裂破坏现象。对软弱围岩或节理裂隙发育的岩体，其蠕变性就更为显著。在许多情况下隧洞围岩并不是在毛洞开挖成形之初就瞬间失稳或立即发生强度破坏；围岩对洞室支护的形变压力并不是一开始就达到其最大值，而是随时间增长逐渐加大，经常需要延续一个很长时期(视情况不同从数月到一二十年不等)才渐趋稳定。

通过对浅埋隧道长期稳定性的各种影响因素的分析，将其归纳为地形地貌条件、岩土体岩性、地质构造、气候及水文条件、不良地质及特殊岩土 5 项因素。分析这 5 项因素对边坡可靠性的影响时，可根据表 4－4 所列各项子因素进行评价。

表 4－4　影响浅埋隧道长期稳定性的因素

影响浅埋隧道长期稳定性的因素	地形地貌条件	偏压状态
		上覆层坡面
		河流冲刷坡面
	岩土体岩性	围岩岩性
		岩土力学性质(蠕动)
		风化程度
	地质构造	新构造活动性
		结构面相关性质
	气候及水文条件	年降雨量
		径排条件
		地下水位
		冻害
	不良地质及其他	膨胀性土压
		有害水

同时，浅埋隧道在运营过程中会发生一些变异现象。关宝树(2004)对隧道运营期间的变异现象作了大量研究和统计分析，根据变异发生的地点分类为：衬砌中出现的、路基中出现的、洞门上出现的和围岩中出现的四类。并对变异发生的原因进行分析，得到产生变异的原因大体上分为外因(外力和环境等外部因素)和内因(材料和设计、施工等构造上的因素)两大类。对于本文研究的浅埋隧道，产生变异现象的原因主要有：偏压、坡面蠕动、滑坡引起的隧道变异、水压、冻胀力等。

浅埋隧道经常出现在斜坡地形处，这样作用于衬砌上的地压呈现出显著的不对称状态，产生偏压状态。在坡面下，由于倾斜的片理等产生偏压作用，坡面可能会发生缓慢的坡面蠕动，导致靠山侧拱肩产生水平张口开裂、错动，拱顶或稍靠河侧处压溃等。隧道上覆层产生滑坡，视隧道与滑面的位置关系不同，隧道的变异不同。当隧道与滑面纵向相交时，隧道会因面外剪力而发生复杂的开裂，当隧道在滑坡体内或在滑面之下时，与偏压产生的病害相似。由于浅埋隧道埋深浅，大气降水通常能够影响到隧道结构，渗透会使水压急剧增大，再加上内部缺陷或其他外力原因，常使隧道受力处于极限平衡状态，造成隧道的变异。在寒冷地区，衬砌背后的围岩冻结，会产生冻结力。在冻胀形的围岩中，水体积增加20%～30%，极易在拱顶附近产生压溃等变异。因而，在评价隧道结构变异时，需对以上儿种原因进行细致的考虑。

(3) 模糊综合评判模型的建立

除方案长期稳定性外，本书还引入方案的可维修(护)性、方案的结构变异(病害)及其他条件来综合评价工程的可靠性，用层次分析和模糊综合评判法评价浅埋隧道以及路堑边坡方案的可靠性。一般认为，工程结构都是可维修的，只是有的易于维修，有的难以维修而已。工程构件耐久性也是一项重要指标，在不同工程方案中，即使结构的变异状态相同，结构物的安全性和耐久性也会有很大的差异。方案可靠性影响因素及层次划分如图 4-6 所示。

具体步骤如下：

① 首先用 1～9 或 0.1～0.9 的标度构造长期稳定性(U_1)下 5 个分支因素的两两比较判断矩阵；

② 同理可以获得可维修(护)性(U_2)、变异病害及其他(U_3)的两两比较判断矩阵；

③ 对于基本层，同样也可构造基本层两两比较判断矩阵。

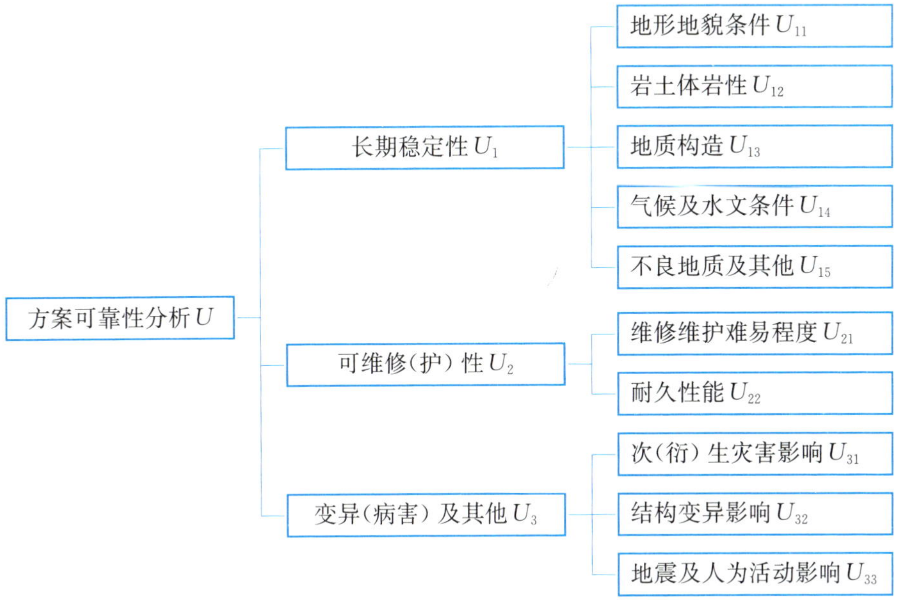

图 4-6　方案可靠性影响因素及层次划分示意图

根据层次分析法(AHP)或模糊层次分析法(FAHP)求出各个判断矩阵的权重。并进行一致性检验，即可获得各层及各分层不同影响因素指标的权重分析值。

在方案可靠性评价中，可靠性影响因素主要包括三大部分，即方案的长期稳定性、可维修(护)性和变异(病害)及其他影响因素，即方案的长期稳定性、可维修(护)性和变异(病害)及其他属于评判模型的第一层次；而这三部分内容又分别体现在各自的评价子因素上，即第二层次；另外某些评价子因素有时还需要更详细的因素去体现，如浅埋隧道的病害变异、深挖方路堑的滚石等次生灾害等。综上所述，评判指标体系如图 4-6 所示，采用二级评判模型。因素 x 及权重 w 的表示方法如表 4-5 所列。

表 4-5　因素 x 及权重 w 的表示

第一层次因素	第二层次因素
长期稳定性 $x_1(w_1)$	地形地貌条件 $x_{11}(w_{11})$
	岩土体岩性 $x_{12}(w_{12})$
	地质构造 $x_{13}(w_{13})$
	气候及水文条件 $x_{14}(w_{14})$
	不良地质及特殊岩土 $x_{15}(w_{15})$

续 表

第一层次因素	第二层次因素
可维修(护)性 $x_2(w_2)$	维护维修难易程度 $x_{21}(w_{21})$
	耐久性能 $x_{22}(w_{22})$
变异(病害)及其他 $x_3(w_3)$	次(衍)生灾害影响 $x_{31}(w_{31})$
	结构变异(病害)影响 $x_{32}(w_{32})$
	地震及人为活动影响 $x_{33}(w_{33})$

结合前节的分析，本书将描述方案可靠性的评价域分为可靠性好、可靠性较好、可靠性一般、可靠性较差、可靠性差 5 个等级。即用

$$V=\{v_1, v_2, v_3, v_4, v_5\}=\{a, b, c, d, e\} \\ =\{好,较好,一般,较差,差\} \tag{4-17}$$

针对地形地貌条件、岩土体岩性、地质构造、气候及水文条件、不良地质及特殊岩土体对不同方案情况下地质体稳定性的影响，不同方案的维修维护难易程度、耐久性能，以及不同方案的次衍生灾害影响、结构变异影响、地震及人为活动影响等对方案可靠性的影响程度，根据建立的单因素隶属函数，或根据专家确定法、多相模糊统计法，分别求得各因素对 a, b, c, d, e 各等级的隶属度后，构造因素的模糊关系矩阵：

$$R_1=[\mu_R(x_{11}) \quad \mu_R(x_{12}) \quad \mu_R(x_{13}) \quad \mu_R(x_{14}) \quad \mu_R(x_{15})]^{\mathrm{T}} \\ =\begin{bmatrix} r_{11a} & r_{11b} & r_{11c} & r_{11d} & r_{11e} \\ r_{12a} & r_{12b} & r_{12c} & r_{12d} & r_{12e} \\ r_{13a} & r_{13b} & r_{13c} & r_{13d} & r_{13e} \\ r_{14a} & r_{14b} & r_{14c} & r_{14d} & r_{14e} \\ r_{15a} & r_{15b} & r_{15c} & r_{15d} & r_{15e} \end{bmatrix} \tag{4-18}$$

$$R_2=[\mu_R(x_{21}) \quad \mu_R(x_{22})]^{\mathrm{T}} \\ =\begin{bmatrix} r_{21a} & r_{21b} & r_{21c} & r_{21d} & r_{21e} \\ r_{22a} & r_{22b} & r_{22c} & r_{22d} & r_{22e} \end{bmatrix} \tag{4-19}$$

$$R_3 = [\mu_R(x_{31}) \quad \mu_R(x_{32}) \quad \mu_R(x_{33})]^T = \begin{bmatrix} r_{31a} & r_{31b} & r_{31c} & r_{31d} & r_{31e} \\ r_{32a} & r_{32b} & r_{32c} & r_{32d} & r_{32e} \\ r_{33a} & r_{33b} & r_{33c} & r_{33d} & r_{33e} \end{bmatrix} \tag{4-20}$$

对应的数学模型为：

$$\mu_R(x_1) = W_1 \cdot R_1 \tag{4-21}$$

$$W_1 = [w_{11} \quad w_{12} \quad w_{13} \quad w_{14} \quad w_{15}] \tag{4-22}$$

$$\mu_R(x_2) = W_2 \cdot R_2 \tag{4-23}$$

$$W_2 = [w_{21} \quad w_{22}] \tag{4-24}$$

$$\mu_R(x_3) = W_3 \cdot R_3 \tag{4-25}$$

$$W_3 = [w_{31} \quad w_{32} \quad w_{33}] \tag{4-26}$$

最后构造二级综合评判模糊关系矩阵：

$$R = [\mu_R(x_1) \quad \mu_R(x_2) \quad \mu_R(x_3)]^T = \begin{bmatrix} r_{1a} & r_{1b} & r_{1c} & r_{1d} & r_{1e} \\ r_{2a} & r_{2b} & r_{2c} & r_{2d} & r_{2e} \\ r_{3a} & r_{3b} & r_{3c} & r_{3d} & r_{3e} \end{bmatrix} \tag{4-27}$$

对应的数学模型为：

$$B = W \cdot R \tag{4-28}$$

$$W = [w_1 \quad w_2 \quad w_3] \tag{4-29}$$

评价结果 B 是一个 5 维向量，5 个值分别表示评判对象属于 5 个评判等级的隶属度。为了做出最终的评判结果，需要对评判结果 B 进行解模糊。

目前，在模糊数学的应用中，最常使用的模糊识别方法主要有两种：

① 最大隶属原则

设 $A_i \in F(X)$, $i = 1, 2, \cdots, n$, $x_0 \in X$，若 $A_{i_0}(x_0) = \max\{A_i(x_0) \mid i = 1, 2, \cdots, n\}$，则判决 x_0 相对地属于 A_{i_0}。

② 贴近度与择近原则

已知论域 X 上的 n 类标准类型 $A_1, A_2, \cdots, A_n \in F(X)$，及上一个确定的 F 集 B，计算 F 集 B 与所有标准模型之间的贴近度 $\sigma(B, A)$，$\sigma(B, A_{i_0}) = \max\{\sigma(B, A_i) \mid i = 1, 2, \cdots, n\}$，则判决 B 相对地属于 A_{i_0}。

根据模糊集合的基本概念及其处理问题的基本思想以及工程方案可靠性的分级标准要求，这里利用隶属度进行二次处理，来综合评判有关参数。即利用评价向量的分量形成权重，对各个等级的隶属度进行二次处理，得到最后评判结果。将二次处理过程中所用权重定义为逻辑权重。

设逻辑权重矩阵为：

$$c = [c_1, c_2, \cdots, c_m] \tag{4-30}$$

本书取 $c = [1, 2, 3, 4, 5]$，将每个指标上下浮动 1 以内的范围定为该级别，即逻辑权重矩阵为：

$$P = [1 \quad 2 \quad 3 \quad 4 \quad 5] \tag{4-31}$$

评判结果矩阵为 B，则评判等级系数为：

$$\delta = P \cdot B^T \tag{4-32}$$

评判标准如表 4－6 所列。

表 4－6　方案可靠性模糊识别

可靠性级别	可靠性描述	δ 值
a 级	可靠性好	$4 \leqslant \delta \leqslant 5$
b 级	可靠性较好	$3 \leqslant \delta < 4$
c 级	可靠性一般	$2 \leqslant \delta < 3$
d 级	可靠性较差	$1 \leqslant \delta < 2$
e 级	可靠性差	$0 \leqslant \delta < 1$

4.4　环境影响评价

4.4.1　环境影响评价

公路建设从生态的观点来看，至少造成三个方面的负面影响（霍明，2003）。一是自然特征的丧失，直接造成野生动物、野生植物栖息地、地质暴露带或一个地貌特征的丧失。一个栖息整体分割为难以交流的两半，因光照、温度、湿度和土壤营养成分等生态因子的变化而叠加作用产生的影响导致生物物种的繁衍和组成成分发生变化，生物数量逐步减少。二是水文条件的变化，地上、地下水流与数量发生变化，进而影响路边甚至较远区域的动、植物，并会产生水污染和地下水位的变化。三是对野生生物的其他影响，研究表明：鸟类在高速公路 1.6～1.8 km 内繁殖不兴旺；高速公路对哺乳、爬行、两栖和不会飞的无脊椎动物来讲，是个难以逾越的障碍带；活动能力大的动物沿公路走廊带状栖息而侵入其他生物群落等。

从环境保护的角度看，深挖方路堑对环境的破坏程度较隧道要大得多。公路经过的山区或丘陵，坡度本来是自然稳定的，由于开挖引起应力释放才引起边坡滑动。挖方这种人为活动破坏了原来的自然平衡，引起岩土体移动、变形和破坏，增加了地质脆弱带边坡的不稳定性，其反馈的结果是滑坡、塌方的威胁。高速公路深挖方路堑土石方量大，深挖方大量破坏地面植被和原有地貌，导致地表裸露，造成水土流失，由于植被和表土损失，自然植被恢复困难。大量采用的浆砌片石护坡及喷射水泥砂浆等防护方式完全破坏了植物生长的环境，使得由于高速公路开挖而破坏的自然植被永久不能恢复；废弃的土石往往就近堆弃在山沟、边坡上，人为造成了崩塌、泥石流、滑坡地地质病害。

采用隧道方案避免了对山体大填大挖，极其有效地保护了当地的生态资源，使公路较好地与地形相协调，增进了公路美感。弃方数量大大减少，最大限度地减少了由于弃土场的设置对环境的影响。横亘于山区的高速公路势必将该区的动植物群落割为两块，截断了动物的生活、迁徙、饮水等路径，进而改变其原有生态环境，严重时将导致珍稀动物的灭种。如果在深挖方路堑地段采用隧道方案，则可以架起一座天然的桥梁，为沟通高速公路两边的动物群落起到一个很好的缓冲作用。然而，隧道方案也有利有弊，隧道的开挖很容易改变整个地区的地表水、地下水水文循环，隧道排水会导致地下岩溶水参与地表径流，造成地下水的枯竭和地表岩溶塌陷，隧道排水还有可能对地表水质产生污染等。

因此，为定量地分析不同方案对环境影响的程度，这里考虑两种方案对环境影响的差异，利用基于层次分析的模糊综合评判法确定两个方案对环境的影响程度。根据分析，本文从不同方案对社会环境、生态环境和自然环境三个主要方面进行分析。

(1) 对社会环境的影响

公路建设可能会带来占用耕地、砍伐森林、拆迁建筑物、居民再安置、景观分割、出行与交往不便等社会环境问题(徐学珍，2006)。公路的建设造成了土地利用功能的分隔，公路建设用地改变了原有土地的使用功能(其其格和阎宏伟，

2001)。公路建成后,会增大沿线地区的交通量,增加该地区的交通事故,割裂村庄间的原有关系。公路建设改变了原有居民的联系及交往方式,对路线两侧人员交往产生阻隔。修建公路占用土地,破坏植被,破坏一些原有的历史、文化遗址、名胜风景及保护区,产生视觉污染,可能影响环境自然地貌、原始景观以及区域内人文景观,对旅游事业的发展是非常不利的。一些大型挖方填方路段的边坡由于土地的硬化,破坏了山体的植被和自然曲线,也会对景观产生影响(张玉芬,1999)。

(2) 对生态环境的影响

运营期间公路项目对动植物的影响主要是阻隔作用、接近效应及污染效应(徐瑷瑷,2005)。公路是人类互相连接的走廊,但是对地面动物来说,当公路纵穿生态系统时,像一道屏障起着分离和阻隔的作用,将原有的自然生态系统一分为二。公路与通道相交或者阻碍通道时,将会导致使用这个通道的动物失去原有的生活条件,迁移到别处生存或者死亡。另外公路的阻隔作用使得野生动物不得不横穿公路,除了高速公路外,其他级别的公路无护栏无通道,野生动物穿越公路时,极有可能与快速行驶的车辆相撞而引起死亡。

公路的开通使沿线地区的人流和物流强度增加,原来人类难以到达或进入的地区变得可达和易于进入,对珍稀物种的生存和自然保护构成巨大威胁。接近效应使得路通山空或公路通走兽尽的现象常有发生(戴明新,2004)。由于高速公路需要占用大量的土地资源,使得这些区域内的生物及自然生境消失,同时还会影响到该区域内的其他生物资源的存在,从而造成生物资源的减少。

(3) 对自然环境的影响

1) 引发地质灾害

山区公路营运过程中易发生崩塌、滑坡、泥石流等地质灾害,造成人民群众生命财产损失和生态破坏。边坡的稳定性一般受到道路建设中挖或填的影响。由于受地形限制,山区大部分公路都有弯急、坡陡、路窄的险要路段,有的线路段沿河布线,线位过低,在施工过程中,过陡的挖坡、缺乏排水沟、水道的改变以及过量的填堆坡均可能导致滑坡。

在大多数情况下,在一个地点很难达到挖方和填方的平衡。山区公路建设要进行边坡开挖、路堤填筑、隧道开凿等活动。若设计与施工措施不合理,没有相应的防灾举措,造成边坡不稳,或将大量剥离废弃的土石块体弃入沟道,将成为泥石流形成的物源,遇到合适的水源条件便诱发泥石流灾害。

2）水土流失

水土流失会减少土地面积，引起河道淤积，恶化生态环境。公路建设所引起的水土流失主要集中在公路施工期和营运初期。当自然环境因道路的建设而改变时，稳定因素如植物和不稳定因素如流水之间的弱平衡被破坏，侵蚀就已经开始了。有些时候侵蚀造成的影响远不止在公路区域的影响，因为它还要影响到远处的坡、溪流和堤坝等。侵蚀的类型一般有水力侵蚀（包括溅蚀、面蚀、沟蚀）、重力侵蚀、泥石流侵蚀和风力侵蚀。

3）大气污染

在公路营运期，对大气环境的影响主要是车辆排放物。汽车排气中1%～5%为不完全燃烧和燃烧中间产生的污染物。经国内外的试验研究，已明确了机动车辆排放物中对人体健康有直接危害作用的为一氧化碳、二氧化氮、可吸入颗粒物、铅和碳氢化合物以及排放物的二次衍生物——光化学烟雾等。

4）水、声污染

公路建设会改变地表径流的固有态势，从而造成冲、淤、涝、渍等局部影响。公路的阻隔作用使地表径流汇水流域发生变化，改变径流方向。公路挖方路段如果位于地下水位线以下，会导致路基边缘及开挖的山坡出现渗水，最终导致地下水位降低，地表植被萎缩或枯死，土地侵蚀性增加（戴明新，2004）。隧道的开挖很容易改变整个地区的地表水、地下水水文循环，隧道排水会导致地下岩溶水参与到地表径流，造成地下水的枯竭和地表岩溶塌陷，隧道排水还有可能对地表水质产生污染等。地下水的改变会产生一系列潜在的影响，如植被的恶化、增加了侵蚀、供农业及饮用水资源的减少以及鱼类和野生物的生活环境的改变。同时，高速公路交通噪声扰民问题变得日益严重和突出。

经过以上公路建设对环境影响的分析，本书通过模糊综合评判和层次分析法对不同建设方案对环境的影响进行评价。考虑到本书只是相对于单项工程的方案决策，研究的对象仅为单个的浅埋隧道工程和深挖路堑工程，因而主要针对这两个方案中环境影响差异较大的因素进行分析评判。

在方案环境影响评价中，主要包括三大部分，即不同方案对社会环境、生态环境和自然环境的影响，即此三项作为评判模型的第一层次；而这三部分内容又分别体现在各自的评价子因素上，即第二层次。综上所述，评判指标体系如图4－7所示，采用二级评判模型。因素及权重的表示方法如表4－7所列。

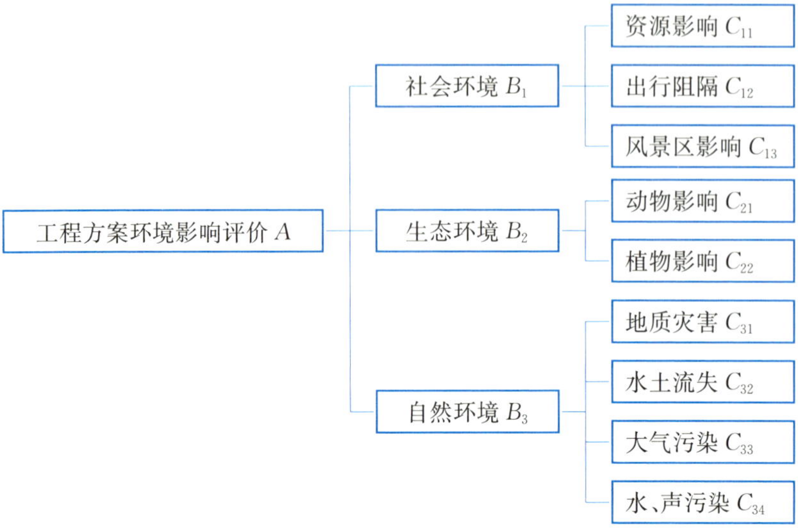

图 4-7　高速公路建设引起的环境影响评价

表 4-7　环境影响因素 *x* 及权重 *w* 的表示

第一层次因素	第二层次因素
社会环境影响 $B_1(w_1)$	资源影响 $C_{11}(w_{11})$
	出行阻隔 $C_{12}(w_{12})$
	风景区影响 $C_{13}(w_{13})$
生态环境影响 $B_2(w_2)$	动物影响 $C_{21}(w_{21})$
	植物影响 $C_{22}(w_{22})$
自然环境影响 $B_3(w_3)$	地质灾害 $C_{31}(w_{31})$
	水土流失 $C_{32}(w_{32})$
	大气污染 $C_{33}(w_{33})$
	水、声污染 $C_{34}(w_{34})$

其中，方案占地面积反映了公路建设项目对土地资源的影响程度。利用工程穿越景观资源的路线长度和风景区等级指标来评价不同方案对风景区的影响大小。出行阻隔程度根据公路项目的封闭程度造成路线两侧居民出行不便程度来判断。动物的可迁移性很难度量公路建设项目对动物种群的影响，这里可以采用动物穿越公路需要移动的长度来定性描述工程对动物的侵扰程度。工程对植物的影响主要表现在植被面积损失和植物物种两个方面。自然环境的影响采

用较为主观的引发地质灾害、新增水土流失面积、大气污染严重程度和水、声污染严重程度来描述。

(2) 模糊综合评判模型的建立

结合前节的分析把评价域分为环境影响严重、环境影响较严重、环境影响中度、环境影响较轻微、环境影响轻微 5 个等级。即用

$$\begin{aligned} V &= \{v_1, v_2, v_3, v_4, v_5\} = \{A, B, C, D, E\} \\ &= \{\text{严重}, \text{较严重}, \text{中度}, \text{较轻微}, \text{轻微}\} \end{aligned} \tag{4-33}$$

同时,由于不同工程方案的环境影响受多种因素的影响,为了综合考虑所有的影响因素以更加合理地对其进行评判,本书采用模糊综合评判方法对可靠性进行多层次综合评判。

针对资源影响、出行阻隔、风景区影响、动物影响、植物影响、地质灾害水土流失、大气污染以及水、声污染对不同方案情况下对环境的影响,建立的单因素隶属函数,或根据专家确定法、多相模糊统计法,分别求得各因素对 a, b, c, d, e 各等级的隶属度后,构造因素的模糊关系矩阵:

$$\begin{aligned} R_1 &= [\mu_R(C_{11}) \quad \mu_R(C_{12}) \quad \mu_R(C_{13})]^{\mathrm{T}} \\ &= \begin{bmatrix} r_{11A} & r_{11B} & r_{11C} & r_{11D} & r_{11E} \\ r_{12A} & r_{12B} & r_{12C} & r_{12D} & r_{12E} \\ r_{13A} & r_{13B} & r_{13C} & r_{13D} & r_{13E} \end{bmatrix} \end{aligned} \tag{4-34}$$

$$\begin{aligned} R_2 &= [\mu_R(C_{21}) \quad \mu_R(C_{22})]^{\mathrm{T}} \\ &= \begin{bmatrix} r_{21A} & r_{21B} & r_{21C} & r_{21D} & r_{21E} \\ r_{22A} & r_{22B} & r_{22C} & r_{22D} & r_{22E} \end{bmatrix} \end{aligned} \tag{4-35}$$

$$\begin{aligned} R_3 &= [\mu_R(C_{31}) \quad \mu_R(C_{32}) \quad \mu_R(C_{33}) \quad \mu_R(C_{34})]^{\mathrm{T}} \\ &= \begin{bmatrix} r_{11A} & r_{11B} & r_{11C} & r_{11D} & r_{11E} \\ r_{12A} & r_{12B} & r_{12C} & r_{12D} & r_{12E} \\ r_{13A} & r_{13B} & r_{13C} & r_{13D} & r_{13E} \\ r_{14A} & r_{14B} & r_{14C} & r_{14D} & r_{14E} \\ r_{15A} & r_{15B} & r_{15C} & r_{15D} & r_{15E} \end{bmatrix} \end{aligned} \tag{4-36}$$

对应的数学模型为:

$$\mu_R(B_1) = W_1 \cdot R_1 \tag{4-37}$$

$$W_1 = [w_{11} \quad w_{12} \quad w_{13}] \tag{4-38}$$

$$\mu_R(B_2) = W_2 \cdot R_2 \tag{4-39}$$

$$W_2 = [w_{21} \quad w_{22}] \tag{4-40}$$

$$\mu_R(B_3) = W_3 \cdot R_3 \tag{4-41}$$

$$W_3 = [w_{31} \quad w_{32} \quad w_{33} \quad w_{34}] \tag{4-42}$$

最后构造二级综合评判模糊关系矩阵：

$$R = [\mu_R(B_1) \quad \mu_R(B_2) \quad \mu_R(B_3)]^{\mathrm{T}} = \begin{bmatrix} r_{1A} & r_{1B} & r_{1C} & r_{1D} & r_{1E} \\ r_{2A} & r_{2B} & r_{2C} & r_{2D} & r_{2E} \\ r_{3A} & r_{3B} & r_{3C} & r_{3D} & r_{3E} \end{bmatrix} \tag{4-43}$$

对应的数学模型为：

$$B = W \cdot R \tag{4-44}$$

$$W = [w_1 \quad w_2 \quad w_3] \tag{4-45}$$

评价结果 B 是一个 5 维向量，5 个值分别表示评判对象属于 5 个评判等级的隶属度。设逻辑权重矩阵为：

$$c = [c_1,\ c_2,\ \cdots,\ c_m] \tag{4-46}$$

本书取 $c = [1,\ 2,\ 3,\ 4,\ 5]$，将每个指标上下浮动 1 以内的范围定为该级别，即逻辑权重矩阵为：

$$P = [1 \quad 2 \quad 3 \quad 4 \quad 5] \tag{4-47}$$

评判结果矩阵为 B，则评判等级系数为：

$$Q = P \cdot B^T \tag{4-48}$$

评判标准如表 4-8 所列：

表 4-8　方案环境影响模糊识别

可靠性级别	环境影响描述	Q 值
A 级	环境影响严重	$4 \leqslant Q \leqslant 5$
B 级	环境影响较严重	$3 \leqslant Q < 4$

续　表

可靠性级别	环境影响描述	Q　值
C 级	环境影响中度	$2 \leqslant Q < 3$
D 级	环境影响较轻微	$1 \leqslant Q < 2$
E 级	环境影响轻微	$0 \leqslant Q < 1$

4.4.2　计算实例

这里基于层次分析和模糊综合评判法，对某单项工程对环境的影响程度做定量评价。

(1) 确定评判因素集 U。

$U = [B_1 \quad B_2 \quad B_3] = $[社会环境　生态环境　自然环境]

$B_1 = [C_{11} \quad C_{12} \quad C_{13}] = $[资源影响　出行阻隔　风景区影响]

$B_2 = [C_{21} \quad C_{22}] = $[动物影响　植物影响]

$B_3 = [C_{31} \quad C_{32} \quad C_{33} \quad C_{34}] = $[地质灾害　水土流失　大气污染　水、声污染]

(2) 决定因素集内各因素的权重，组成一个权重向量。这里用层次分析法确定各因素的权重。

对于第一层次因素，有判断矩阵：

$$A' = \begin{bmatrix} a_{11} & a_{12} & a_{13} \\ a_{21} & a_{22} & a_{23} \\ a_{31} & a_{32} & a_{33} \end{bmatrix} = \begin{bmatrix} 1 & 5 & 3 \\ \frac{1}{5} & 1 & \frac{1}{3} \\ \frac{1}{3} & 3 & 1 \end{bmatrix} \tag{4-49}$$

计算判断矩阵最大特征值 λ_{max} 及特征向量：

$$|A' - \lambda E| = \begin{vmatrix} 1-\lambda & 5 & 3 \\ \frac{1}{5} & 1-\lambda & \frac{1}{3} \\ \frac{1}{3} & 3 & 1-\lambda \end{vmatrix} = 0 \tag{4-50}$$

得到 $\lambda_{max} = 3.038$，$W = \begin{bmatrix} 0.5733 \\ 0.1663 \\ 0.2604 \end{bmatrix}$

对判断矩阵的一致性检验：

计算一致性指标为

$$CI=\frac{\lambda_{max}-n}{n-1}=\frac{3.038-3}{3-1}=0.019 \tag{4-51}$$

查得相应的平均随机一致性指标为：$RI=0.58$，可计算一致性比例为：

$$CR=\frac{CI}{RI}=\frac{0.019}{0.58}=0.033 \tag{4-52}$$

由于 $CR<0.1$，所以判断矩阵的一致性是可以接受的，得到权重向量为：

$$W=[0.5733 \quad 0.1663 \quad 0.2604] \tag{4-53}$$

类似的，可以算出第二层次各影响因素的权向量，有

$$W_1=[0.56 \quad 0.22 \quad 0.22]$$

$$W_2=[0.50 \quad 0.50]$$

$$W_3=[0.31 \quad 0.23 \quad 0.23 \quad 0.23]$$

(3) 确定因素的评语集 V。

$$V=\{严重,较严重,中度,较轻微,轻微\}$$

(4) 决定模糊关系矩阵 R_1，R_2，R_3。

这里假设根据专家经验的多相模糊统计法得到模糊关系矩阵，分别为：

对于 B_1，

$$R_1=\begin{bmatrix}0.3 & 0.3 & 0.2 & 0.1 & 0.1\\0.4 & 0.3 & 0.2 & 0.1 & 0\\0.3 & 0.4 & 0.2 & 0.1 & 0\end{bmatrix} \tag{4-54}$$

对于 B_2，模糊关系矩阵为：

$$R_2=\begin{bmatrix}0.4 & 0.3 & 0.2 & 0.1 & 0\\0.3 & 0.3 & 0.2 & 0.1 & 0.1\end{bmatrix} \tag{4-55}$$

对于 B_3，模糊关系矩阵为：

$$B_3=\begin{bmatrix}0.3 & 0.3 & 0.2 & 0.2 & 0\\0.4 & 0.4 & 0.1 & 0.1 & 0\\0.2 & 0.3 & 0.3 & 0.1 & 0.1\\0.4 & 0.2 & 0.2 & 0.2 & 0\end{bmatrix} \tag{4-56}$$

（5）求出次级综合评判结果。

对于 B_1，有

$$\mu_R(B_1)=W_1\cdot R_1=[0.56\quad 0.22\quad 0.22]\begin{bmatrix}0.3 & 0.3 & 0.2 & 0.1 & 0.1\\0.4 & 0.3 & 0.2 & 0.1 & 0\\0.3 & 0.4 & 0.2 & 0.1 & 0\end{bmatrix}$$

$$=[0.32\quad 0.32\quad 0.2\quad 0.1\quad 0.06] \tag{4-57}$$

对于 B_2，有

$$\mu_R(B_2)=W_2\cdot R_2=[0.5\quad 0.5]\begin{bmatrix}0.4 & 0.3 & 0.2 & 0.1 & 0\\0.3 & 0.3 & 0.2 & 0.1 & 0.1\end{bmatrix}$$

$$=[0.35\quad 0.3\quad 0.2\quad 0.1\quad 0.05] \tag{4-58}$$

对于 B_3，有

$$\mu_R(B_3)=W_3\cdot R_3$$

$$=[0.31\quad 0.23\quad 0.23\quad 0.23]\begin{bmatrix}0.3 & 0.3 & 0.2 & 0.2 & 0\\0.4 & 0.4 & 0.1 & 0.1 & 0\\0.2 & 0.3 & 0.3 & 0.1 & 0.1\\0.4 & 0.2 & 0.2 & 0.2 & 0\end{bmatrix}$$

$$=[0.32\quad 0.3\quad 0.2\quad 0.16\quad 0.02] \tag{4-59}$$

以 $\mu_R(B_1)$、$\mu_R(B_2)$、$\mu_R(B_3)$ 为元素组合二级综合评判模糊关系矩阵，如表 4-9 所列。

表 4-9　R 计算表格

R	严重	较严重	中度	较轻微	轻微
社会环境	0.32	0.32	0.2	0.1	0.06
生态环境	0.35	0.3	0.2	0.1	0.05
自然环境	0.32	0.3	0.2	0.16	0.02

$$R=\begin{bmatrix}0.32 & 0.32 & 0.2 & 0.1 & 0.06\\0.35 & 0.3 & 0.2 & 0.1 & 0.05\\0.32 & 0.3 & 0.2 & 0.16 & 0.02\end{bmatrix} \tag{4-60}$$

(6) 求出综合评判结果。

$$
\begin{aligned}
B &= W \cdot R \\
&= [0.5733 \quad 0.1663 \quad 0.2604]\begin{bmatrix} 0.32 & 0.32 & 0.2 & 0.1 & 0.06 \\ 0.35 & 0.3 & 0.2 & 0.1 & 0.05 \\ 0.32 & 0.3 & 0.2 & 0.16 & 0.02 \end{bmatrix} \\
&= [0.3259 \quad 0.3106 \quad 0.2 \quad 0.1156 \quad 0.0479]
\end{aligned} \tag{4-61}
$$

(7) 解模糊。

给予评语等级赋值：严重=5,较严重=4,中度=3,较轻微=2,轻微=1,那么,等级赋值矩阵

$$
\lambda = [5 \quad 4 \quad 3 \quad 2 \quad 1] \tag{4-62}
$$

综合评判的结果等级应是各等级的加权平均值

$$
Q = B \cdot \lambda = [0.3259 \quad 0.3106 \quad 0.2 \quad 0.1156 \quad 0.0479]\begin{bmatrix} 5 \\ 4 \\ 3 \\ 2 \\ 1 \end{bmatrix} = 3.751 \tag{4-63}
$$

由于 $Q = 3.751$，根据表 4-8,该工程项目对环境的影响等级为 B 级,环境影响较严重。

4.5 本章小结

本章对已有的运营维修费用计算公式进行了修正,对不同工程方案的运营成本进行计算,并运用模糊综合评判法和模糊层次分析法,对不同方案的可靠性和环境影响进行评价,为工程方案决策提供依据。

对于隧道方案,运营费用主要包括隧道内的照明费用、通风费用、消防等设备运行费以及其他费用(如电气设备保养费用)。对于深挖路堑方案,运营主要费用较少,如支护结构及截排水沟的维护费用、绿化工程养护费用等。方案可靠性影响因素集分为长期稳定性、可维修(护)性及结构变异(病害)及其他因素特征三大类。环境影响因素集的基本层分为社会环境影响、生态环境影响和自然环境影响三大类进行评价。

第5章 工程方案决策理论模型与程序实现

5.1 多目标决策

多目标决策一般是指在多个目标间相互矛盾或相互竞争的情况下所进行的决策，它有以下几个优越性：解决现实客观问题，采用多目标决策方法，其结果更合理更逼真，易被人们所接受；采用多目标决策方法，有利于促进决策的科学化和民主化；使用多目标决策方法，能适应问题的各种决策要求和扩大决策范围，有利于决策者选出最优方案。

浅埋隧道方案与深挖路堑方案的比选实为一个多目标决策问题。在浅埋隧道与深挖路堑方案决策中，需考虑施工期常规风险导致的成本和工期不确定性、施工期偶然风险导致的人员伤亡、经济损失和工期损失以及运营成本、环境影响、方案可靠性等多个目标。浅埋隧道和深挖路堑方案的选择是在自然、社会和环境等因素的作用下形成的，而有些因素是难以量化的，如环境条件、方案的可靠性等。本书从分析影响方案决策最优目标的属性出发，考虑施工期常规风险导致的成本和工期不确定性、施工期偶然风险导致的人员伤亡、经济损失和工期损失和运营成本，量化不同工程方案运营期环境影响以及方案可靠性能指标，以此为基础利用多目标决策法进行合理方案的选择。

多目标决策是根据多个目标准则来比较、排序多个方案，从中选择出一个或几个方案的决策过程。因此，多目标属性决策定义为：对于给定的选择方案（离散、有限），决策者根据一组目标准则去衡量和判断出各方案的目标属性值，进而采用某种决策准则比较各方案，从中得出各方案的排序（或优先等级）结果（左军，1991）。

多目标决策包含5个基本要素：决策者、目标准则、方案、属性值和决策准则。设 $A_i(i=1, 2, \cdots, m)$ 表示第 i 个方案，$X_j(j=1, 2, \cdots, n)$ 表示第 j 个目标准则，则多目标属性决策问题可用下面的矩阵表示：

$$M=\begin{array}{c} \\ A_1 \\ A_2 \\ \vdots \\ A_m \end{array}\begin{array}{c} \begin{array}{cccc} X_1 & X_2 & \cdots & X_n \end{array} \\ \begin{bmatrix} x_{11} & x_{12} & \cdots & x_{1n} \\ x_{21} & x_{22} & \cdots & x_{2n} \\ \vdots & \vdots & \cdots & \vdots \\ x_{m1} & x_{m2} & \cdots & x_{mn} \end{bmatrix} \end{array} \tag{5-1}$$

决策矩阵 M 中的元素值 x_{ij} 即为第 i 个方案 A_i 在第 j 个目标准则(或因素) X_j 下的属性值。另外，第 i 行的行元素构成的向量 $(x_{i1} \quad x_{i2} \quad \cdots \quad x_{in})$ 表示第 i 个方案 A_i 在各个目标下的行属性值向量，第 j 列的列元素构成的向量 $(x_{1j} \quad x_{2j} \quad \cdots \quad x_{mj})^T$ 则为第 j 个目标 X_j 下各方案的列属性值向量。

决策矩阵 M 中的元素值即多目标属性决策的属性值具有以下几个特点：

(1) 量纲不一致性

这是由于目标准则的不一致性造成的，比如成本准则和工期准则所要求的计量单位是不一致的。由于多目标属性决策问题中的许多目标属性的量纲不一致，就会产生不可比性，也就是属性列向量之间不可比。而有的多目标属性决策方法则要求各目标属性值具有可比性，因此必须对各目标属性值进行规范化工作，使之变成可比数值。常见的规范化方法有：向量规范化法和线性标度转换法两种。

(2) 定性定量相混合

在属性值矩阵中，有些属性值是明确的，可以定量表示的，如建设成本、工期、运营成本等，而有些属性值则是定性的、模糊表示的，如环境影响、可靠性等。对于这些模糊描述的属性值，有必要进行模糊量化工作。

模糊属性值量化的常见方法之一是利用所谓 Bipolar 标度(两级标度)。比如选择一个具有 5 格的刻度，然后定义最高点 5 表示实际可实现的最大模糊程度值，最低点 0 表示实际可达到的最小模糊程度值，中间点作为转折刻度基准，即大于此点为"好"，小于则为"不好"。应该注意的是，在上述的转换过程中包含了以下 3 个假设：

1) 3.0 的刻度所对应的模糊东西要比 1.0 刻度所对应的模糊东西好 3 倍；

2) "5.0"与"3.0"之间的差异和"4.0"与"2.0"之间的差异程度是一样的；

3) 如果用上述标度量化所有的定性目标属性值，则每个目标属性下任两个特定值的差异是一样的。

从某种意义上说，上述量化过程是将人对物体（或物体性质）认识的偏好量化过程，也即效用量化过程。

（3）属性导向的不一致性

属性导向的不一致性即有的属性值越大越好，如工程方案可靠性，而有的则是越小越好，如建设成本、工期、环境影响等。导向的不一致性是由于目标准则的相互矛盾而引起的。越大越好的属性称为所谓获益性属性，而越小越好的属性称为所谓损失性属性。

一旦多目标属性决策问题的决策矩阵（属性值矩阵）给出后，就可以按照决策准则进行各个方案的排序了。决策准则也就是如何综合权衡备选方案属性进行决策（方案排序）的原则或思想，其具体化后也就成为所谓的多目标决策方法。

根据决策中信息的获取方式、表达形式的不同，可构成不同的决策准则（或决策方法）。其决策分析的过程一般包括 5 个阶段，如图 5－1 所示。

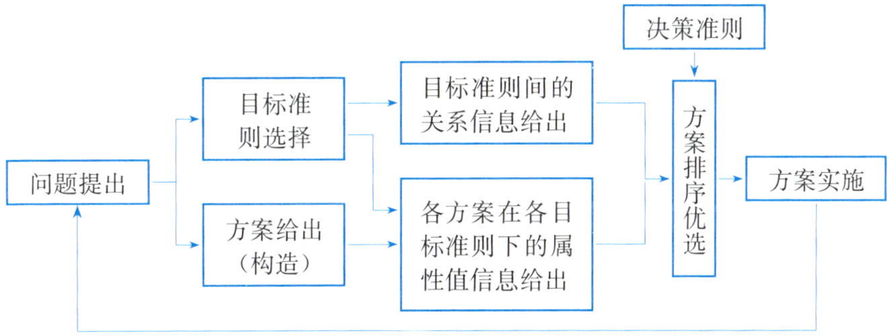

图 5－1　多目标决策分析过程图

1）提出问题阶段

根据实际情况，由决策者提出问题，同时分析问题是否属于多目标属性决策，若是则开始下一阶段分析。

2）多目标属性决策问题形成阶段

这里主要有两方面的工作：一是确定目标准则，二是给出可能的方案。

3）信息收集阶段

在这个阶段所收集的信息包括：由决策者给出的各目标准则间的关系信息和由决策者会同专家或决策分析者给出的各方案在各目标准则下的属性值信息。

4）方案排序选优阶段

这阶段的主要工作是决策方法的应用阶段，也即怎样排序选优。

5）方案实施与反馈分析

在排序的基础上，决策者就可根据客观条件选出一个或数个方案实施。在实施过程中则可进一步发现问题，开始下一轮的多目标属性决策分析。

多目标决策过程中，确定各属性的权重是十分重要的。其中，判断矩阵法是一类较为实用且有效的确定属性权重的方法，它首先由决策者根据一定的标度对属性进行两两比较，并构造判断矩阵（一般分为互反判断矩阵、模糊互补判断矩阵和混合判断矩阵），然后按一定的排序方法求得判断矩阵的排序向量，从而获得属性权重。

美国运筹学家 Saaty 教授 20 世纪 70 年代初提出的著名的层次分析法（AHP：Analytic Hierarchy Process）（Saaty，1980）采用了互反判断矩阵。AHP 法作为一种对复杂事物能够定量评价分析的工具，因其方法简单、易学易用而获得广泛的应用。同时随着对 AHP 的深入研究，也逐渐发现其存在的缺陷和不足（Holder，1990；王莲芬和许树柏，1989；蔚林巍，1993）。如：以 0、1 作为一致性比例的临界值缺乏必要的理论依据，单凭经验确定这样一个重要数值是值得商榷的；在应用上，用 0、1 这个临界值检验一致性时往往对低阶矩阵，例如 3、4 矩阵比较容易通过，而对于 7、8 阶或更高阶的矩阵则不容易通过。这说明采用 0、1 作为临界值对低阶矩阵过松，而对于高阶矩阵又过严了。

模糊互补判断矩阵在一定程度上改善了传统 AHP 中诸如判断一致性与矩阵一致性相异，一致性检验困难与缺乏科学性等问题，提高了决策可靠性（王玉燕，2005）。在这种情况下，人们将模糊思想和方法引入 AHP 中，这样就出现了基于模糊互补判断矩阵的模糊层次分析法（FAHP），这正好符合人类思维的模糊性。因此，对模糊互补判断矩阵排序方法的研究有着重要的理论意义和实际应用背景。本书将采用模糊互补判断矩阵来确定各属性的权重向量。

5.2 模糊互补判断矩阵

5.2.1 构造判断矩阵

要理解模糊互补判断矩阵求取属性权重向量，首先需要了解以下定义：

（1）设判断矩阵 $A=(a_{ij})_{n\times n}$，若有 $0\leqslant a_{ij}\leqslant 1$，则称矩阵 A 是模糊判断矩阵。

（2）设模糊判断矩阵 $A=(a_{ij})_{n\times n}$，若有 $a_{ij}+a_{ji}=1$，$a_{ii}=0.5$，则称矩阵

A 是模糊互补判断矩阵。

(3) 设有模糊互补判断矩阵 $A=(a_{ij})_{n\times n}$，若

$$(a_{ik}-0.5)+(a_{kj}-0.5)=a_{ij}-0.5,\ \forall i,\ j,\ k\in N \tag{5-2}$$

即 $a_{ij}=a_{ik}-a_{jk}+0.5,\ \forall i,\ j,\ k\in N$，则称矩阵 A 为加型模糊一致性互补判断矩阵。

(4) 设有模糊互补判断矩阵 $B=(b_{ij})_{n\times n}$，若

$$b_{ik}b_{kj}b_{ji}=b_{ki}b_{jk}b_{ij},\ \forall i,\ j,\ k\in N \tag{5-3}$$

则称矩阵 $B=(b_{ij})_{n\times n}$ 为积型模糊一致性互补判断矩阵(Orlovsky,1978;林均昌和徐泽水,1998)。

(5) 令全体 n 阶模糊互补判断矩阵构成的集合为 G，一组权值构成的 n 维向量 $w=(w_1,\ w_2,\ \cdots,\ w_n)^{\mathrm{T}}$ 称为排序向量。全体排序向量构成的集合记为 Λ，即

$$\Lambda=\left\{w=(w_1,\ w_2,\ \cdots,\ w_n)^{\mathrm{T}}\ \middle|\ \sum_{i=1}^{n}w_i=1,\ w_i>0,\ i\in N\right\} \tag{5-4}$$

一种排序方法可以看作由 G 到 Λ 的一个映射，记为 $w=T(A)$，称 w 是模糊互补判断矩阵 A 的排序向量。

设论域 $X=\{x_i\mid i\in I\}$ 为一个有限的因素集(方案集或准则集)，$I=\{1,\ 2,\ \cdots,\ n\}$，其中 x_i 表示第 i 个因素。X 上关于因素重要性两两比较的模糊二元关系 $\tilde{R}$ 用模糊矩阵 $R=(r_{ij})_{n\times n}$ 表示，$r_{ij}=\mu_{\tilde{R}}(x_i,\ x_j)$ 表示因素 x_i 优于 x_j 的程度或相对重要程度。具体规定如下：

① $r_{ij}=0.5$ 表示 x_i 与 x_j 同样重要；

② 若 $0\leqslant r_{ij}<0.5$，表示 x_j 比 x_i 重要，且 r_{ij} 越小，x_j 比 x_i 越重要；

③ 若 $0.5<r_{ij}\leqslant 1$，表示 x_i 比 x_j 重要，且 r_{ij} 越大，x_i 比 x_j 越重要。

为了使任意两个因素关于某准则的相对重要程度得到定量描述，采用模糊互补标度构造模糊互补判断矩阵，常用的模糊互补标度有 0～1 标度和 0.1～0.9 标度。0～1 标度虽然简单易行，但在描述判断时过分地强调简单化，难免信息量的不足，0.1～0.9 标度从实际应用角度出发，比较符合人的思维判断习惯，便于专家和决策者判断和使用。0.1～0.9 模糊互补标度的含义如表 5-1 所列。表 5-2 分别列出了常用的三种互补标度(杜栋,1996;姚敏和张森,1998;徐泽水,2003)。这三种互补标度构成的判断矩阵均可构成模糊互补判断矩阵。

表 5-1　0.1～0.9 模糊互补比较标度

标　度	含　　义	备　　注
0.1	元素 x_i 绝对没有元素 x_j 重要	0.2,0.4,0.6,0.8 为相邻判断中值;若元素 x_i 与 x_j 重要性相比较的标度值为 r_{ij},则 x_j 与 x_i 重要性相比较的标度值为 $r_{ji}=1-r_{ij}$。
0.3	元素 x_i 明显没有元素 x_j 重要	
0.5	元素 x_i 与元素 x_j 同样重要	
0.7	元素 x_i 明显重要于元素 x_j	
0.9	元素 x_i 绝对重要于元素 x_j	

表 5-2　三种互补标度

0～1 标度	0.1～0.9 五标度	0.1～0.9 九标度	含　　义
0	0.1	0.1	表示乙元素极端重要于甲元素
		0.138	表示乙元素强烈重要于甲元素
	0.3	0.325	表示乙元素明显重要于甲元素
		0.439	表示乙元素稍微重要于甲元素
0.5	0.5	0.5	表示甲元素与乙元素同样重要
		0.561	表示甲元素稍微重要于乙元素
	0.7	0.675	表示甲元素明显重要于乙元素
		0.862	表示甲元素强烈重要于乙元素
0.9	0.9	0.9	表示甲元素极端重要于乙元素

注：0.2,0.4,0.6,0.8 可以取为 0.1～0.9 五标度相邻的判断中值。

5.2.2　模糊互补判断矩阵的排序方法

随着模糊互补判断矩阵理论的不断发展和完善,有关模糊判断矩阵的排序理论与方法也在不断发展和完善。这里对目前已有的基于模糊一致矩阵的模糊互补矩阵的排序方法进行了总结归纳和对比研究,找出它们之间的关系,分析其合理性。

为叙述方便,设模糊互补判断矩阵 $A=(a_{ij})_{n\times n}$ 的排序向量为 $w=(w_1, w_2, \cdots, w_n)^{\mathrm{T}}$。

(1) 方法 1(陈守煜,1994)　对模糊矩阵 $A=(a_{ij})_{n\times n}$ 的第 i 行元素求和可得 $\sum_{j=1}^{n} a_{ij}$,则第 i 个属性的权重为

$$w_{ij}=\sum_{j=1}^{n}a_{ij}\Big/\Big(\sum_{i=1}^{n}\sum_{j=1}^{n}a_{ij}\Big)=\sum_{j=1}^{n}a_{ij}\Big/\Big(\frac{n^2}{2}\Big) \qquad (5-5)$$
$$=2\sum_{j=1}^{n}a_{ij}\Big/n^2,\ i\in N$$

(2) 方法 2(姚敏和黄燕君,1997)　对模糊矩阵 $A=(a_{ij})_{n\times n}$ 取

$$r_{ij}=\frac{1}{2n}\sum_{k=1}^{n}(a_{ik}-a_{jk})+0.5,\ \forall i,j,k\in I \qquad (5-6)$$

将矩阵 $A=(a_{ij})_{n\times n}$ 转换为模糊一致矩阵 $R_{ij}=(r_{ij})_{n\times n}$，然后按方根法给出第 i 个属性的权重为

$$w_i=\sqrt[n]{\prod_{j=1}^{n}r_{ij}}\Big/\Big(\sum_{i=1}^{n}\sqrt[n]{\prod_{j=1}^{n}r_{ij}}\Big),\ i,j\in N \qquad (5-7)$$

(3) 方法 3(林均昌和徐泽水,1998)　对模糊互补判断矩阵 $A=(a_{ij})_{n\times n}$，取

$$r_{ij}=\frac{1}{2(n-1)}\sum_{k=1}^{n}(a_{ik}-a_{jk})+0.5,\ \forall i,j,k\in N \qquad (5-8)$$

将矩阵 $A=(a_{ij})_{n\times n}$ 转换为模糊一致矩阵 $R_{ij}=(r_{ij})_{n\times n}$，然后把行归一化求得第 i 个属性的权重为

$$w_i=\frac{\sum_{j=1}^{n}a_{ij}+\frac{n}{2}-1}{n(n-1)},\ i\in N \qquad (5-9)$$

(4) 方法 4(徐泽水,2001)　假设现在的模糊互补判断矩阵 $A=(a_{ij})_{n\times n}$ 为一致判断矩阵，则有

$$a_{ij}=w_i-w_j+0.5,\ \forall i,j\in N \qquad (5-10)$$

若 $A=(a_{ij})_{n\times n}$ 不一致，上式往往不成立，为此引入偏差项

$$f_{ij}=a_{ij}-(w_i-w_j+0.5),\ \forall i,j\in N \qquad (5-11)$$

构造偏差函数

$$F(w)=\sum_{i=1}^{n}\sum_{j=1}^{n}f_{ij}^2=\sum_{i=1}^{n}\sum_{j=1}^{n}[a_{ij}-(w_i-w_j+0.5)]^2,\ \forall i,j\in N \qquad (5-12)$$

$F(w)$ 总是越小越好，因此合理的排序向量 w^* 应使

$$F(w^*)=\min_{w\in\Lambda}F(w)=\min_{w\in\Lambda}\left\{\sum_{i=1}^{n}\sum_{j=1}^{n}[a_{ij}-(w_i-w_j+0.5)]^2\right\} \quad (5-13)$$

成立。经过证明,由式(5-13)求得的排序向量满足如下关系:

$$w_i=\frac{1}{n}\left(\sum_{j=1}^{n}a_{ij}+1-\frac{n}{2}\right),\ i\in N \quad (5-14)$$

(5) 方法5(徐泽水,2002)　为了修正为方法3中排序权重取值范围较为狭窄,各方案排序权重差别不大,一般不易区别的问题,提出通过式(5-9)将矩阵转换为模糊一致性矩阵 $R_{ij}=(r_{ij})_{n\times n}$ 后,令 $R_i=\sum_{j=1}^{n}r_{ij}-0.5$,再对 R_i 进行归一化求得第 i 个属性的权重为

$$w_i=\frac{1}{(n-1)^2}\sum_{j=1}^{n}a_{ij}+\frac{\frac{n^2}{2}-2n+1}{n(n-1)^2},\ \forall i,j\in N \quad (5-15)$$

(6) 方法6(徐泽水,2000)　若 $A=(a_{ij})_{n\times n}$ 满足广义模糊一致性关系,则有

$$a_{ij}=\beta(w_i-w_j)+0.5,\ \forall i,j\in N,\ 0<\beta\leqslant 1 \quad (5-16)$$

两边对 j 求和,推导出第 i 个属性的权重为

$$w_i=\frac{\sum_{j=1}^{n}a_{ij}+\beta-\frac{n}{2}}{\beta n},\ i\in N,\ 0<\beta\leqslant 1 \quad (5-17)$$

(7) 方法7(樊治平和胡国奋,2000)　根据姚敏和黄燕君(1999)的研究,若 $A=(a_{ij})_{n\times n}$ 为一致判断矩阵,则

$$a_{ij}=0.5(w_i-w_j)+0.5,\ \forall i,j\in N, \quad (5-18)$$

若 $A=(a_{ij})_{n\times n}$ 不一致,则上式不成立,为此构造多目标最优化模型

$$\begin{cases}\min r_{ij}=|a_{ij}-(0.5w_i-0.5w_j+0.5)| \\ s.t.\ \sum_{j=1}^{n}w_j=1\quad w_j\geqslant 0\quad j\in N\end{cases} \quad (5-19)$$

然后将模型转化为线性目标规划问题求解。

(8) 方法8(姜艳萍和樊治平,2002)　该法是从拟合角度对式(5-18)的最优化问题

$$\begin{cases} \min z = \sum_{i=1}^{n}\sum_{j=1}^{n}[a_{ij} - (0.5w_i - 0.5w_j + 0.5)]^2 \\ s.t.\ \sum_{j=1}^{n} w_j = 1 \quad w_j \geqslant 0 \quad j \in N \end{cases} \tag{5-20}$$

这是一个二次规划问题，可转换为线性规划问题求得属性的权重。

(9) 方法 9(吕跃进，2002)　若 $A = (a_{ij})_{n\times n}$ 为一致判断矩阵，则

$$a_{ij} = \beta(w_i - w_j) + 0.5,\ \forall i,\ j \in N,\ (\beta \geqslant (n-1)/2 \text{ 且为常数}) \tag{5-21}$$

若 A 不一致，则上式往往不成立，为此

$$\begin{cases} \min z = \sum_{i=1}^{n}\sum_{j=1}^{n}[\beta(w_i - w_j) + 0.5 - a_{ij}]^2 \\ s.t.\ \sum_{j=1}^{n} w_j = 1 \quad w_j \geqslant 0 \quad j \in N \end{cases} \tag{5-22}$$

推导出权重为

$$w_i = \frac{\sum_{j=1}^{n} a_{ij}}{\beta n} + \frac{1}{n} - \frac{1}{2\beta},\ \beta \geqslant \frac{n-1}{2},\ \forall i,\ j \in N \tag{5-23}$$

当 $\beta = (n-1)/2$ 时，

$$w_i = \frac{2\sum_{j=1}^{n} a_{ij} - 1}{n(n-1)},\ i = 1,\ 2,\ \cdots,\ n \tag{5-24}$$

王玉燕(2005)对以上 9 种计算方法进行了详细的分析对比，根据各方法的科学合理性以及计算复杂程度，得出结论认为方法 9 是众排序方法中科学合理性强又满足可行性的方法，而且此方法的分辨率较高。

以上各种排序方法中，在方法 9 中的 β 取不同值时，均可得到其他排序方法，也即方法 1～8 均是方法 9 的特例。方法 9 中为保证 $w_i > 0$，必须有 $\beta \geqslant \frac{n-1}{2}$；且任意两个元素的权重之差 $|w_i - w_j|$ $(i,\ j = 1,\ 2,\ \cdots,\ n)$ 与 β 成反比，β 越小，元素间排序值的差异越大，故为提高分辨率，当 n 较大时，应取 $\beta = \frac{n-1}{2}$。当对四阶或四阶以上的判断矩阵，取 $\beta = \frac{n-1}{2}$ 时，以分辨率高低为评

价准则有：方法 9>方法 1>方法 5>方法 3。方法 4 和 6 均不能保证权重的非负性。方法 7 和 8 均采用规划的思想求解，虽然保证权重的非负性，但数值与权重的真实排序值有较大差异。方法 9 是众排序方法中既满足科学合理性又满足可行性的方法，因而本书采用方法 9 来求取各属性的权重向量。

5.2.3 模糊互补判断矩阵一致性检验

理想的判断矩阵应该满足一致性条件，若模糊互补判断矩阵 A 不满足一致性条件，则 A 为非模糊一致性互补判断矩阵。为了保证判断矩阵排序的可信度和准确性，我们有必要对判断质量进行一致性检验。这里介绍 3 种一致性检验方法：一致性比例检验法、统计检验法、简便检验法。

(1) 一致性比例检验法

该方法实际是通过公式转换，将互补矩阵转换成互反矩阵。经过证明，借助转换公式，互反判断矩阵与互补判断矩阵是一一对应的。原判断矩阵中的偏好信息，在变换后虽然在形式上发生了根本性变化，但决策者对任意两个方案优劣关系做出的判断经过数学变换之后并没有改变，原有偏好信息的一些特点被完整地传递到新的判断矩阵中。并且，互反判断矩阵的一致性程度与互补判断矩阵的一致性程度也相对应，两者的区分只是采用的标度不同，所构造的判断矩阵的表示形式不同。这样，就可借助于转换公式把互反判断矩阵的一致性比例检验法转换为模糊互补判断矩阵的一致性比例检验法。

为计算一致性比例检验，需要了解一下定义：

若 $A=(a_{ij})_{n\times n}$，$R=(r_{ij})_{n\times n}$ 为模糊互补判断矩阵，取 $c_{ij}=a_{ij}-r_{ij}$，$\forall i, j\in N$，则称 $C=(c_{ij})_{n\times n}$ 为 A，R 的偏差矩阵。可以证明偏差矩阵为反对称矩阵，即 $c_{ij}=-c_{ji}$。若 $A=(a_{ij})_{n\times n}$ 为模糊互补判断矩阵，其排序向量为 $w=(w_1, w_2, \cdots, w_n)^T$，取 $r_{ij}=\alpha(w_i-w_j)+0.5$，$\left(\alpha\geqslant\frac{n-1}{2}\text{ 且 }\alpha\text{ 为常数}\right)\forall i, j\in N$，有 $R=(r_{ij})_{n\times n}$ 为模糊一致性矩阵。

经过证明，若 $A=(a_{ij})_{n\times n}$ 为互反判断矩阵，$R=(r_{ij})_{n\times n}$ 为相应的模糊互补判断矩阵，则它们之间的转换公式为：

$$a_{ij}=\beta^{r_{ij}-0.5}\text{ 或 }r_{ij}=\log_{\beta}^{a_{ij}}+0.5\quad(\beta>1\text{ 且 }\beta\text{ 为常数})。\tag{5-25}$$

假设互反判断矩阵 $A=(a_{ij})_{n\times n}$ 的排序向量为 $w=(w_1, w_2, \cdots, w_n)^T$，相应的模糊互补判断矩阵为 $R=(r_{ij})_{n\times n}$ 的排序向量为 $v=(v_1, v_2, \cdots, v_n)^T$，

则有

$$\alpha(v_i - v_j) = \log_{\beta}^{w_i} - \log_{\beta}^{w_j}, \ \forall i, j \in N,$$

$$\left(\alpha \geqslant \frac{n-1}{2} \text{ 且 } \alpha \text{ 为常数}, \beta > 1 \text{ 且 } \beta \text{ 为常数}\right) \tag{5-26}$$

当互反判断矩阵 $A = (a_{ij})_{n \times n}$ 不一致时，其一致性指标 CI 为(Saaty，1980)：

$$CI = -1 + \frac{1}{n(n-1)} \sum_{1 \leqslant i \leqslant j \leqslant n} \left(a_{ji} \frac{w_i}{w_j} + a_{ij} \frac{w_j}{w_i}\right) \tag{5-27}$$

根据式(5-25)及式(5-26)，有 $w_i / w_j = \beta^{\alpha(v_i - v_j)}$，将其代入式(5-27)，有

$$\begin{aligned} CI &= -1 + \frac{1}{n(n-1)} \sum_{1 \leqslant i \leqslant j \leqslant n} (\beta^{r_{ij} - 0.5} \cdot \beta^{\alpha(v_j - v_i)} + \beta^{r_{ji} - 0.5} \cdot \beta^{\alpha(v_i - v_j)}) \\ &= -1 + \frac{1}{n(n-1)} \sum_{1 \leqslant i \leqslant j \leqslant n} (\beta^{r_{ij} + \alpha(v_j - v_i) - 0.5} + \beta^{r_{ji} + \alpha(v_i - v_j) - 0.5}) \\ &= -1 + \frac{1}{n(n-1)} \sum_{1 \leqslant i \leqslant j \leqslant n} (\beta^{r_{ij} - r_{ij}^*} + \beta^{r_{ji} - r_{ji}^*}) \\ &= -1 + \frac{1}{n(n-1)} \sum_{1 \leqslant i \leqslant j \leqslant n} (\beta^{c_{ij}} + \beta^{-c_{ij}}) \end{aligned}$$

$$(C = (c_{ij})_{n \times n} \text{ 为 } R, R^* \text{ 的偏差矩阵}) \tag{5-28}$$

这样，$CI = -1 + \frac{1}{n(n-1)} \sum_{1 \leqslant i \leqslant j \leqslant n} (\beta^{c_{ij}} + \beta^{-c_{ij}})$，($\beta > 1$ 且 β 为常数)即可认为是模糊互补判断矩阵的一致性指标。

Saaty 的一致性比例检验法是基于采用 1～9 标度构造的互反判断矩阵，而这里的互补判断矩阵是采用 0.1～0.9 标度构造。为了保证采用 0.1～0.9 标度的互补矩阵与采用 1～9 标度的互反判断矩阵相对应，为保证它们的一致性指标相衔接，这里取转换函数中的参数 $\beta = 81$，这样一致性指标为：

$$CI = -1 + \frac{1}{n(n-1)} \sum_{1 \leqslant i \leqslant j \leqslant n} (81^{c_{ij}} + 81^{-c_{ij}}) \tag{5-29}$$

称为模糊互补判断矩阵 $A = (a_{ij})_{n \times n}$ 的一致性检验指标。为区别于互反判断矩阵，这里记为 CIf。根据 Saaty 提出的一致性比例检验法原理：以 $CR = CI/RI$ 作为检验互反判断矩阵具有满意一致性的评判指标。其中 RI 为平均随机一致性指标(表 5-3)，因而模糊互补判断矩阵的一致性评判指标表示为：

$$CRf = \frac{CIf}{RI} \tag{5-30}$$

表 5-3　平均随机一致性指标

矩阵阶数	1	2	3	4	5	6	7	8
RI	0	0	0.52	0.89	1.12	1.26	1.36	1.41
矩阵阶数	9	10	11	12	13	14	15	
RI	1.46	1.49	1.52	1.54	1.56	1.58	1.59	

并认为当 $CRf < 0.1$ 时，A 符合一致性检验；否则 A 偏离一致性程度过大，无法准确评价每个属性的权重，需要进行重新构造对比矩阵或对 A 进行调整，以便使判断趋于一致，得到较合乎逻辑的排序。

模糊互补判断矩阵一致性比例检验法是通过互反判断矩阵的一致性比例检验法转换而来的，此法容易理解，简单易行。但此法与传统的一致性比例检验法具有同样的缺陷。

(2) 统计检验方法

设 $A=(a_{ij})_{n\times n}$ 为模糊互补判断矩阵，取

$$r_{ij}=\frac{1}{n}\sum_{k=1}^{n}(a_{ik}-a_{jk})+0.5,\ c_{ij}=a_{ij}-r_{ij},\ \forall i,\ j\in N \quad (5-31)$$

根据证明，可知 $A=(a_{ij})_{n\times n}$ 为模糊一致性矩阵。A 为模糊互补一致矩阵的充要条件是 $A=R$，也就是 A 为模糊互补一致矩阵的充要条件是 C 为零矩阵。由于问题的复杂性，决策者给出的模糊互补判断矩阵往往不是一致的，即 C 为非零矩阵。然而，因为人的主观理性判断存在着一致性的趋向，而不一致判断矩阵的产生认为是众多的随机干扰联合作用的结果，因此一个模糊互补判断矩阵 A 的偏差矩阵 C 中的元素 c_{ij} 可视作以 0 为均值的正态随机变量，由于偏差矩阵的发对称性有 $c_{ij}^2=c_{ji}^2$，于是可得到下面的定理：

设 $A_{ij}=(a_{ij})_{n\times n}$ 为模糊互补判断矩阵，$C_{ij}=(c_{ij})_{n\times n}$ 为其相应的偏差矩阵，则 $c_{ij}\sim N(0,\sigma_0^2)$，$\sigma_0^2$ 为常数，且诸 $c_{ij}(\forall i,\ j\in N)$ 相互独立，则统计量 $\chi^2=\frac{1}{\sigma_0^2}\sum_{1\leqslant i\leqslant j\leqslant n}c_{ij}^2$ 服从自由度为 $\frac{n(n-1)}{2}$ 的 χ^2 分布。显然模糊判断矩阵 $A_{ij}=(a_{ij})_{n\times n}$ 为模糊一致矩阵的充要条件是 $\chi^2=0$。因而，对于一个具有满意一致性的模糊互补判断矩阵 A，其相应的偏差矩阵 C 算出的上述统计量的观测量 χ^2 应较小。换言之，若 χ^2 过大，则认为模糊互补判断矩阵一致性较差。于是模糊互补判断矩阵 A 的一致性检验即成为如下的统计假设检验问题：

$$H_0: \sigma^2 \leqslant \sigma_0^2$$

对于给定的显著性水平 α，令 $A(\chi^2 \geqslant \chi_\alpha^2) = \alpha$，查自由度为 $\frac{n(n-1)}{2}$ 的 χ^2 分布表可得临界值 χ_α^2，当模糊互补判断矩阵 A 的观测值 $\chi_0^2 \geqslant \chi_\alpha^2$ 时，即可认为 A 满足一致性检验；反之，则认为 A 偏离一致性程度较大，需要调整。

偏差矩阵 $c_{ij} \sim N(0, \sigma_0^2)$ 中 σ_0^2 的大小反映了 c_{ij} 对数学期望 $Ec_{ij} = 0$ 偏离程度之大小。因此对常数 σ_0^2 的不同选取反映决策者对模糊互补判断矩阵具有"满意一致性"的不同要求。显然较小的 σ_0^2 值意味着对互补判断矩阵一致性要求较高。因此决策人可根据决策问题的具体情况以及个人偏好选取适当的 σ_0^2 值。一般可令 σ_0^2 取满足不等式 $0.01 \leqslant \sigma^2 \leqslant 0.04$ 的任何一值。鉴于 0.1～0.9 的标度限制对模糊互补判断矩阵中中低阶矩阵一般可取 0.01 或 0.02，高阶矩阵一般可取 0.03 或 0.04。

实际上，检验统计量

$$\chi^2 = \frac{1}{\sigma_0^2} \sum_{1 \leqslant i \leqslant j \leqslant n} c_{ij}^2 = \frac{1}{\sigma_0^2} \sum_{1 \leqslant i \leqslant j \leqslant n} \left[a_{ij} - \frac{1}{n} \sum_{k=1}^{n} (a_{ik} - a_{jk}) - 0.5 \right]^2$$

$$= \frac{1}{\sigma_0^2 n^2} \sum_{i=1}^{n} \sum_{j=i+1}^{n} \sum_{k=1}^{n} (a_{ij} - 0.5 - a_{ik} + a_{jk})^2 \tag{5-32}$$

统计检验法作为一种统计假设检验，其检验临界值依赖于显著性水平 α 的选取。与一般假设检验一样，α 可取 0.1，0.05，0.01 等几个水平，表 5-4 列出 3～9 阶判断矩阵在不同显著性水平下的临界值。

表 5-4　χ^2 检验临界值

显著水平 α \ 阶数	3	4	5	6	7	8	9
0.1	6.251	10.645	15.987	22.307	29.615	37.916	47.212
0.05	7.815	12.592	18.307	24.996	32.671	41.337	50.998
0.01	11.345	16.812	23.209	30.578	38.932	48.278	58.619

实践证明，统计检验法弥补了一致性比例检验法的某些不足(例如对低阶矩阵要求过松，对高阶矩阵要求过严的缺陷)，此外由于检验统计量中参数心以及显著性水平 α 的选定有一定的灵活性，即可由决策人根据决策问题的不同情况以及其个人偏好加以选定，这就为决策人留有较大的自由空间，由此得以展现决策艺术性的一面。

(3) 简便检验法

模糊互补判断矩阵的简便检验法适用于对模糊互补判断矩阵一致性程度的粗略估计,它具有简单易行,使用方便等特点。

设 $A=(a_{ij})_{n\times n}$ 为模糊互补判断矩阵,取

$$r_{ij}=\frac{1}{n}\sum_{k=1}^{n}(a_{ik}-a_{jk})+0.5, \tag{5-33}$$

$$c_{ij}=a_{ij}-r_{ij},\ \forall i,\ j\in N$$

则 R 为模糊一直矩阵,C 为 A、R 的偏差矩阵。若 A 为一致性矩阵,则 C 为零矩阵。但实际上,决策者给出的模糊互补判断矩阵往往不一致,这时就存在 i,j 使 $|a_{ij}-r_{jk}|\neq 0$,即 $c_{ij}\neq 0$,且 A 偏离一致性的程度越大,$\sum_{i=1}^{n}\sum_{j=1}^{n}|c_{ij}|$ 越大,完全可以把 $\sum_{i=1}^{n}\sum_{j=1}^{n}|c_{ij}|$ 作为评判互补矩阵 A 的一致性指标依据,又因偏离矩阵的反对称性,这里取

$$\rho=\frac{2}{n(n-1)}\sum_{1\leqslant i\leqslant j\leqslant n}|c_{ij}| \tag{5-34}$$

作为评判互补矩阵 A 具有"满意一致性"的指标,并称 ρ 为 A 的一致性简便指标。对于不具有满意一致性的模糊判断矩阵 $\rho>0$,且 ρ 越大,ρ 的一致性程度越差。可以给定一个临界值 $\varepsilon>0$:当 $\rho<\varepsilon$ 时,认为 ρ 具有满意一致性;否则 A 偏离一致性程度较大,需要重新构造判断矩阵或对其进行一致性校正。在实际应用中,一般对低阶矩阵取 $\varepsilon=0.2$,对高阶矩阵取 $\varepsilon=0.3$ 或 0.4。

5.3 群决策方法

目前,数据信息的有效集结和处理在经济、管理、军事等各个领域中的作用愈来愈突出,提出了一些性能良好的信息集结算子,如:极大(Max)和极小(Min)算子、加性加权平均(AWA)算子、加权几何平均(WGA)算子、有序加权平均(OWA)算子、有序加权几何平均(OWGA)算子等,其中 WGA 算子是一种简洁易行且应用广泛的信息集结算子,它的根本特点是:先根据每个数据的重要性对其加权,然后进行集结;OWGA 算子的根本特点是:对所给的数据信息按从大到小的顺序重新进行排序,并通过对数据所在的位置进行加权再进行集

结。文献(徐泽水,2003)结合这两种算子的优点,提出了一种集结数据信息的组合加权几何平均(CWGA)算子,并提出了一种基于 WGA 和 CWGA 算子的多属性群决策方法。本书采用此群决策方法,对所有决策者的决策信息进行集结。

(1) $CWGA$ 与 $CWGA$ 算子。

首先了解 WGA 的定义。设 WGA: $R^{+^n} \to R^+$, 若 $WGA_\omega(\alpha_1, \alpha_2, \cdots, \alpha_n) = \prod_{j=1}^{n} \alpha_j^{\omega_j}$,其中 $\omega = (\omega_1, \omega_2, \cdots, \omega_n)^T$ 为指数加权向量, $\omega_j \in [0, 1]$, $\sum_{j=1}^{n} \omega_j = 1$, 则称函数 WGA 是 n 维加权几何平均(WGA)算子。

$CWGA$ 的定义。设 $CWGA$: $R^{+^n} \to R^+$, 若 $CWGA_{\omega, w}(\alpha_1, \alpha_2, \cdots, \alpha_n) = \prod_{j=1}^{n} b_j^{\omega_j}$, 其中 $w = (w_1, w_2, \cdots, w_n)^T$ 是与 $CWGA$ 相关联的加权向量, $w_j \in [0, 1]$, $\sum_{j=1}^{n} w_j = 1$, 且 b_j 是一组数据 $\alpha_i^{n\omega_i}$ $(i \in N)$ 中第 j 个最大的元素,这里 $\omega = (\omega_1, \omega_2, \cdots, \omega_n)^T$ 是数据组 $\alpha_i (i \in N)$ 的指数权向量, $\omega_j \in [0, 1]$, $\sum_{j=1}^{n} \omega_j = 1$, n 是平衡因子,则称函数 $CWGA$ 是 n 维组合加权几何平均($CWGA$)算子。

$CWGA$ 不仅考虑了每个数据的自身重要性程度,而且还体现了该数据所在位置的重要性程度。因此,在实际应用中,该算子能更好地反映现实情况。

(2) 群决策方法。

对于某一多属性决策问题,设 X 和 U 分别为方案集和属性集, $D = \{d_1, d_2, \cdots, d_t\}$ 为决策者集。$\omega = (\omega_1, \omega_2, \cdots, \omega_n)^T$ 为属性的权重向量, $\lambda = (\lambda_1, \lambda_2, \cdots, \lambda_n)^T$ 为决策者的权重向量,其中, $\omega_j \in [0, 1]$, $\sum_{j=1}^{n} \omega_j = 1$, $\lambda_j \in [0, 1]$, $\sum_{j=1}^{n} \lambda_j = 1$。设决策者 d_k 给出方案 x_i 在属性 u_j 下的属性值 $a_{ij}^{(k)}$ $(a_{ij}^{(k)} > 0)$, 从而构成决策矩阵。若决策矩阵中元素的物理量纲不同,则需要对其进行规范化处理。假设决策矩阵 A_k 经过规范化处理后,得到规范化矩阵 $R_k = (r_{ij}^{(k)})_{n \times n}$ $(r_{ij}^{(k)} > 0)$。

利用 WGA 算子对决策矩阵 R_k 中第 i 行的属性值进行集结,得到决策者 d_k 所给出的决策方案 x_i 综合属性值 $z_i^{(k)}$:

$$z_i^{(k)} = WGA_\omega(r_{i1}^{(k)}, r_{i2}^{(k)}, \cdots, r_{im}^{(k)}) = \prod_{j=1}^{m} (r_{ij}^{(k)})^{\omega_j},$$
$$k = 1, 2, \cdots, t; i \in N \tag{5-35}$$

(3) 利用 $CWGA$ 算子对 t 个决策者给出的对决策方案 x_i 的综合属性值 $z_i^{(k)}$ $(k=1, 2, \cdots, t)$ 进行集结,得到决策方案 x_i 的群体综合属性值

$$Z_i = CWGA_{\lambda, w}(z_i^{(1)}, z_i^{(2)}, \cdots, z_i^{(t)}) = \prod_{k=1}^{t}(b_i^{(k)})^{w_k}, \ i \in N \quad (5-36)$$

其中 $w=(w_1, w_2, \cdots, w_t)^T$ 是与 $CWGA$ 相关联的加权向量, $w_k \in [0, 1]$, $\sum_{k=1}^{t} w_k = 1$, $b_i^{(k)}$ 是一组加权数据 $(z_i^{(1)})^{t\lambda_1}$, $(z_i^{(2)})^{t\lambda_2}$, $\cdots$, $(z_i^{(t)})^{t\lambda_t}$ 中第 k 个最大的元素, t 是平衡因子。

(4) 利用 $Z_i(i \in N)$ 对所有决策方案进行排序和择优。

(5) 结束。

该决策方法首先利用 WGA 算子进行纵向集结(即对一个决策者所给定的某一方案所有属性值进行集结),然后利用 $CWGA$ 算子对纵向集结结果进行横向集结(即对由不同决策者得到的同一方案综合属性值进行集结)。由于在一些决策过程中,往往会出现个别决策者受个人感情等主观因素的影响,对某些方案作出过高或过低的评价,从而会导致不合理的决策结果, $CWGA$ 算子不仅能充分考虑决策者的自身重要性程度,而且尽可能地消除这些不公正因素的影响,并增加中间值的作用(一般是对过高或过低的方案综合属性值赋予较小的权重),从而增强决策结果的合理性。

5.4 程序实现

本书基于 Matlab 平台开发了“基于全寿命期风险分析的工程方案决策系统”,图 5-2 为软件主界面。包括 4 个菜单:施工期风险分析、运营期风险分析、决策分析和帮助。

软件关于常规工期风险和成本风险主要基于蒙特卡罗模拟技术,基本原理参见本书第 2 章内容;对于施工期的偶然风险导致的人员伤亡、经济损失和工期损失是基于蒙特卡罗模拟技术结合事件树方法编制的,基本原理见本书第 3 章内容;运营期维护成本计算基于全寿命理念得到,对于工程方案的可靠性以及环境影响指标基于模糊综合评判和模糊层次分析法编制,基本原理为本书第 4 章内容;多目标决策过程主要基于本章节 5.2 节和 5.3 节所述内容,实现个体决策和群决策。软件的主要功能包括:

图 5－2　基于全寿命期风险分析的工程方案决策系统主界面

（1）可以对单个工程进行风险的定量分析。基于项目计划评审技术(PERT)对工程的工期做出预测，并结合各工序的成本(包括数量相关成本、时间相关成本和固定成本)，预测工程最终成本，工程的总成本及工期最终以概率分布的形式给出。根据对施工现场人数分布、灾害规模、承险体分布及价值的评估，并以地质灾害发生的概率作为输入参数(可根据数值模拟、可靠度计算、工程类比、专家调研等多种方法获得)，最终对风险事故做出风险定量评价。对工程灾害的后果，包括人员伤亡指标、工期损失指标、经济损失风险，给出定量的概率分布形式的评价。

（2）软件可以对多个工程方案进行风险决策。可基于施工期的 5 个指标进行评价，给施工方进行风险决策提出理论基础，确定最优的施工方案；可基于全寿命期的 8 个指标，可给投资方或政府部门选择最优方案提出理论依据。决策过程中，可采用个体决策或群决策。个体决策中采用 WGA 加权几何平均算子对各方案进行评价；群决策中，基于 CWGA 算子对各决策者的信息进行集结。

5.4.1　施工期风险分析

施工期风险分析，主要以本书第 2 章和第 3 章内容为基础，对工程方案的常规风险和偶然风险进行了定量分析。常规风险为工程方案顺利实施的情况下，施工工期以及常规成本的预测，经过计算后可给出成本-工期散点图(图 5－3)。偶然风险主要分析路堑方案中的滑坡风险和浅埋隧道中的塌方或冒顶风险，从人员伤亡风险、工期损失风险和经济损失三方面分析了偶然风险的后果。如图 5－4、图 5－5 所示为偶然风险导致的人员伤亡的概率分布以及人员伤亡综合指标分布。

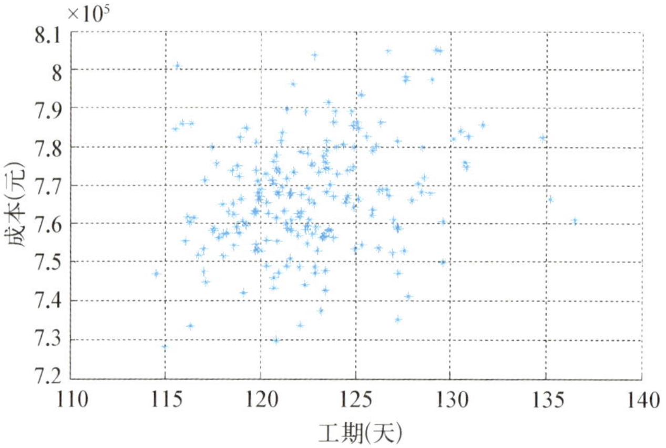

图 5－3　成本-工期散点图

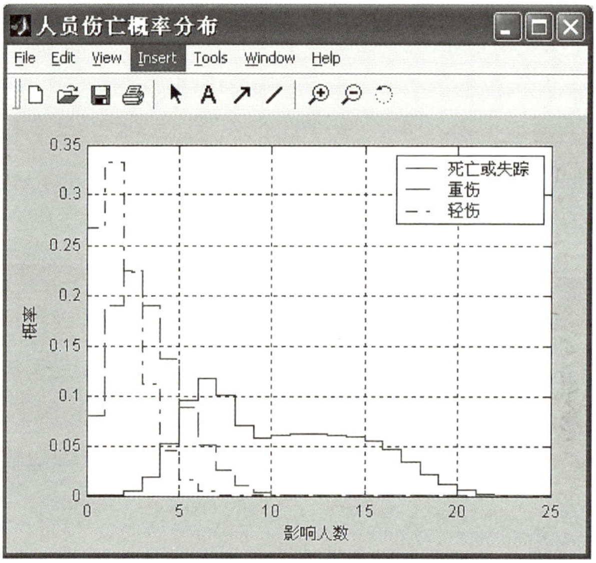

图 5－4　人员伤亡概率分布

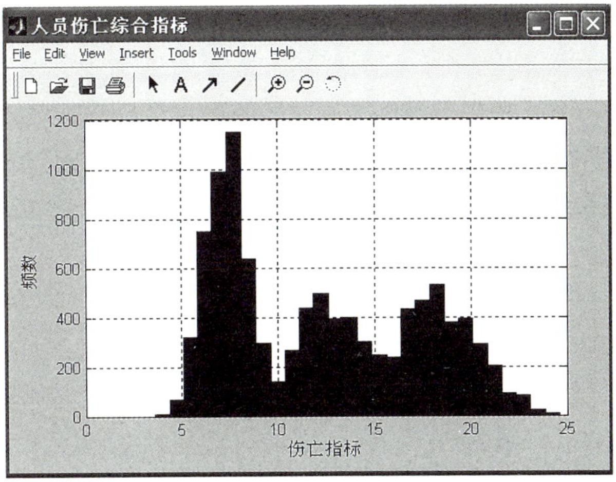

图 5 - 5　人员伤亡综合指标分布

5.4.2　运营期风险分析

运营期风险分析，主要以论文的第 4 章内容为基础，对工程方案的常规运营成本、工程方案的可靠性以及环境影响进行了定量的分析。运营成本主要包括运营成本和维修养护成本。方案可靠性评价主要通过模糊层次分析法和模糊综合评判法对不同的方案的长期稳定性、可维修维护性、变异(病害)及其他影响因素给出定量的评价指标。环境影响评价通过对生态环境的影响、社会环境的影响以及自然环境的影响的评价，给出定量的环境影响评价指标。图 5 - 6 所示为运营期风险分析菜单。

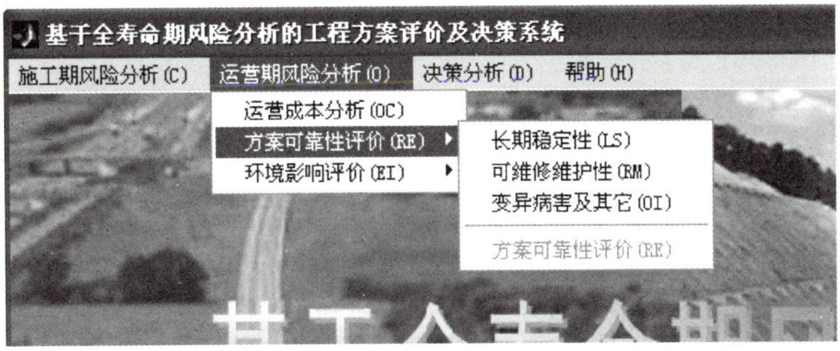

图 5 - 6　运营期风险分析菜单

运营成本分析：

(1) 运营费用：根据各方案的情况进行预测，如隧道的通风、照明等费用等。

(2) 维护费用：在计算维护费用时，需要注意以下概念：

① 贴现率　将未来支付改变为现值所使用的利率。示例：若年贴现率为10%，第二年的100元相当于当年的100×(1−10%)=90元钱，第三年相当于当年的100×(1−10%)×(1−10%)。

② 维护费用增长率，用来计算下次维修养护费用的增加值，体现工程结构的耐久性。

(3) 计算公式：

$$CO=\sum_{i=1}^{n}\frac{OC_i}{(1+r)^i}+\sum_{j=N1,\,N2,\,N3,\,\cdots}\frac{IMC_0^{1+\alpha\frac{j}{Mc}}}{(1+r)^j} \tag{5-37}$$

式中　OC_i ——第 i 年的运营费用；

r ——分析时的贴现率；

IMC_0 ——初始维修养护费用；

α ——维修养护费用增长率；

Mc ——维修周期；

$N1,\ N2,\ N3,\ \cdots$ ——进行维护时的年份。

方案可靠性及环境影响评价：

(1) 模糊综合评判法层次分析结构见图4-6和图4-7。

(2) 权重确定根据模糊综合评判和层次分析法求得。如图5-7所示为

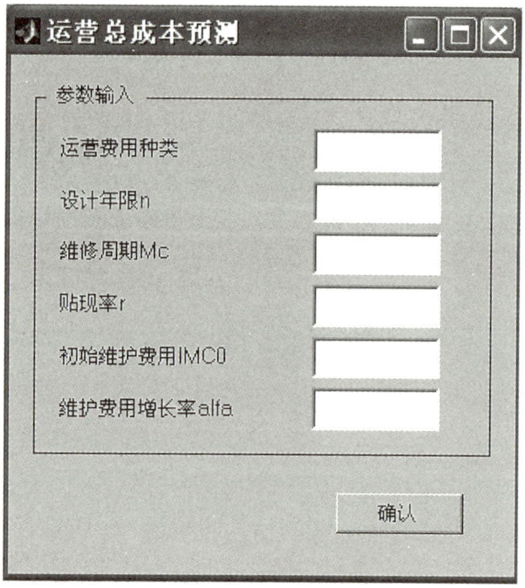

图5-7　运营成本预测

运营总成本计算界面，图 5-8 所示为模糊综合评判法评价自然环境影响程度。

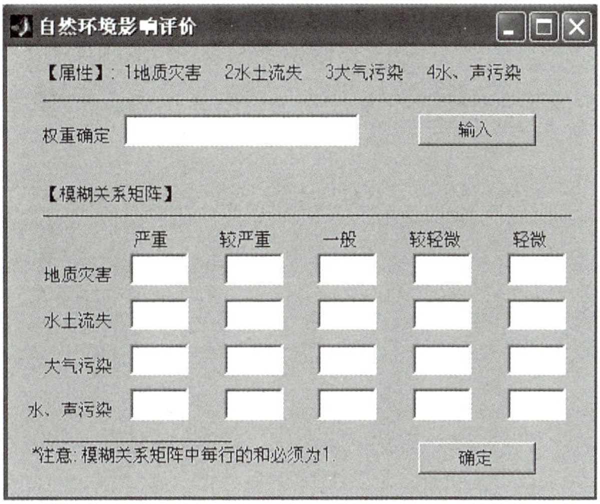

图 5-8　地质地形条件评价

5.4.3　决策分析

决策分析主要以本章前 3 节为理论依据。决策分析菜单下包括方案结果数据保存、施工期决策和寿命期决策 3 个下拉菜单。施工期和全寿命期决策又包含了个体决策和群决策两种方法，如图 5-9 所示。这里对每一个子菜单的基本用法与计算原理进行简单描述。

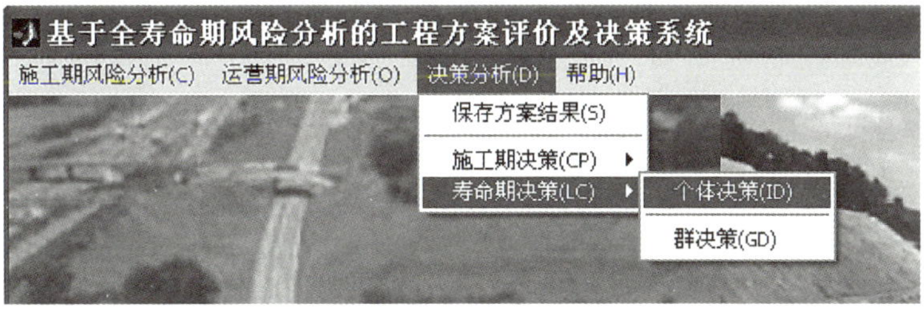

图 5-9　决策分析菜单

保存方案评价指标：对某一方案完成风险定量分析后，必须保存结果数据，用以记录风险定量分析结果。其中包括施工期的常规成本风险、常规工期风险、偶然风险导致的经济损失、人员伤亡和工期损失的蒙特卡罗样本数据结果，以及运营成本、环境影响指标和方案可靠性指标的评价指标值。

施工期个体决策：① 输入方案个数，对每一个方案进行决策指标的录入。这一步的目的是形成 n 个决策矩阵（n 为蒙特卡罗模拟次数，亦即决策次数）。② 施工期间决策指标的权重确定可直接输入或由 FAHP 获得。

施工期群决策：与个体决策相比群决策多了“决策者描述”一项。需要确定决策者个数、决策者权重以及 CWGA 集结权向量。① 决策者权重可直接输入或由 FAHP 方法获得。② 由于在决策过程中往往会出现个别决策者受个人感情等主观因素的影响，对某些属性的权重给出过高或过低的评价，从而会导致不合理的决策结果，引入了 CWGA 向量来增加中间值的作用，一般是对过高或过低的方案综合属性值赋予较小的权重，从而增强决策结果的合理性。如 4 位决策者的 CWGA 集结权向量可取为(0.1,0.4,0.4,0.1)，5 位决策者可取(0.1,0.25,0.3,0.25,0.1)等。因而 CWGA 是和为 1 长度为决策者数量的行向量，它的目的是减弱决策者情绪化或主观化导致的决策数据的偏差。③ 决策者个人确定属性权重同个体决策过程。

全寿命期个体决策以及全寿命期群决策与施工期基本一致。

5.4.4 部分参数输入界面

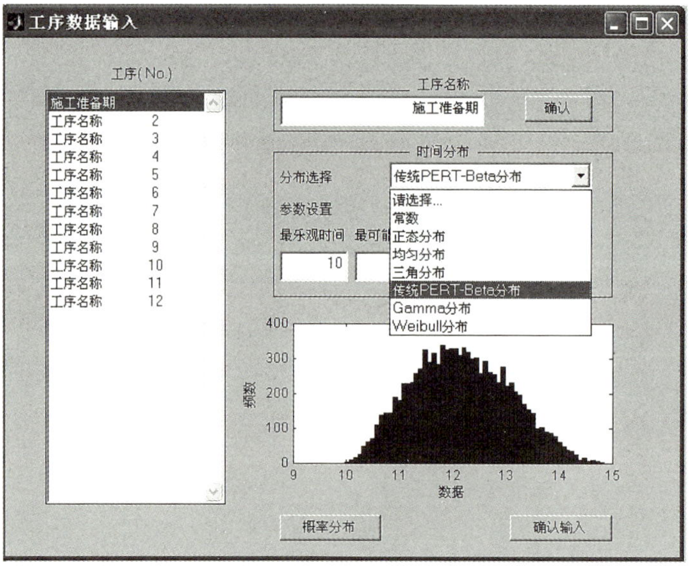

图 5-10 各工序时间输入并基于 PERT 模拟工期分布

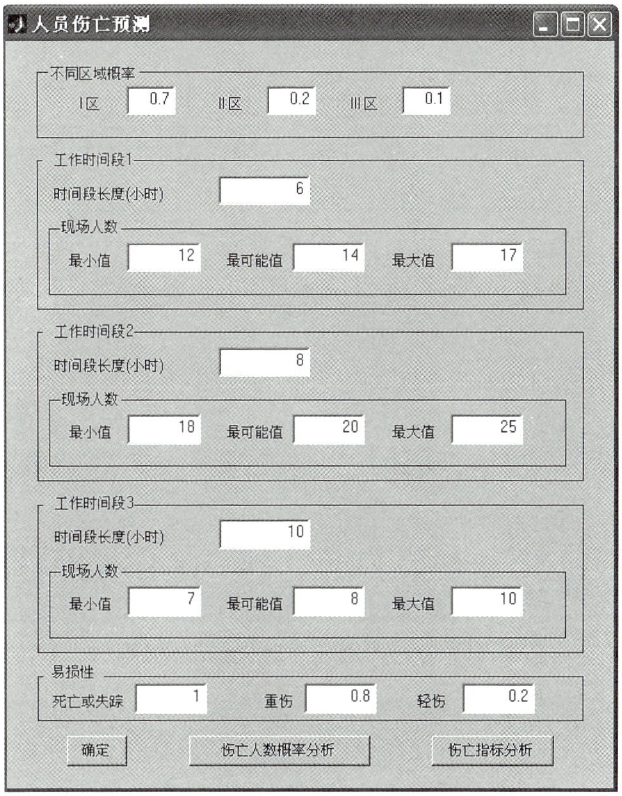

图 5 - 11　偶然风险导致的人员伤亡预测

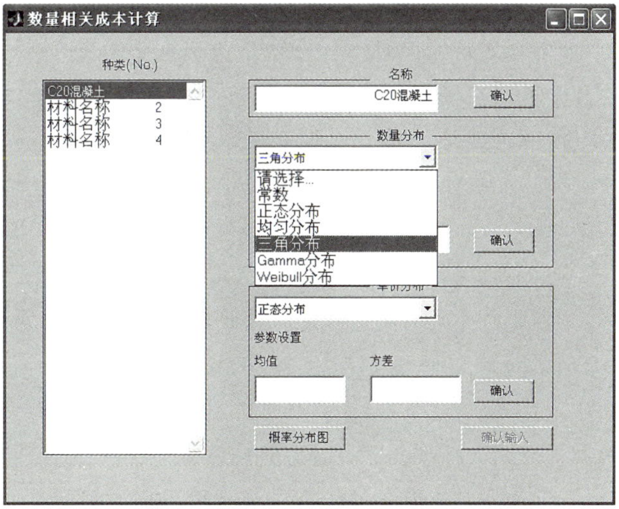

图 5 - 12　常规成本预测中数量相关成本输入

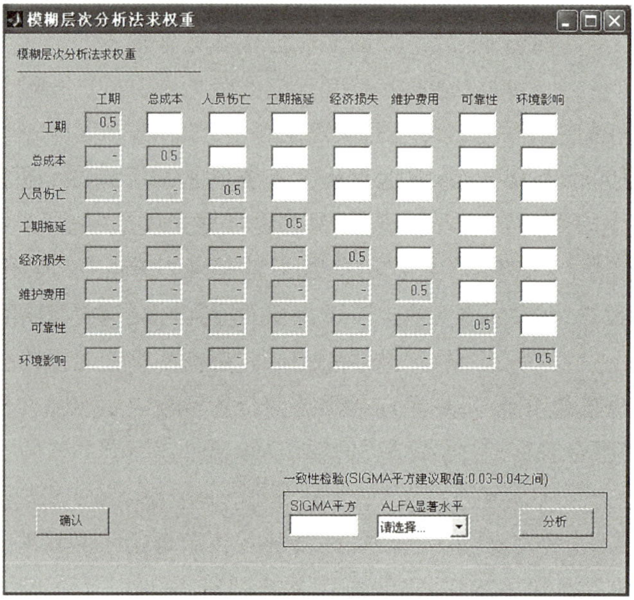

图 5-13　模糊层次分析法求取权重

5.5　本章小结

本章分析总结了常用的多目标决策集结算子，对模糊判断矩阵的构造方法、排序方法以及一致性检验方法进行了分析。最终确定使用加权几何平均算子(WGA)对单个决策者的决策信息进行集结，完成个体决策；使用组合加权几何平均算子(CWGA)对不同决策者的决策信息进行集结，完成群决策。并在此基础上，基于 Matlab 平台开发了基于全寿命期风险分析的工程方案决策系统。其中包括建设期风险分析、运营期风险分析和多目标决策模块。建设期模块包括对不同工程方案的常规工期、成本以及偶然风险导致的人员伤亡、工期损失和经济损失进行计算。运营期模块可对工程方案的运营成本、方案可靠性和方案对环境的影响进行评价。决策模块可提供个体决策以及群决策，可基于建设期风险分析进行决策，也可基于全寿命期风险进行决策。

第6章 应用案例

6.1 工程概况

云南省水富-麻柳湾(水麻)高速公路地处云贵滇东高原北部倾斜地带,地势南高北低,沿线地形复杂陡峻,起伏明显,气候呈立体垂直分布,风剥雨蚀,河谷切割剧烈,悬崖陡壁,危岩吊块随处可见,是非常典型的高山峡谷地形地貌。水富—普洱渡段第六合同大石盘段位于滇东北昭通市最北端水富县太平、两碗乡境内,路线长度 4.82 km,路线走向近南北。路线沿小溪沟右岸逆流而上,经三次跨越小溪沟换岸后至石桥隧道(K35+430～K35+525);后路线沿小溪沟左岸逆流而上,连续升坡,于 K37+000 到达大石盘对岸,经 K37+310 一次小溪沟换岸后至象鼻嘴,于 K37+390～K37+630 设象鼻隧道穿过象鼻嘴梁子;后继续沿河布线,经一次小溪沟换岸后,到达大石盘对岸,然后又到达河咀对岸,止于点 K39+600=7 合同起点。

现采用的浅埋隧道方案——石桥隧道采用左、右幅分开的整体式双跨连拱单洞单向行驶双车道隧道。隧道有效净宽:3.75×2+0.5×2+0.25×2+0.75=9.75 m,有效净高 5 m。隧道位于中切割尖顶状低、中山地貌的峡谷区,地形陡峻,悬崖陡壁多见,坡面凸凹不平,自然坡度大,进出口均高于谷底。隧道穿越陡峻斜坡山嘴,围岩地质构造变动小,单斜构造,节理裂隙不发育。地质调查和钻孔揭露,出露的地层上覆盖为第四系崩积、坡积的亚黏土含碎石、碎石土、块石土等组成,松散结构。伏基岩为紫灰、紫褐、灰绿红色泥岩、细砂岩、长石石英砂岩呈不等厚互层,呈层状结构,岩体质量指标 RQD=40%～95%,局部风化强烈,岩石破碎,强风化,碎石状,呈松散结构,厚度较薄,不均匀,变化大,岩层缓倾。基岩裂隙水预计涌水量微小,泥岩遇水易软化、崩解。

现有石桥隧道全长 95 m，最大埋深 28.7 m，属浅埋隧道，图 6-1 所示为研究区域的地形图。由于该隧道埋深浅且长度短，在初始设计方案中存在两种实施方案：挖方路堑方案和浅埋隧道方案。本章基于全寿命期风险分析的理论，从工程常规成本、常规工期，以及偶然风险导致的人员伤亡、工期损失、经济损失，同时考虑运营期间的运营维护费用、方案可靠性评价、环境影响评价对该区段的挖方路堑方案和浅埋隧道方案进行评价比选，帮助决策者选出合理的方案。

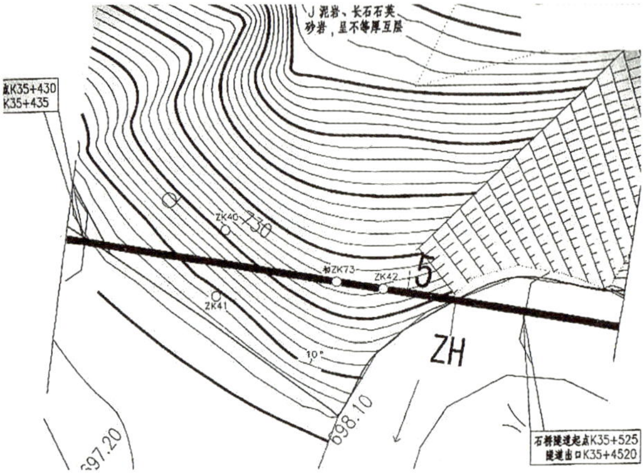

图 6-1　研究区域地形图

6.2　路堑边坡方案风险定量分析

6.2.1　施工期常规风险分析

根据本书 2.2 节关于工期风险的分析，可知导致常规工期风险的主要风险源有：气候风险源、施工中环境风险源、材料风险源、资金风险源、安全事故风险源以及其他风险源等。对于露天工作环境下的边坡开挖支护施工，气候风险源、施工中环境风险源是影响工程工期的最重要因素。

经过气象调查，施工区域属于亚热带季风气候，具有冬暖、春旱、夏热、雨量充沛、日照少的立体气候特点，年平均气温为 17.3℃，年平均降雨量超过 1 100 mm。图 6-2 为该区域 2004 年 10 月到 2007 年 5 月初共计 952 天的天气情况。由图可知，雨雪天总数所占比例达到 44%，阴天总数达到 33%。这样的气候条件对施工的顺利实施能够造成较为严重的影响，因而各道开挖及支护工序的持续时间不确定性较大，变化范围较广。若采用路堑削坡方案，其简化的网络施工计划图如图 6－3 所示。

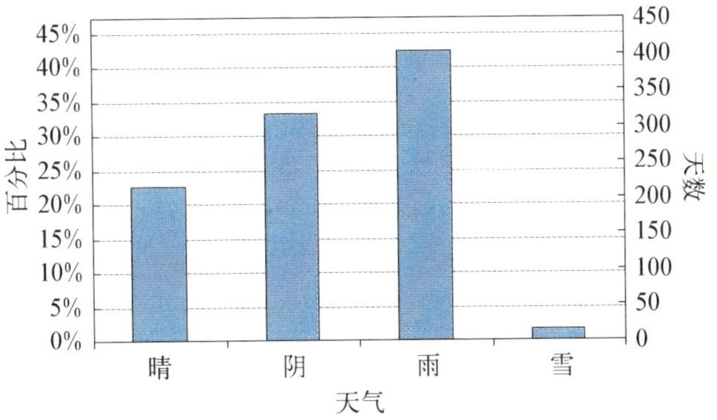

图 6－2　施工区域天气情况统计

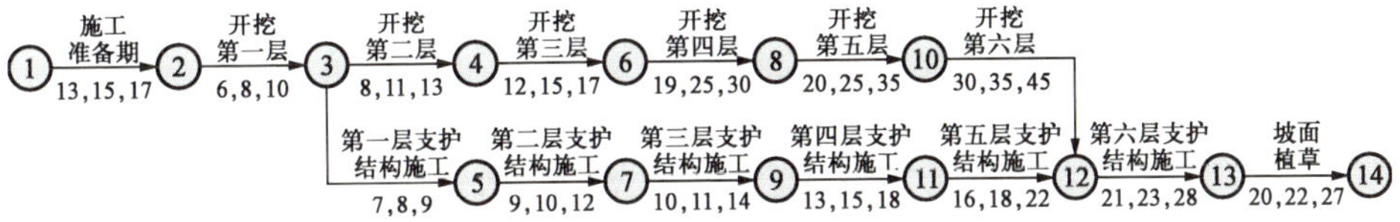

图 6－3　路堑边坡方案施工网络图

考虑气候影响、工程的地质地形条件等施工环境以及其他因素的影响，若假设深挖路堑方案的各施工工序的持续时间符合某种分布形式，就可基于规划评审技术 PERT，得到方案的可能工期范围。这里假设各工序的时间符合三角形分布(其特征参数如图 6－3 所示)，基于蒙特卡罗模拟技术，利用自编决策程序对该方案的工期模拟 10 000 次后，得到可能的工期范围如图 6－4 所示。根据结果，工期范围处在 175～227 天之间，平均工期为 200 天，工期变化范围 52 天，工期变化范围与均值比值为 52/200＝0.26，路堑方案工期不确定性程度较大。

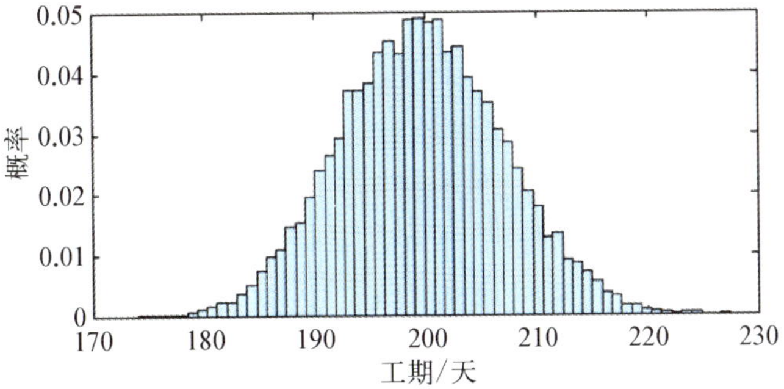

图 6－4　路堑边坡方案工期可能范围

按照本书 2.3 节所述的方法，对工程常规成本的计算采用工作包模型理论，将工程的每一道工序的成本分为时间相关成本、数量相关成本和固定成本进行计算，然后对各工序的成本分布情况进行估计。其中，时间相关成本主要为人工工资、机械租赁单价等；数量相关成本主要为一些建筑材料，如混凝土、钢筋、锚杆锚索，以及开挖土石方等的价格。由于缺乏相关数据，这里根据经验对以上工序的成本进行分析，利用程序最终得到采用路堑方案的总成本范围如图 6－5 所示。根据结果，成本处在 1 155 万元～1 380 万元之间，平均成本为 1 254 万元，成本变化范围 224.5 万元，成本变化区间长度与均值比值为 0.18。

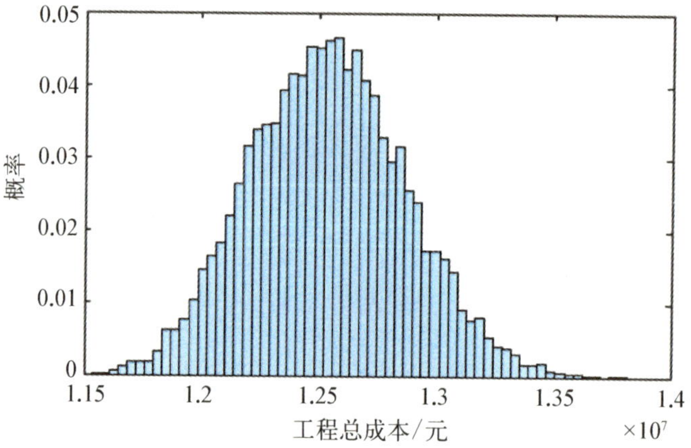

图 6－5　路堑边坡方案成本范围

6.2.2　滑坡风险分析

1. 概率分析

如本书 3.3 节所述，首先需要辨识出最危险的施工步。本书用有限元软件 PLAXIS 模拟施工开挖支护全过程。为简化分析，计算中岩土体采用了平均强度参数，应用有限元强度折减法，得到每一个施工步骤的边坡的安全系数，以此来评价边坡在开挖支护过程中的稳定情况。利用不稳定体的面积表针滑坡体积的大小，以此来反映滑坡后果的严重程度。

模拟工况分为 16 步，如表 6－1 所列。上覆层的平均黏聚力和内摩擦角取为 130 kPa 和 22°，伏基岩取为 200 kPa 和 27°，下层基岩计算时采用弹性模型。根据数值模拟结果(图 6－6，图 6－7)，自然状态下边坡的安全系数为 1.242。由于开挖卸载，工况 4、6、8 下边坡的安全系数有所增大，然而滑动面的位置基本与原始状态下的相同，滑坡面处在上覆层中。工况 10 到工况 14，当开挖至伏基岩层时，安全系数逐渐减小，工况 14 的安全系数最小为 1.131，最危险滑坡面位置仍然处在上覆层中。考虑到滑坡体积大小，承险体的数量与种类，以及各工况下安全系数的大小，确定工况 14 为最危险的施工步。因而风险分析将对这一施工步进行详细的分析。

表 6－1　开挖支护有限元模拟

模拟工况	描　述
工况 1	初始地应力计算
工况 2	自然状态下边坡的安全系数计算
工况 3	开挖第一层土
工况 4	计算工况 3 下边坡的安全系数
工况 5	开挖第二层土并施作第一层锚杆
工况 6	计算工况 5 下边坡的安全系数
工况 7	开挖第三层土并施作第二层锚杆
工况 8	计算工况 7 下边坡的安全系数
工况 9	开挖第四层土并施作第三层锚杆
工况 10	计算工况 9 下边坡的安全系数
工况 11	开挖第五层土并施作第四层锚杆
工况 12	计算工况 11 下边坡的安全系数
工况 13	开挖第六层土并施作第五层锚杆
工况 14	计算工况 13 下边坡的安全系数
工况 15	施作第六层锚杆
工况 16	计算工况 15 下边坡的安全系数

确定了最危险的施工步后，需要确定滑坡发生的概率，这里采用可靠度理论来分析滑坡发生的概率。计算采用 FLAC3D 软件，同时模拟锚杆支护效果，根据强度折减法计算各样本的安全系数，从而确定边坡发生滑塌的概率。根据现场地质勘察资料，各参数如黏聚力、内摩擦角、密度等假设服从正态分布。上覆层黏聚力 c 的均值为 130 kPa，其变异系数为 12.7%；内摩擦角 φ 均值为 22°，其变异系数为 10%；密度均值为 2 100 kg/m^3，其变异系数设为 6%。伏基岩黏聚力 c 的均值为 200 kPa，其变异系数为 15.5%；内摩擦角 φ 均值为

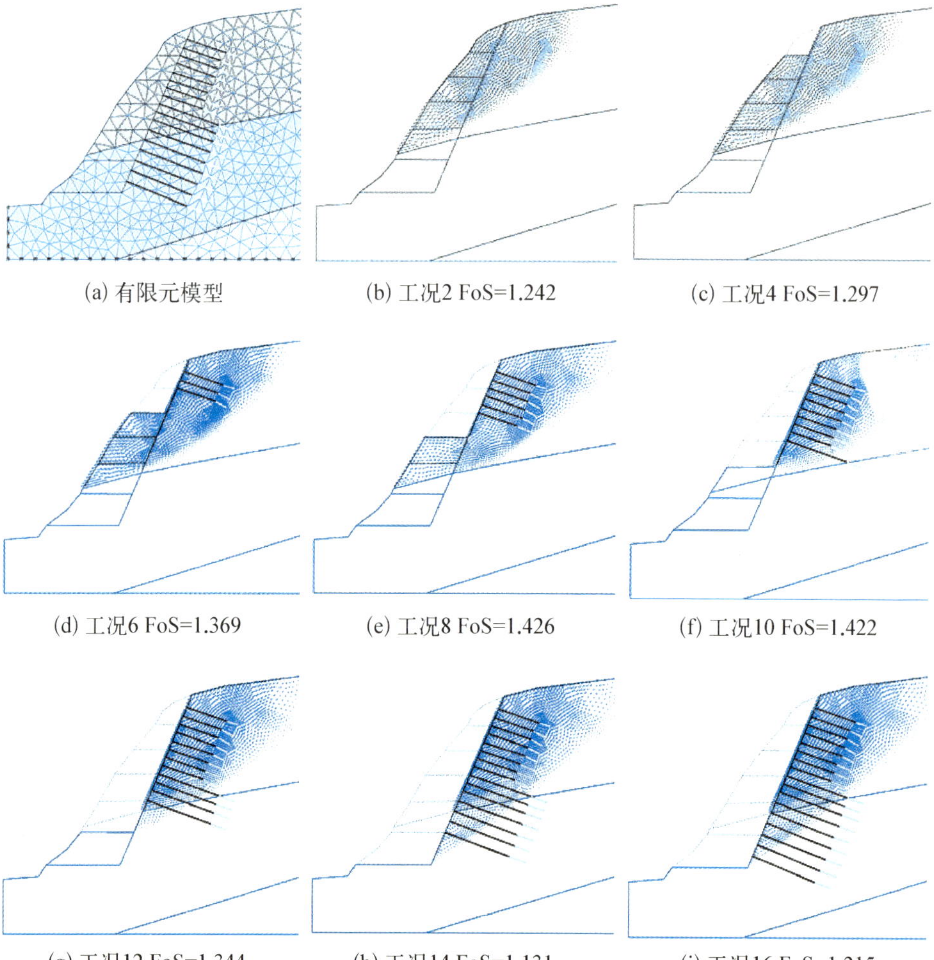

图 6-6　有限元模型及各工况的安全系数

27°，其变异系数为 9%；密度均值为 2 300 kg/m³，其变异系数设为 8%。基岩层黏聚力 c 取为定值 700 kPa；内摩擦角 φ 取为定值 35°；密度为 2 300 kg/m³。并且计算中，认为黏聚力与内摩擦角具有负相关性，$c-\varphi$ 的相关系数设为−0.5。

通过自编程序将 1 000 组数据带入 FLAC3D 来计算边坡的安全系数，并记录安全系数小于 1 的样本个数，从而确定边坡的失效概率。最终，经过计算在 1 000个样本中，其中 34 个样本所得安全系数小于 1.0，因而其边坡失效概率为 0.034(图 6-8)。

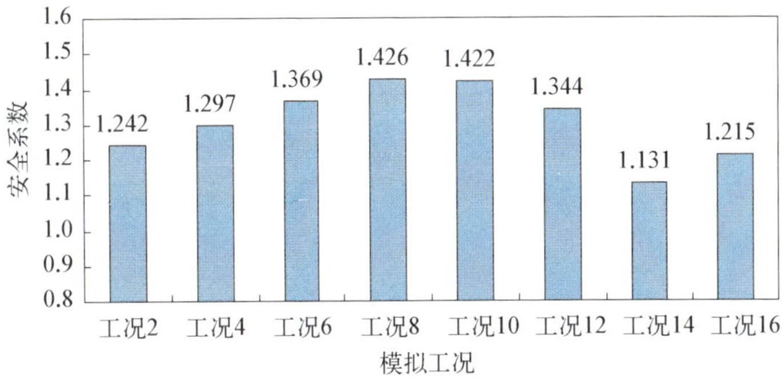

图 6 - 7 不同工况下的安全系数变化

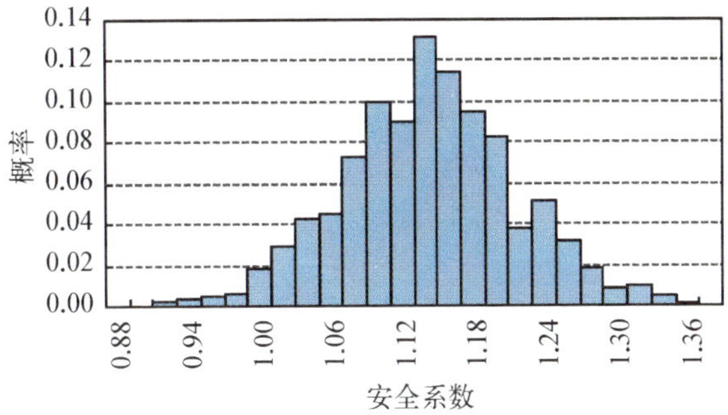

图 6 - 8 边坡安全系数柱状分布图

2. 后果分析

为确定边坡滑坡产生的后果,需要预测滑坡规模以及滑坡的可能影响范围。为更好模拟地形条件对边坡稳定性的影响,这里应用软件 ArcGIS9.0 对地形进行分析处理,如图 6 - 9 所示为路堑方案下的边坡地形信息,然后利用此地形信

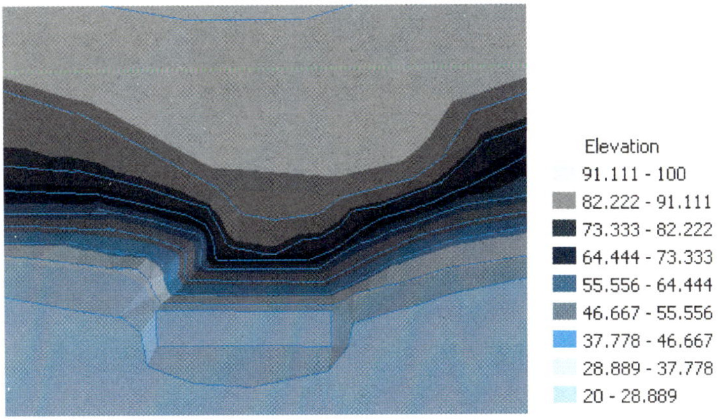

图 6 - 9 用 ArcGIS 绘制地形信息

息在 FLAC3D 里建模。

图 6－10 所示为 FLAC3D 中建立的三维模型，利用 FLAC3D 所得到的三维滑坡面的大概位置来确定可能的滑坡体积，如图 6－11 所示。根据最危险的施工步(工况 14)建立三维模型，用最大剪切应变率曲面代表滑坡面的大概位置，利用自编程序计算滑坡体的大概体积，最终计算得到滑坡的大概体积为 164 000 m^3。

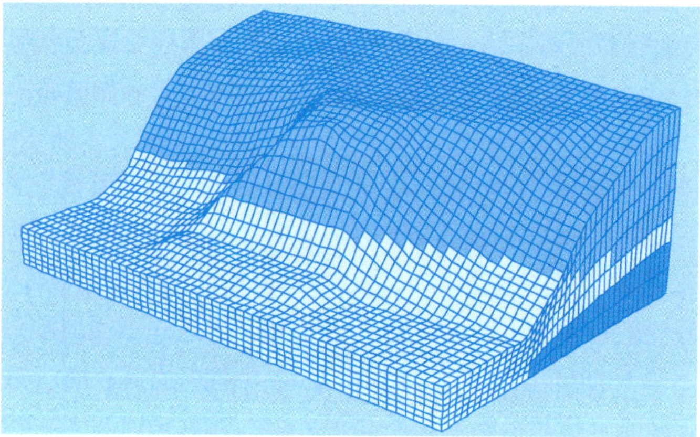

图 6－10　FLAC3D 三维计算模型

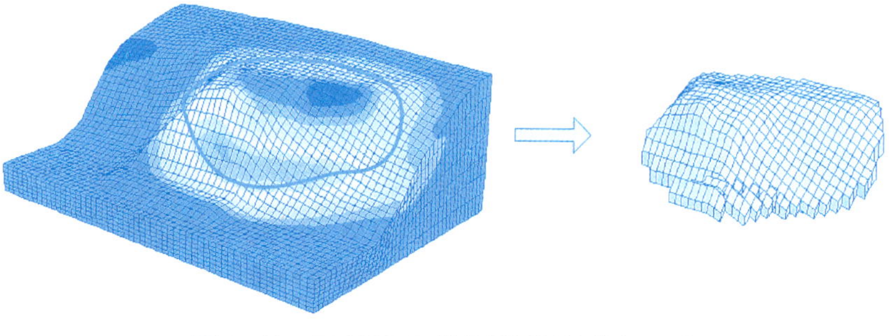

图 6－11　FLAC3D 三维模型及滑坡体积预测

利用颗粒流程序 PFC3D 来计算滑坡体可能的影响范围。根据 FLAC 所得到的滑坡面的位置，建立了 ball-wall 模型，计算中没有考虑支护结构。图6－12(a)所示为 ball-wall 模型的初始状态，图 6－12(b)所示为滑坡后的终了状态。根据计算结果，影响范围顺着路线走向长约 200 m，同时由于坡下即为小溪沟河床，滑坡体将堵塞河道并可能形成滑坡坝，构成次生灾害。直接影响区域为 200 m×100 m 靠近滑坡的区域。此区域内的承险体主要包括：施工人员、施工机械、已建支护结构以及由于滑坡体阻塞河道导致的次生灾害产生的影响。

(a) 三维模型

(b) 可能影响范围

图6-12 PFC3D三维模型及影响范围预测

(1) 人员伤亡分析

本书采用的方法中将滑坡影响区域分为三部分：死亡或失踪区(Zone Ⅰ)、重伤区(Zone Ⅱ)、轻伤区(Zone Ⅲ)。本例中3个区域的分布如图6-13所示。

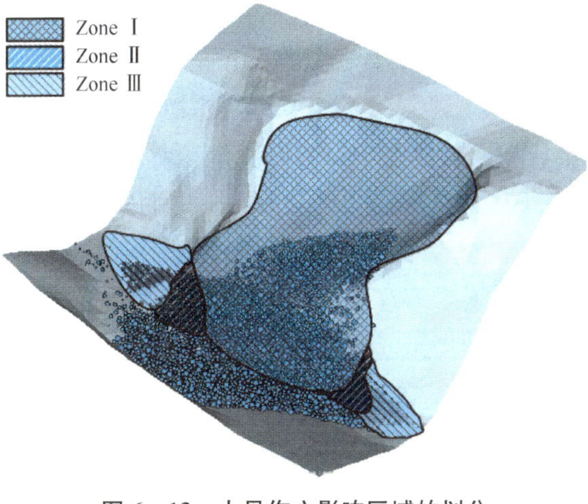

图6-13 人员伤亡影响区域的划分

对死亡失踪、重伤和轻伤的易损性建议值分别取为1.0、0.8和0.2。并根据3个区域的面积以及建筑工人在此工况的可能活动范围等可用信息，假定每个工人处于3个不同区域的概率假设分别为0.7、0.1和0.2。不同时间段现场施工人员数量如图6-14和表6-2所示。根据表6-2中所列数据，运用蒙特卡罗数值模拟，最终得到人员伤亡损失指标如图6-15(a)所示，施工人员伤亡个数及其相应概率如图6-15(b)所示，最终平均人员伤亡指标为10.0，相应的平均风险指标为0.34(10.0×0.034)。

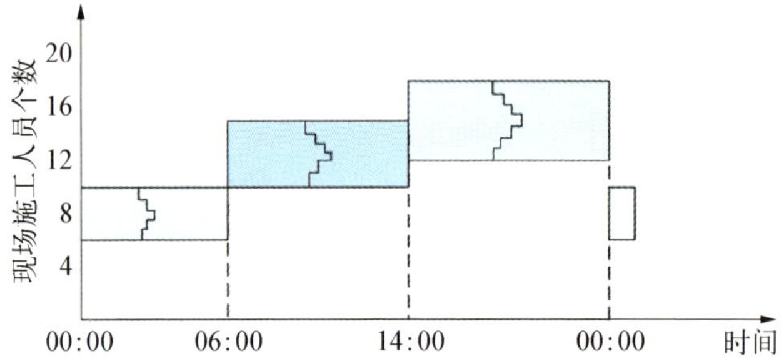

图 6-14　现场施工人员个数分布

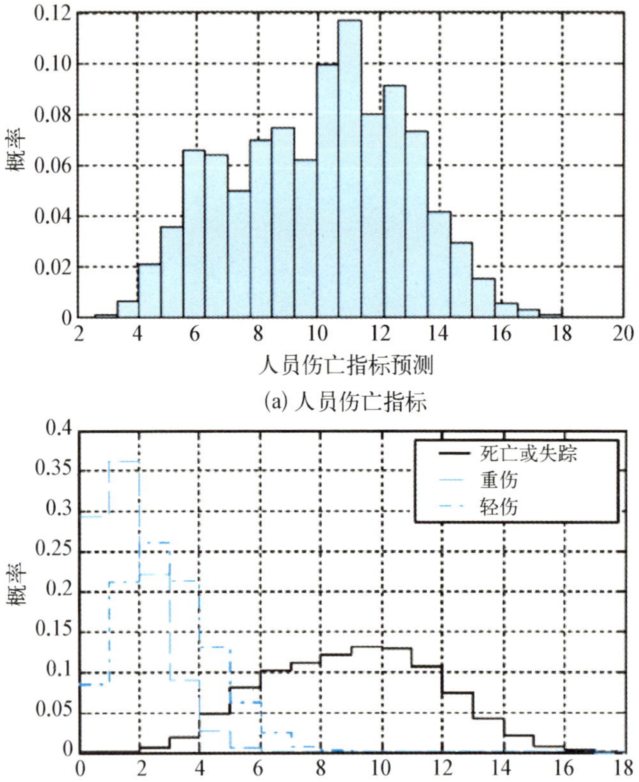

(a) 人员伤亡指标

(b) 不同受伤程度概率分布

图 6-15　人员伤亡分析

表 6-2　施工在场人员分析

施工人员				空间概率		易损性建议值
时间段	时间概率	数量范围				
11 p.m.～6 a.m.	0.29	最大值	6	Zone Ⅰ	0.7	1.0
		众　值	8	Zone Ⅱ	0.1	0.8
		最小值	10	Zone Ⅲ	0.2	0.2
6 a.m.～2 p.m.	0.33	最大值	10	Zone Ⅰ	0.7	1.0
		众　值	13	Zone Ⅱ	0.1	0.8
		最小值	15	Zone Ⅲ	0.2	0.2
2 p.m.～11 p.m.	0.38	最大值	12	Zone Ⅰ	0.7	1.0
		众　值	15	Zone Ⅱ	0.1	0.8
		最小值	18	Zone Ⅲ	0.2	0.2

（2）工期损失分析

边坡发生滑坡导致的工期损失主要包括清除塌方体时间、复工时间以及由于人员伤亡事故导致的停工时间。根据本书第 3 章内容，人员伤亡导致的停工时间长度与伤亡人数关系密切。文中假设对于不同的人员伤亡事故级别，对应不同的停工期限，并假设其符合均匀分布，本例中计算采用表 6-3 中数据。在作者编制的程序中，各伤亡事故的级别可直接根据滑坡导致的实际伤亡指数获得。根据对滑坡体体积的预测分析，需要清除的滑坡体体积为 60 000～80 000 m^3。假设每辆挖掘机的工作效率以及挖掘机的数量服从三角形分布。基于蒙特卡罗方法，清除塌方体的时间可由塌方体体积除以除碴效率得到。根据塌方的规模可知，潜在的受影响的工序主要包括开挖工序和支护工序，并预测假定工序的破坏程度比例。最终可得到工期损失范围，如图 6-16 所示。最终的工期损失范围为 132 到 210 天之间，均值为 165 天，相应平均工期损失风险为 165×0.034=5.61。

表 6-3　由于人员伤亡导致的停工时间

级　别		Ⅰ	Ⅱ	Ⅲ	Ⅳ
人员伤亡综合指标 I_{hi}		≥30	10～29	3～9	0～2
范围示例/天	乐观值	20	15	10	5
	悲观值	30	25	20	15

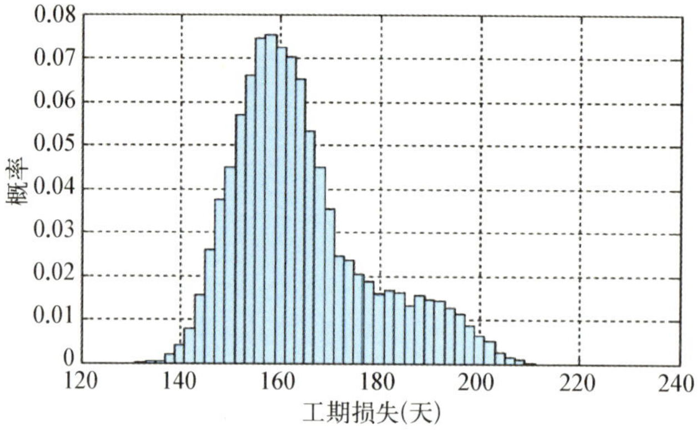

图 6-16　滑坡导致的工期损失范围

(3) 经济损失分析

对于该工程,现场的施工机械主要为挖掘机和铲运车。其损失可以表示为该种施工机械的平均净市值、受损机械个数、不同损伤程度易损性建议值的乘积。施工机械的损失与人员伤亡类似,与其时间概率和空间概率相关。一旦边坡发生滑塌,处在不同区域的机械产生的经济损失预测如表 6-4 所示,根据此数据运用蒙特卡罗方法可以计算得到由于施工机械损坏而导致的经济损失。

表 6-4　施工现场施工机械损失预测

施工设备	数　量		空间概率		损伤程度	易损性建议值	现值/万元	经济损失/万元
挖掘机	最小	1	Zone Ⅰ	0.9	Ⅰ	0.5	100	50
	众值	2	Zone Ⅱ	0.1	Ⅱ	0.3		30
	最大	3	Zone Ⅲ	0	Ⅲ	0.05		5
铲运车	最小	1	Zone Ⅰ	0.8	Ⅰ	0.5	30	15
	众值	1	Zone Ⅱ	0.1	Ⅱ	0.3		9
	最大	2	Zone Ⅲ	0.1	Ⅲ	0.05		1.5

施工复旧费用可大致根据损坏已有结构产生的经济损失来计算,根据建设支护结构成本以及滑坡导致的相应工序的影响程度来确定。根据塌方规模,受到影响的工序为各支护工序,受到损坏的结构主要包括锚杆、锚索、框格梁、截排水沟等。根据这些工序的建设成本,得到平均损失约为 890 万元。同时,从三维模拟中得到,需要清除的滑坡体体积为 60 000～80 000 m^3,这里假

设塌方体的体积符合三角形分布，并认为最可能的体积为 70 000 m^3。若当地清除塌方的价格约 10 元/m^3，最终可得到清除塌方体的平均损失约为 70 万元。工期损失导致的经济损失也可以由概率曲线来表示。这里主要计算时间相关成本包括工资、管理费等，拖延时间可能范围已由上一节得到，范围为 132～210 天。若管理费的最小值、最可能值和最大值分别为 2 000 元/天、2 200元/天和 2 300 元/天时，最终可由蒙特卡罗法得到由于工期损失导致的损失为 28 万～40 万元。总的经济损失为上述几项经济损失之和。图6－17 所示为一旦滑坡发生的最终经济损失范围。由图可以看出经济损失范围为 960 万～1 270 万元。总损失平均值约为 1 100 万元，相应的平均风险损失约为 37.4(1 100×0.034)万元。

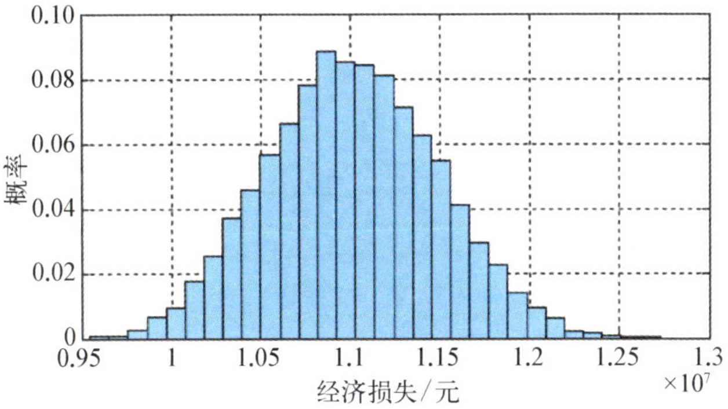

图 6－17　滑坡产生的经济损失范围

6.2.3　运营期风险评价

运营期风险评价主要包括运营维护成本的预算、工程方案的可靠性评价以及工程方案对环境的影响评价。

1. 运营维护费用

本工程若采用路堑边坡方案，运营费用主要为边坡草皮的日常维护。根据文献查阅，采用绿化工程时，平均管理费用在 0.3～0.5 元/年・m^2。本方案中坡面面积约为 5 000 m^2，按 0.5 元/年・m^2 计算，每年的运营费用为 2 500 元/年。维修成本主要为护坡结构以及排截水沟的维修费用。假设寿命周期为 50 年，每隔 5 年维修一次，且初始维修费用为 5 000 元。

根据式(4－5)，并假定贴现率为 0.02，维修费用增长率为 0.02。最终算的边坡路堑方案的最终运营费用约为 17.4 万元，如图 6－18 所示。

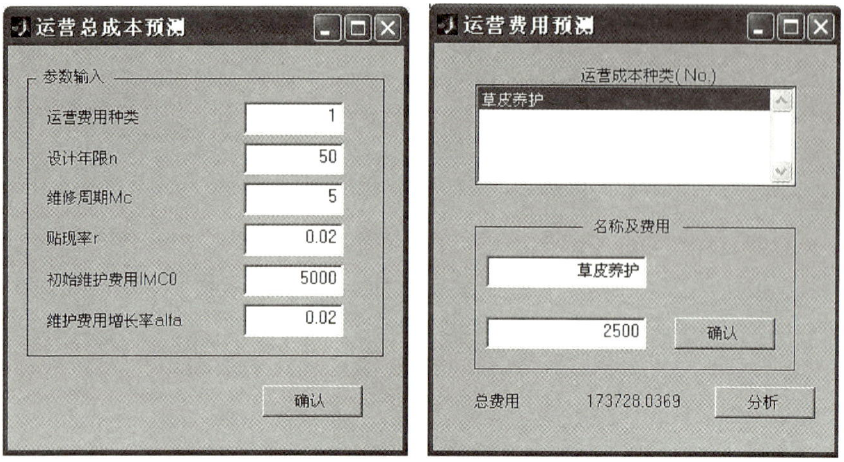

图 6-18　路堑方案的运营维护费用计算

2. 方案可靠性指标

根据本书 4.3 节关于不同方案可靠性的评价方法，首先对方案的长期稳定性进行评价，对影响长期稳定性的地形地貌条件、岩土体岩性、地质构造、气候及水文条件、不良地质及特殊岩土体 5 项指标的权重应用 FAHP 方法确定，最终获得 5 项指标的权重向量为(0.19 0.22 0.15 0.25 0.19)，如图 6-19 所示。然后建立模糊关系矩阵，评价岩土体地形地质条件对边坡可靠性的影响，这里主要基于多相模糊统计法获得隶属度，如图 6-20 所示。

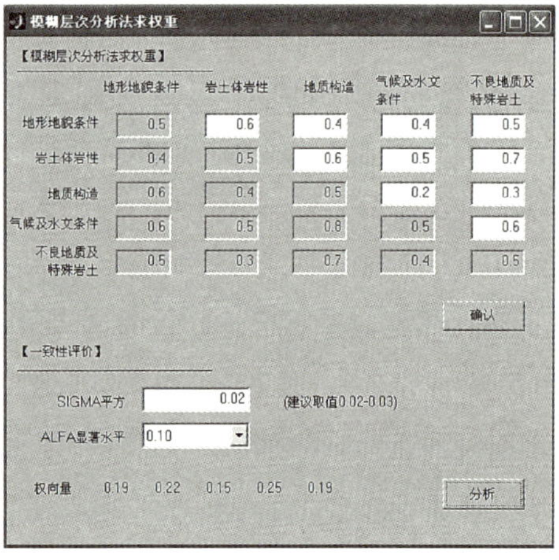

图 6-19　长期稳定性影响因素权重确定

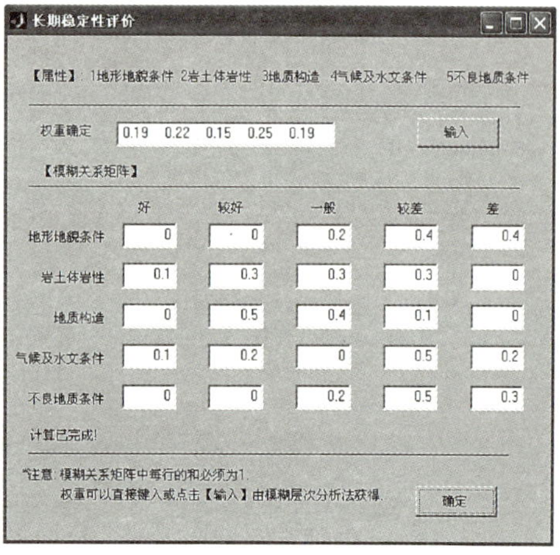

图 6-20　长期稳定性对边坡可靠性的影响

同理,对方案可维修(护)性、方案的变异(病害)及其他影响因素做出评判,如图 6 - 21 和图 6 - 22 所示。

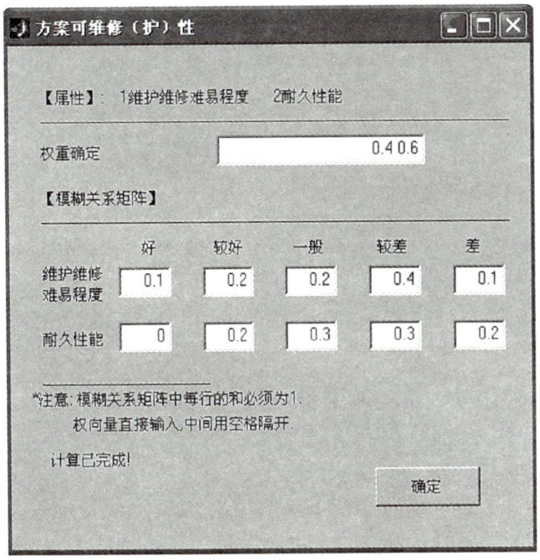

图 6 - 21　可维修(护)性对路堑边坡可靠性的影响

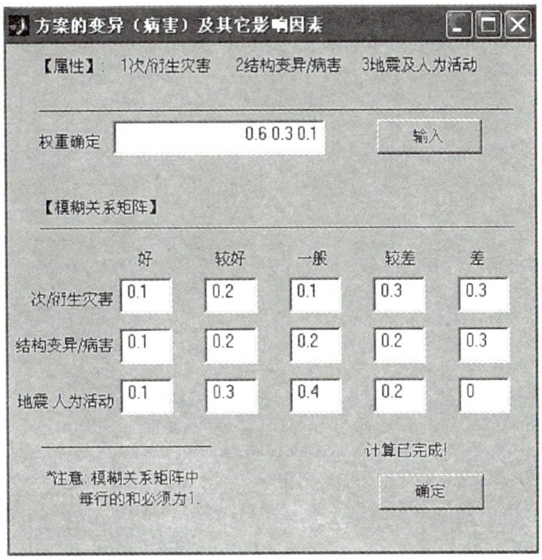

图 6 - 22　变异(病害)及其他因素对路堑边坡可靠性的影响

通过模糊综合评判,最终得到路堑方案的可靠性指标为 2.584 8,方案可靠性一般,如图 6 - 23 所示。

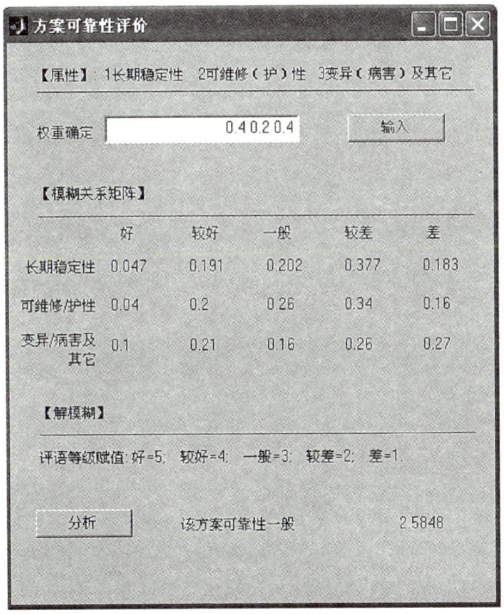

图 6 - 23　路堑边坡方案可靠性评价

3. 环境影响评价指标

环境影响评价分为社会环境影响、自然环境影响和生态环境影响三类进行评价。根据本书 4.4 节理论,本书开发了相应的环境影响评价模块,其评价机理同可靠性指标的评价。最终,得到路堑方案的环境影响指标较严重,评价指标值为 3.522 8,如图 6 - 24 所示。

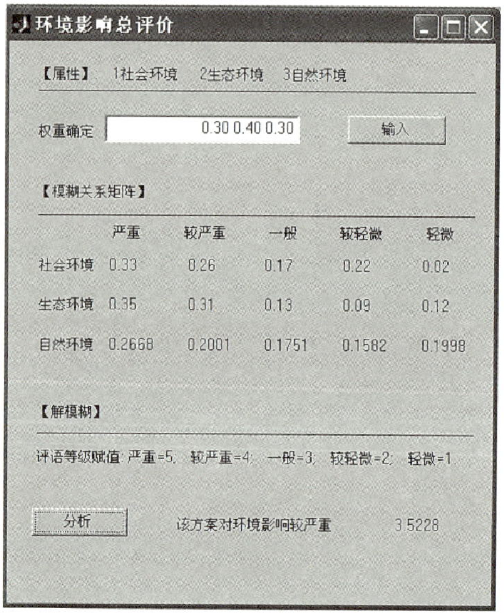

图 6 - 24　路堑边坡方案的环境影响评价

6.3　浅埋隧道方案风险定量分析

6.3.1　施工期常规风险分析

相对于深挖路堑方案,由于在洞内作业,浅埋隧道方案受天气的影响因素要小很多。若采用浅埋隧道方案,其简化的网络施工计划图如图 6 - 25 所示。

若每一道工序的时间符合三角形分布(图 6 - 25),利用蒙特卡罗模拟技术,模拟 10 000 次后,得到可能的工期范围如图 6 - 26 所示。由于浅埋隧道方案施工工序较路堑方案复杂,因而其工期较深挖路堑方案长,其平均工期为 280 天。然而由于受到外界气候条件的影响较小,工期变化范围也较小为 32 天。变化范

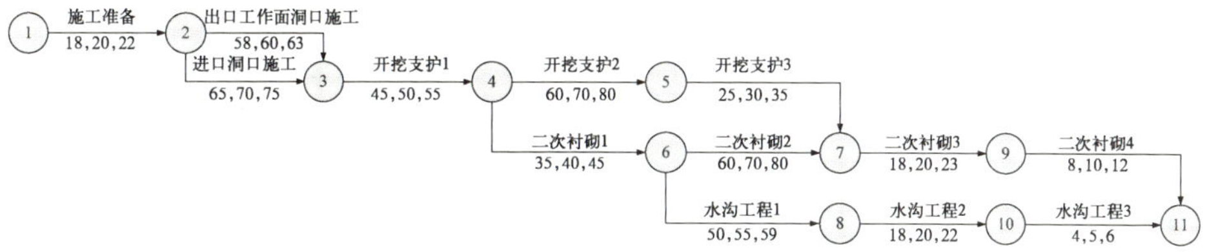

图 6 - 25　浅埋隧道方案施工网络图

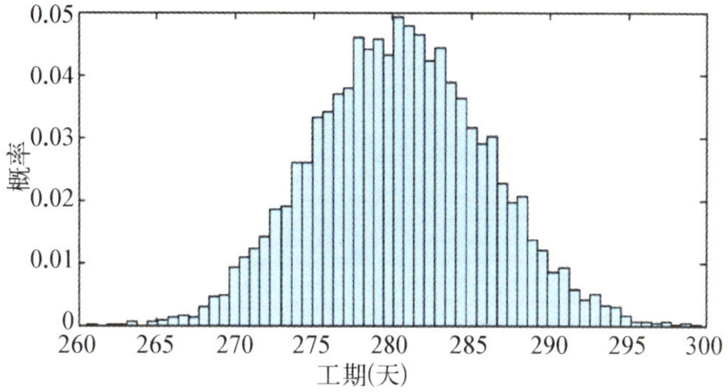

图 6 - 26　浅埋隧道方案工期可能范围

围与均值比值为 0.114，较路堑边坡方案的 0.26 小得多，不确定性程度较路堑方案小。

与深挖路堑方案相似，经过对各工序的成本进行分析，按照本书 2.3 节所述的方法，最终得到采用浅埋隧道方案的总成本范围如图 6 - 27 所示（由于缺乏相关数据，部分数据根据经验取值）。

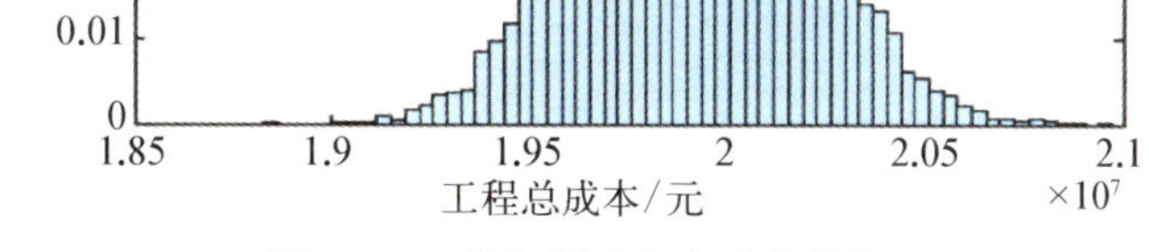

图 6 - 27　浅埋隧道方案成本范围

6.3.2 塌方冒顶风险分析

1. 概率分析

本书基于可靠度理论分析隧道塌方的概率。采用有限元软件 ANSYS/PDS 来计算隧道围岩失稳概率。计算中围岩采用 D－P 模型，衬砌采用梁单元模拟，锚杆采用杆单元，混凝土衬砌及中墙认为为弹性材料。开挖施工分为 8 步，如图 6－28 及表 6－5 所示。

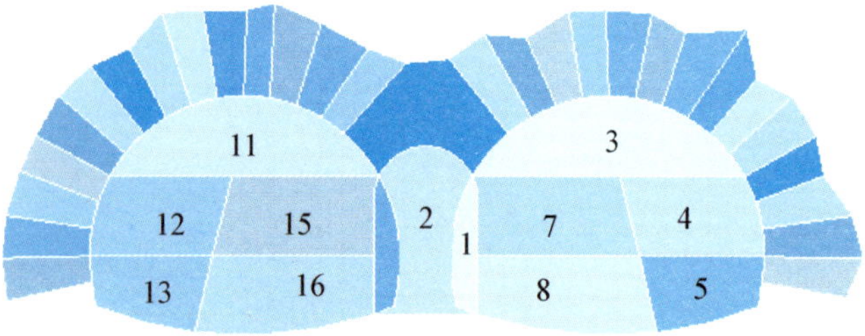

图 6－28 分布开挖示意图

表 6－5 开挖支护有限元模拟

模拟工况	描　　述
工况 1	自重计算，记录节点初始位移
工况 2	中导坑超前开挖，灌注中墙
工况 3	3、4、5 右线隧道开挖
工况 4	分步施作喷、锚、网、支护
工况 5	7、8 步右线隧道核心土开挖及施作仰拱
工况 6	11、12、13 左线隧道开挖
工况 7	分步施作喷、锚、网、支护
工况 8	15、16 步左线隧道核心土开挖及施作仰拱

可靠度计算中，认为围岩的强度和刚度参数、混凝土的刚度参数、喷射混凝土的厚度、锚杆的角度以及锚杆的长度均为随机变量，且假设各参数均符合正态分布。

(1) 载荷作用参数的概率分布

根据该隧道地质勘查报告和相关规范确定岩体的参数，岩体物理力学参数如表 6－6 所列。

表 6-6　围岩的物理力学参数统计表

力学参数	弹性模量 E/($\times 10^3$ MPa)	泊松比 μ	黏聚力 C/MPa	内摩擦角 φ/°	密度/($kg \cdot m^{-3}$)
均值	3.1	0.28	0.2	27	2 300
标准差	0.76	0.01	0.031	2.43	184
变异系数	0.245	0.036	0.155	0.09	0.08
分布类型	正态分布	正态分布	正态分布	正态分布	正态分布

(2) 支护结构参数的概率分布

计算中重点考虑锚杆长度、角度的不确定性、喷射混凝土材料性能以及喷层厚度的不确定性，而视其他抗力参数为常量，分布如表 6-7 所列。

表 6-7　支护参数统计

力学参数	喷射混凝土弹性模量 E ($\times 10^3$ MPa)	喷射混凝土厚度(cm)	锚杆长度(m)
均值	21	30	3.0
标准差	3.8	5.0	0.3
变异系数	0.181	0.167	0.10
分布类型	正态分布	正态分布	正态分布

计算中，锚杆的角度的不确定性随垂直度增大而增加，具体不确定情况如表 6-8 所列，其中各锚杆编号如图 6-29 所示。

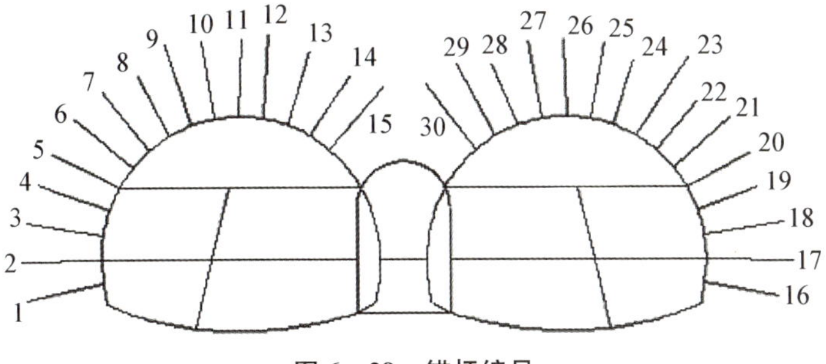

图 6-29　锚杆编号

表 6-8　锚杆角度的不确定性

锚杆编号	1	2	3	4	5	6	7	8	9	10
偏离设计位置标准差/°	1	1	1	2	2	2	2	2	3	3
锚杆编号	11	12	13	14	15	16	17	18	19	20
偏离设计位置标准差/°	3	3	3	2	2	1	1	1	2	2
锚杆编号	21	22	23	24	25	26	27	28	29	30
偏离设计位置标准差/°	2	2	2	3	3	3	3	3	2	2

根据拱顶的收敛位移大于限定值的标准来确定围岩失稳概率。根据《公路隧道设计规范》，复合式衬砌初期支护的允许洞周相对收敛值应根据围岩地质条件划分。当围岩级别为Ⅳ级，隧道埋深深度小于 50 m 时，允许洞周水平相对收敛值为 0.15%～0.50%。本隧道为整浇曲中墙的整体式双跨连拱结构，单跨净宽为 10.8 m，净高为 6.9 m。结合隧道围岩的硬度以及实际地质情况，这里取允许收敛值为 8.0 mm。经过 915 次有效计算，收敛位移大于 8.0 mm 的概率为 0.051。因而，认为此浅埋隧道在开挖时的失稳概率为 0.051。如图 6-30 所示。

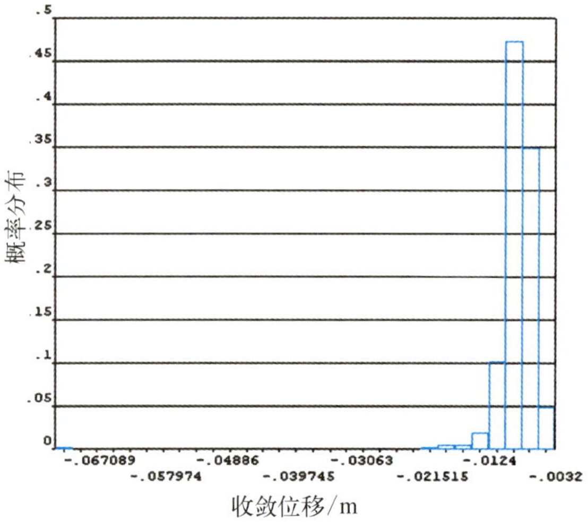

图 6-30　收敛位移分布图

2. 后果分析

人员伤亡指标计算方法与滑坡风险人员伤亡类似，但显然塌方导致的人员伤亡要比滑坡少得多。根据表 6-9 中数据，最终获得人员伤亡损失如图 6-31 所示。

表 6－9　人员伤亡分析

施工人员				空间概率		易损性建议值
时间段	时间概率	数量范围				
11 a.m.～6 a.m.	0.29	最小值	3	Zone Ⅰ	0.3	1.0
		众　值	5	Zone Ⅱ	0.5	0.8
		最大值	7	Zone Ⅲ	0.2	0.2
6 a.m.～2 p.m.	0.33	最小值	4	Zone Ⅰ	0.3	1.0
		众　值	7	Zone Ⅱ	0.5	0.8
		最大值	10	Zone Ⅲ	0.2	0.2
2 p.m.～11 p.m.	0.38	最小值	6	Zone Ⅰ	0.3	1.0
		众　值	9	Zone Ⅱ	0.5	0.8
		最大值	13	Zone Ⅲ	0.2	0.2

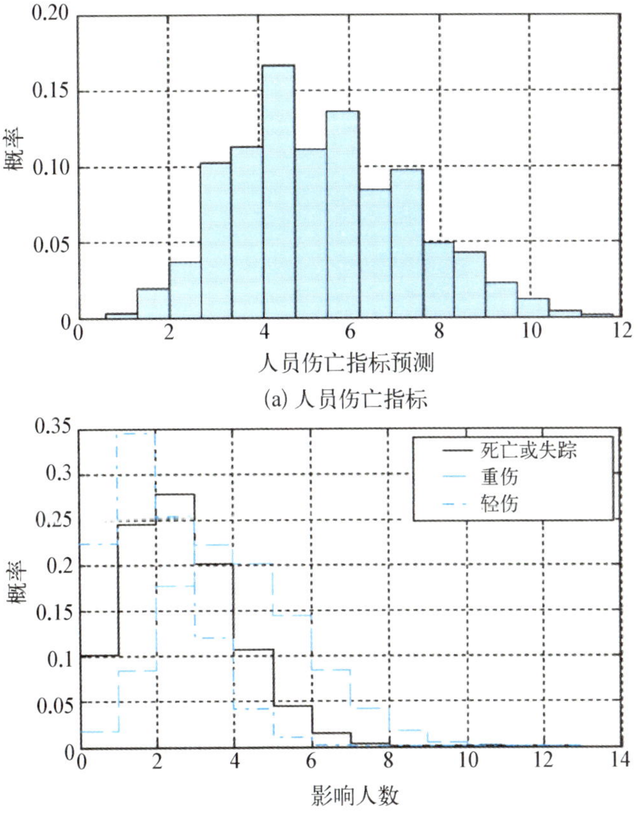

(a) 人员伤亡指标

(b) 不同受伤程度概率分布

图 6－31　人员伤亡分析

(1) 工期损失分析

总体而言,隧道塌方导致的工期损失主要为实施塌方加固处理措施所消耗的时间以及由于人员伤亡而导致的处理伤亡事件所需时间。与路堑方案相似,这里假设由于人员伤亡而导致的停工时间符合均匀分布,并采用表 6-3 中所列数据。根据本书 3.4 节的分析,认为不同的塌方规模其加固时间明显不同。本书采用表 6-10 中所示数据对塌方处理所需时间进行预测,认为塌方加固措施的实施时间符合均匀分布。其中塌方规模的大小根据冯卫星等(2002)中所列建议范围,最终的工期损失如图 6-32 所示。

表 6-10　塌方加固措施时间预测

塌方规模		中小型塌方	大型塌方	冒顶塌方
范围示例/天	乐观值	30	40	50
	悲观值	60	90	150

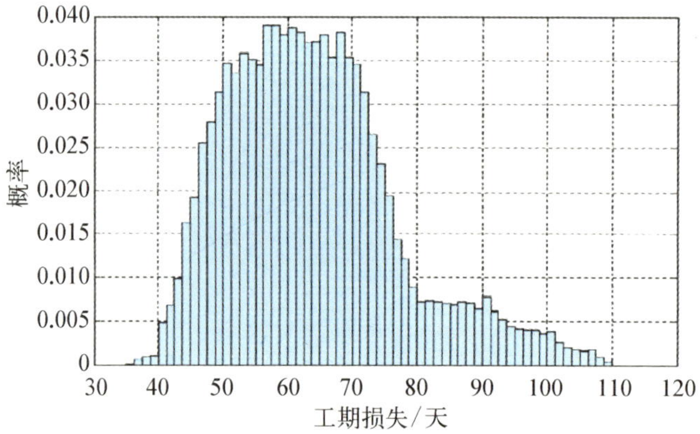

图 6-32　隧道塌方导致的工期损失

(2) 经济损失分析

对于浅埋隧道方案,洞内设备主要为装岩机、混凝土喷射机、锚杆机等。其损失与路堑边坡方案一样,与其时间概率和空间概率相关。一旦隧道发生塌方,处在不同区域的机械产生的经济损失预测如表 6-11 所列。

塌方导致的经济损失更重要的是处理塌方所采取相应加固措施而产生的费用。由本书 3.4 节知最常用的处理措施包括加 WNF、WF 和 Z 法等。对于不同的塌方规模,选取不同的加固方法。文中应用蒙特卡罗模拟方法得到塌方体积后,根据其体积大小,程序自动判断该选取哪种加固措施。这里认为小于1 000 m^3

表6-11　施工现场施工机械损失预测

施工设备	数　量		空间概率		损伤程度	易损性建议值	现值/万元	经济损失/万元
装岩机	最小	1	Zone Ⅰ	0.8	Ⅰ	0.5	8	4.0
	众值	1	Zone Ⅱ	0.1	Ⅱ	0.3		2.4
	最大	2	Zone Ⅲ	0.1	Ⅲ	0.05		0.4
混凝土喷射机	最小	1	Zone Ⅰ	0.7	Ⅰ	0.8	1	0.8
	众值	2	Zone Ⅱ	0.2	Ⅱ	0.3		0.3
	最大	3	Zone Ⅲ	0.1	Ⅲ	0.1		0.1
锚杆机	最小	2	Zone Ⅰ	0.8	Ⅰ	0.8	1.5	1.2
	众值	4	Zone Ⅱ	0.1	Ⅱ	0.3		0.45
	最大	5	Zone Ⅲ	0.1	Ⅲ	0.1		0.15

的塌方，属于中小型塌方，采用WNF法加固；大于1 000 m^3 小于2 000 m^3 的塌方，为大型塌方，采用Z法（即“注浆＋管棚”的整体加固法）加固；大于2 000 m^3 认为冒顶塌方，采用Z法与地面加固处理结合的方法。根据本书3.4节所述，可以得到塌方的长度宽度以及加固措施所需的材料，因而只需要定义各种材料的可能价格，即可获得加固措施所需的总费用。本例计算中，根据经验取图6-33所示数据，最终计算得到的经济损失范围为36万～128万元，平均损失为114万元，相应的平均经济损失风险为114×0.051＝5.85万元，如图6-34所示。

6.3.3　运营期评价

1. 运营维护费用

本案例浅埋隧道方案中隧道的实际长度约95 m，根据公路隧道设计规范（JTG D70—2004）的规定，长度大于100 m的隧道应设置照明，且本隧道所在路段第20年（2027年）的预测交通量为12 989辆/天中型车，经过计算与分析，采用自然通风即可。因而运营费用主要日常检查费用，维修费用主要为定期维修费用。寿命周期为50年，假设每隔5年维修一次，且初始的维修费用为8 000元。并假定贴现率为0.02，维修费用增长率为0.02。最终算的浅埋隧道方案的最终运营费用约为20.1万元。

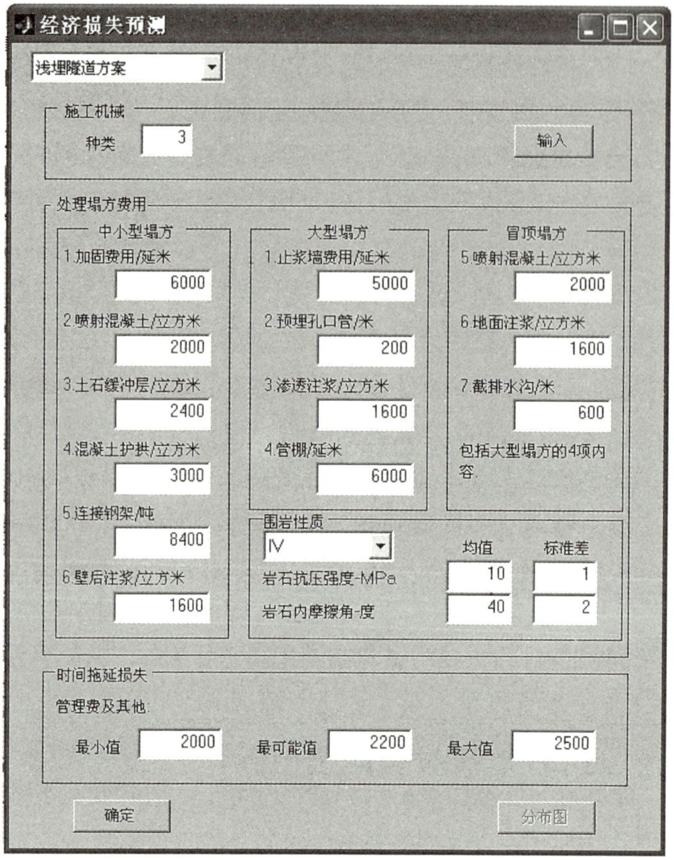

图 6-33　隧道塌方经济损失数据输入界面

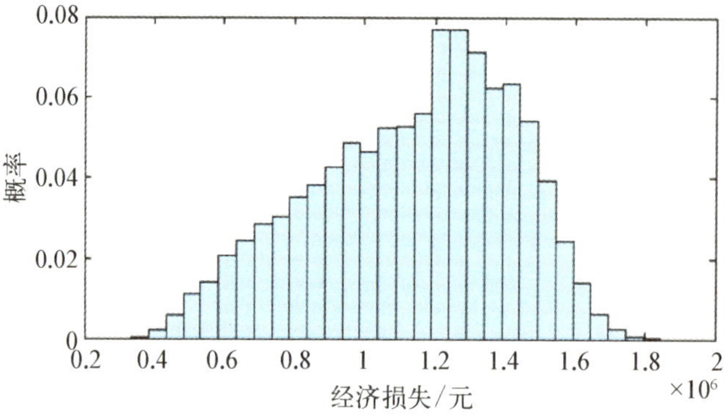

图 6-34　隧道塌方导致的经济损失

2. 方案可靠性指标

方案可靠性评价过程与路堑边坡方案类似。首先对方案长期稳定性进行评价，对影响隧道长期稳定性的地形地貌条件、岩土体岩性、地质构造、气候及水文条件、不良地质及特殊岩土体五项指标对隧道长期稳定性的影响程度进行分析。然后建立模糊关系矩阵，评价隧道方案长期稳定性对方案可靠性的影响。同理，对可维修(护)性、方案的变异(病害)及其他影响因素进行评判。在评价长期稳定性、可维修(护)性、方案的变异(病害)及其他影响因素的权重时，认为其权重与评价路堑方案时一致，即为(0.4 0.2 0.4)。最终得到浅埋隧道方案的可靠性指标为3.277 6，方案可靠性较好，如图6－35所示。

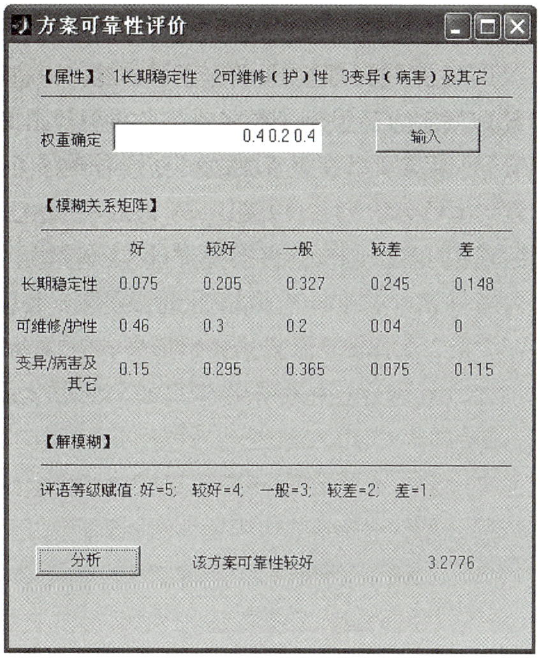

图6－35 浅埋隧道方案可靠性评价

3. 环境影响评价指标

环境影响评价分为社会环境影响、自然环境影响和生态环境影响三类进行评价，其评价过程同路堑方案的评价过程。图6－36～图6－38分别为社会环境、自然环境和生态环境的评价过程，图6－39为最终的浅埋隧道方案的环境影响评价指标值，根据计算结果浅埋隧道方案的环境的影响程度一般，其指标值为2.14。

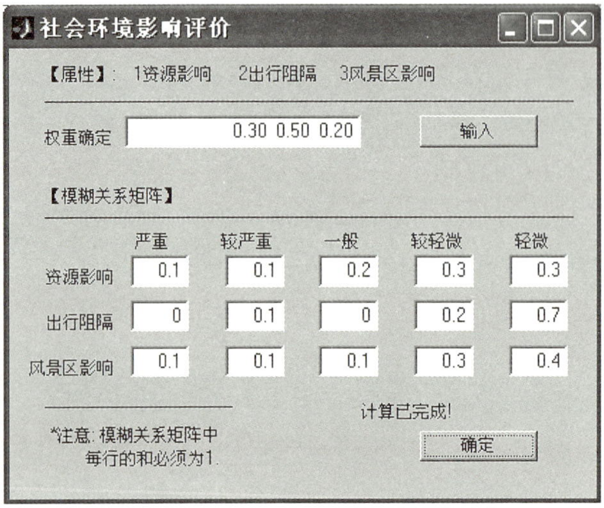

图 6-36　社会环境影响评价

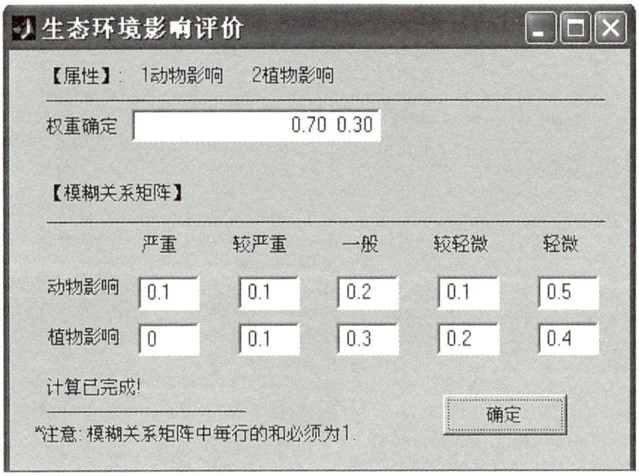

图 6-37　生态环境影响评价

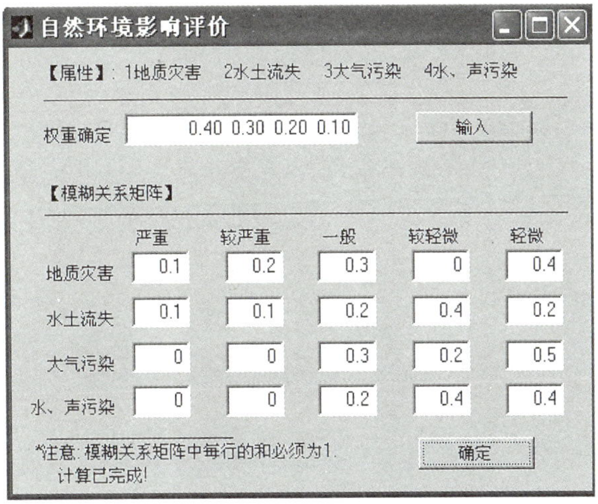

图 6 - 38　自然环境影响评价

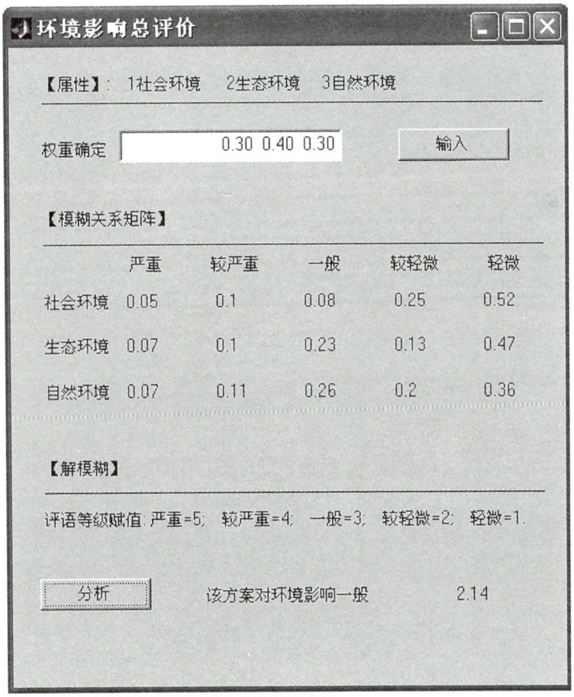

图 6 - 39　浅埋隧道方案的环境影响评价指标

6.4 基于施工期风险分析的方案决策

假设有一个5人专家小组对最终方案进行决策，且五位专家的权重为(0.3 0.2 0.1 0.1 0.3)。令CWGA算子相对应的权向量为(0.1 0.2 0.4 0.2 0.1)。首先由每一个专家对五个属性的权重进行评价。本书所用的方法为模糊层次分析法，如图6-40所示。

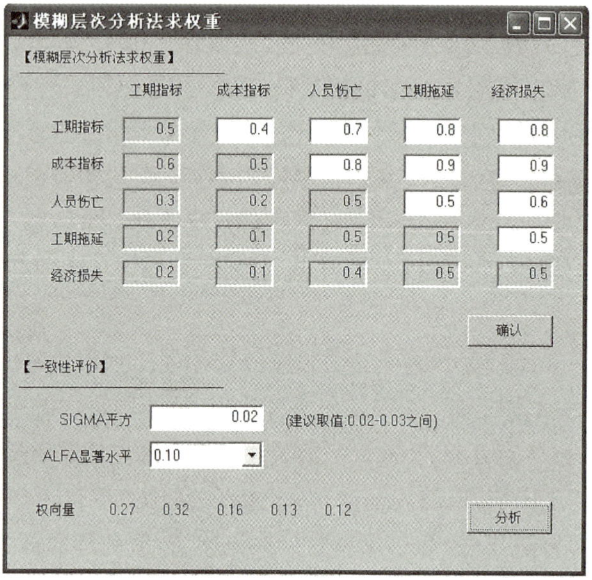

图6-40 由每位专家对五项属性的权重进行评价

最终，5位专家获得的5个权重向量如表6-12所列。

表6-12 专家权重及各专家对五项指标的权重评价

专家	专家权重	常规工期	常规成本	人员伤亡	工期损失	经济损失
1	0.3	0.27	0.32	0.16	0.13	0.12
2	0.2	0.31	0.32	0.12	0.10	0.15
3	0.1	0.30	0.35	0.13	0.10	0.12
4	0.1	0.27	0.33	0.15	0.15	0.10
5	0.3	0.25	0.29	0.17	0.15	0.14

经过 10 000 次的决策计算，其中选择第一方案（深挖路堑方案）的次数为 1 803 次，即选择概率为 0.180 3；选择第二方案的次数（浅埋连拱隧道）为 8 197 次，即选择概率为 0.819 7。因而，根据施工期的风险定量分析，确定最终的方案应该选取浅埋连拱隧道方案。如图 6－41 所示。

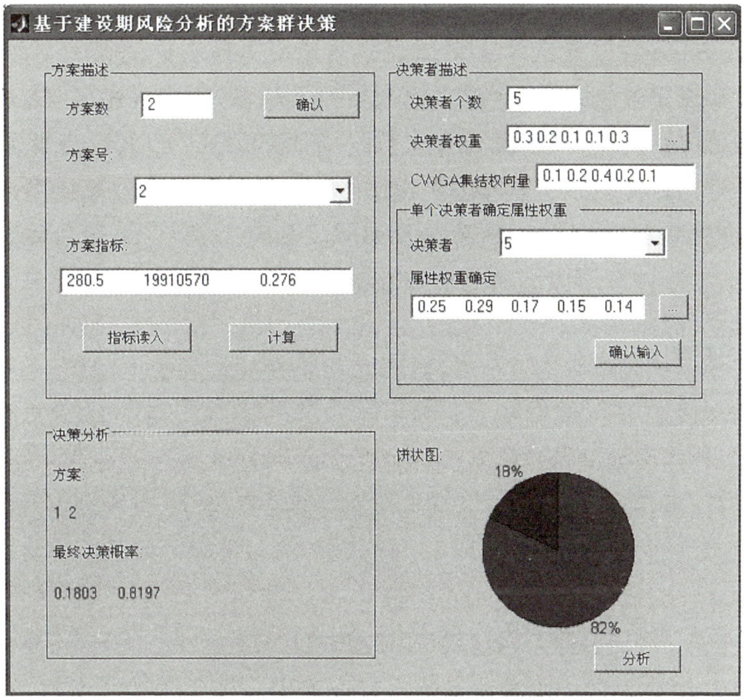

图 6－41　基于施工期风险分析的最终工程方案确定

6.5　基于全寿命期风险分析的方案决策

仍然假设有 5 人专家小组对最终方案进行决策。5 位专家的权重为（0.3　0.2　0.1　0.1　0.3），且令 CWGA 算子相对应的权向量为（0.1　0.2　0.4　0.2　0.1）。首先由每一位专家对八项属性的权重进行评价。如图 6－42 所示。

最终，由 5 位专家获得的 8 个权重向量如表 6－13 所列。

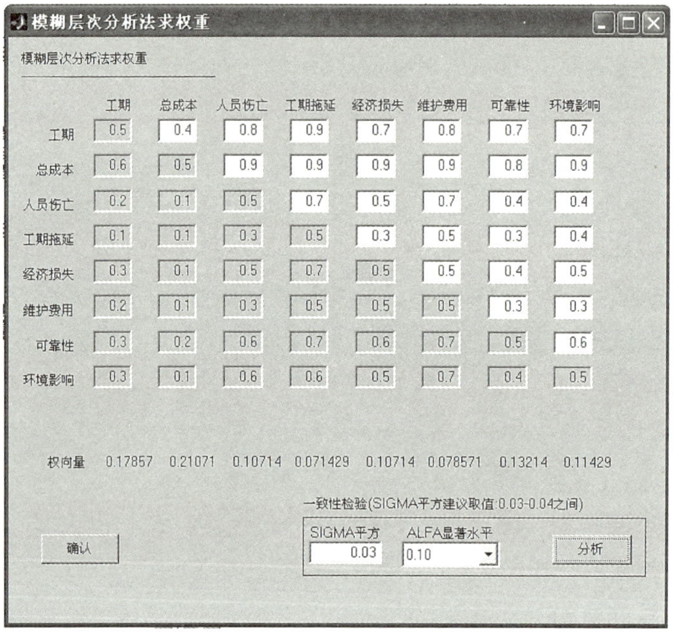

图 6-42　由每位专家对八项属性的权重进行评价

表 6-13　专家权重及各专家对八项指标的权重评价

专家	专家权重	常规工期	常规成本	人员伤亡	工期拖延	经济损失	运营费用	可靠性	环境影响
1	0.3	0.18	0.21	0.11	0.07	0.11	0.08	0.13	0.11
2	0.2	0.21	0.24	0.12	0.09	0.13	0.05	0.08	0.08
3	0.1	0.22	0.25	0.06	0.08	0.08	0.12	0.09	0.1
4	0.1	0.19	0.23	0.13	0.11	0.12	0.06	0.09	0.07
5	0.3	0.28	0.28	0.1	0.08	0.08	0.05	0.06	0.07

经过 10 000 次的决策计算，其中选择第一方案（深挖路堑方案）的次数为 127 次，即选择概率为 0.012 7；选择第二方案的次数（浅埋连拱隧道）为 9 873 次，即选择概率为 0.987 3。因而，根据寿命期内的风险定量分析，确定最终的方案应该选取浅埋连拱隧道方案。如图 6-43 所示。

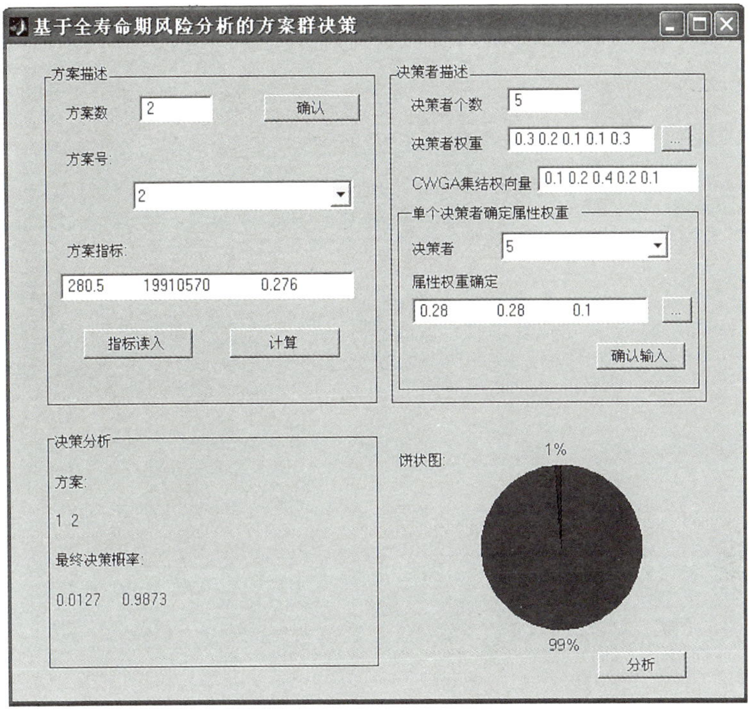

图 6－43　基于全寿命期风险分析的最终工程方案确定

第7章 结论与展望

7.1 成果与结论

深挖路堑与浅埋隧道方案之间的可替代性竞争普遍存在于山岭重丘区公路及铁路的建设中。在实际决策过程中，如果工程技术均可行，工程可替代方案的比选主要是考察经济的合理性及营运成本。在营运成本相差不大的情况下，以建设成本决定方案的优越性。然而，工程项目是一个周期长、投资多、技术要求高、系统复杂的生产消费过程，在建设过程中及运营期间会受到各种各样的不确定因素的干扰。因而，在决策中引入寿命期风险的概念将使方案的决策更加科学和合理。

在进行路堑方案与隧道方案的比选时，建设成本是一项很重要的但并不是唯一的指标，工程方案的决策实际上是一个多目标的决策问题。对于施工方来讲，工程的建设成本以及工期十分重要，工程项目的建设风险同样不容忽视；对于投资方来讲，除注重工程建设方案的成本和工期外，其运营维护成本、方案的可靠性也是决策过程中必须考虑的因素；工程项目对环境造成的影响也引起越来越多的重视。因而，为了更加合理地对深挖路堑和浅埋隧道方案进行决策，本文提出了基于全寿命期风险分析的路堑与隧道方案决策模型。将风险和全寿命期的理念结合起来，运用多目标决策理论进行方案的决策。

本书基于多目标决策理论，考虑不同方案施工期内的常规成本风险、常规工期风险、偶然风险导致的人员伤亡、经济损失和工期损失，以及运营期内的运营维护成本、方案可靠性和环境影响评价等指标，将风险定量分析理论融入多目标决策，利用蒙特卡罗技术，基于 Matlab 平台编制了风险定量分析及决策软件，最终帮助决策者选出最优的工程建设方案。

本书取得的主要研究成果如下：

7.1.1　常规工期风险与常规成本风险分析

(1) 阐述了常规工期风险与常规成本风险的含义，认为诸如气候风险源、施工中环境风险源、材料风险源、资金风险源、工作效率不确定等是造成常规工期风险和常规成本风险的因素。常规工期风险和成本风险是必然发生的风险，它们都是在工程能够按原计划顺利实施且无重大偶然风险事件发生时的工期和成本，一般可用连续的概率分布表示。

(2) 利用 PERT(Program Evaluation and Review Technology)技术和蒙特卡罗仿真技术，将各工序的持续时间按照不同的连续性概率分布表示，最终得到工程的工期分布图。

(3) 工程常规成本风险主要表现在成本构成要素的不确定性上。由于要素各子项均存在不确定性，从而造成工程总成本也存在不确定性。本书将各施工工序的成本分为时间相关成本、数量相关成本和固定成本分别计算，然后根据各道施工工序的成本和求得工程的总成本。

7.1.2　滑坡风险定量分析

(1) 将岩土力学计算与风险定量分析紧密结合起来，使风险定量分析有充分的力学理论依据。通过力学计算确定滑坡发生的概率以及滑坡体的体积、滑坡体可能影响的区域，从而确定承险体的种类、数量和分布情况，定量地分析滑坡发生导致的人员伤亡、工期损失和经济损失。

(2) 通过有限元数值模拟，确定最危险的滑坡场景即风险最大的施工步，然后基于可靠度理论计算滑坡发生的概率。在计算边坡的安全系数时，采用了强度折减法，避免了传统可靠度理论滑坡面固定不变的弊端，同时可以按实际施工情况模拟边坡支护结构对边坡可靠度的影响。

(3) 用三维数值模拟确定滑坡体的大致体积，用颗粒流程序预测滑坡影响的范围，从而辨识影响到的承险体种类、数量以及分布情况，定量地评价滑坡发生导致的人员伤亡、工期损失和经济损失。

(4) 在对人员伤亡进行评价时，将人员施工分为若干个班次，确定每个班次现场施工人员数量；将滑坡体的影响区域分为死亡失踪区、重伤区和轻伤区，确定各种损伤程度的易损性建议值，并定义了人员伤亡指标。然后，采用事件树方法确定不同滑坡场景发生的概率和人员伤亡指标值，并采用蒙特卡罗模拟技术，得到滑坡发生时人员伤亡指标的范围和分布情况。

(5) 在计算工期损失时，将工期损失分为清除塌方体时间和复旧时间。对于清除塌方体，根据三维数值模拟得到的需要清除的滑坡体体积以及除碴效率获得。对于工程复旧时间，主要根据滑坡规模评价可能受到影响的施工工序，并预测对相应工序的影响程度，根据 PERT 确定的各工序的时间来确定可能的工期不确定性。同时指出，对于发生人员伤亡事故的建筑工地，可能会产生不同时间长度的停工整改，由此而导致的工期损失不容忽视。

(6) 在预测经济损失时，将经济损失分为施工机械受损损失和复旧费用。施工机械的损失计算类似人员伤亡损失，经济损失是该种机械的现有平均市场净值与建议易损性值的乘积。复旧费用包括处理滑坡的费用和施工拖延导致的管理费用增加。处理滑坡的费用根据相应破坏施工工序的成本计算。管理费用的增加根据每天的管理费用和工期损失量进行计算。最终根据蒙特卡罗数值模拟得到经济损失的概率分布图。

7.1.3 隧道塌方风险定量分析

(1) 基于可靠度理论，以隧道变形超过限定值为围岩失稳判断准则，应用 ANSYS/PDS 计算围岩失稳概率。计算中考虑支护抗力和荷载效应的不确定性。

(2) 隧道塌方的规模与围岩等级关系密切，根据统计数据给出了各种围岩等级的塌方量范围。

(3) 人员伤亡损失的评价与滑坡风险类似。值得注意的是隧道塌方不仅造成塌方区域内施工人员的伤亡，还可能引起被困人员的伤亡事故。

(4) 由隧道塌方导致的工期损失主要为加固措施实施所需时间。经过对 15 个塌方案例的分析可知，由于各个工程的具体情况不同，地形地质条件存在很大差异，再加上各施工队伍应对突发性塌方事件的能力不同，塌方加固措施所需时间离散性特别大。本书根据塌方的规模预测工期损失时间，决策者根据不同的塌方规模定义可能的工期损失范围。

(5) 隧道塌方引起的经济损失，包括施工机械损失、塌方加固处理措施的相应损失和时间拖延引起的损失。施工机械损失的计算方法同滑坡风险。塌方加固处理措施的损失因不同的加固措施而不同。本文根据常用的加固措施包括 WNF 法、Z 法以及处理冒顶塌方的地表处理和 Z 法来计算加固措施费用。书中根据普氏压力拱理论计算塌方的几何形态，根据塌方体积以及普氏压力拱理论计算出塌方的长度、跨度以及塌方形成的空腔面积，从而确定采用的加固措施以及加固措施所用建筑材料的数量，通过预测相应的单价确定最终的加固处理费用。

7.1.4　方案运营维护成本计算

（1）不同的工程方案其运营维护成本不相同，对于隧道方案，运营费用主要包括隧道内的照明费用、通风费用、消防等设备运行费以及其他费用（如电气设备保养费用）。对于深挖路堑方案，运营主要费用较少，如支护结构及截排水沟的维护费用、绿化工程养护费用等。

（2）对已有的运营维修费用计算公式进行了修正，加入维修费用增长率系数，体现结构随着使用年限的增长发生老化和耐久性降低的趋势。

7.1.5　方案可靠性和环境影响评价

（1）运用模糊综合评判法和模糊层次分析法，对不同方案的可靠性进行评价。方案可靠性影响因素集的基本层取为长期稳定性、可维修（护）性及结构变异（病害）及其他因素特征三大类，其中每一特征都形成不同的分支，各类特征分别受其分支因素的影响。在综合分析的基础上将方案可靠性的影响因素进行递阶层次划分得到。

（2）环境影响分析过程与方案可靠性分析方法一致。本书将环境影响因素集的基本层分为社会环境影响、生态环境影响和自然环境影响三大类进行分析。

7.1.6　多目标决策与程序实现

（1）分析总结了常用的多目标决策集结算子，对模糊判断矩阵的构造方法、排序方法以及一致性检验方法进行了分析。最终确定使用加权几何平均算子（WGA）对单个决策者的决策信息进行集结，完成个体决策；使用组合加权几何平均算子（CWGA）对不同决策者的决策信息进行集结，完成群决策。

（2）根据风险定量分析过程以及选定的多目标决策方法，基于 Matlab 平台开发了基于全寿命期风险分析的工程方案决策系统。其中包括施工期风险分析、运营期风险分析和多目标决策模块。施工期风险分析模块包括对不同工程方案的常规工期风险、常规成本风险以及偶然风险导致的人员伤亡、工期损失和经济损失进行计算。运营期分析案分析模块可对工程方案的运营成本、方案可靠性和方案对环境的影响进行评价。决策模块可提供个体决策以及群决策，可基于施工期风险进行决策，也可基于全寿命期风险进行决策。

7.2 存在的问题与展望

本书提出了基于全寿命期风险分析的路堑与隧道方案决策方法及模型。研究中的难点和重点是风险定量分析。目前，关于工程风险定量分析的方法研究虽已较多，但能够指导实际项目的基本还处在定性分析阶段，大量的风险分析均采用专家调查法，经验对分析结果起到至关重要的作用。书中试图将力学计算结果与风险定量分析结合起来，利用事件树方法、工程可靠度理论、力学数值计算、蒙特卡罗技术，对偶然风险发生导致的后果进行分析评价，并根据相应方法编制了计算程序。对边坡滑坡风险和隧道塌方风险进行了定量的研究尝试，以水富麻柳麻湾高速公路石桥隧道的方案决策为例，详述了决策过程，希望为今后典型方案的决策提供一定的借鉴。当然，由于研究工作时间有限及本人知识、能力的局限，研究中肯定存在一些问题。书中主要针对路堑与浅埋隧道的方案比选，尽管理论具有通用性，但不同工程之间存在很大的差别，因此应结合更多的工程实例丰富完善决策理论。结合已做研究工作，总结出了一些不足之处以及一些建议，如下：

(1) 常规工期预测　合理估计每项施工工序的活动时间是非常困难的，影响工期的因素也是错综复杂的。书中对工期的分析作了大量简化，建议全面的辨识影响工期的风险因素，并研究各风险因素的分布类型以及其对各个施工工序的影响程度，在此基础上得到的工程工期可以体现出各种风险因素对总工期的影响程度。

(2) 偶然风险的定量分析　偶然风险发生的概率是风险分析中的重要组成部分，但其获得方法大多是根据历史数据或经验。本书采用的可靠度理论虽得到了其定量描述，但其中仍有一些弊端，如计算过程中对各种不确定因素的描述仍然是根据统计所得。实际上，在对边坡和隧道进行可靠度分析时，其发生的概率相对来说都是比较小的。尤其在决策分析中，应该把重点放在后果损失分析上。

(3) 人员伤亡分析　在人员伤亡分析时，本书为便于计算将滑坡或塌方影响区域划分死亡失踪区、重伤区和轻伤区，在估计施工人员处在每个区域的概率时，采用了经验的方法。在隧道塌方风险分析中，被困人员的易损性及受伤区域归属有待进一步研究。

(4) 隧道塌方后果分析　在加固费用预测时,采用了普氏压力拱理论计算了加固所需的各种材料的数量,对于复杂的地质条件可能与预测的塌方状况偏差较大。这一部分也是难点,需要进一步深入研究。同时对于塌方加固措施所需时间的预测不确定性很大。

参考文献

[1] Al-Momani A H. Construction delay: a quantitative analysis[J]. International Journal of Project Management, 2000, 18: 51 - 59.

[2] Amatruda G, Bonnard Ch, Castelli M, et al. A key approach: the IMIRILAND project method, identification and mitigation of large landslide risks in Europe, A. A [M]. Balkema Publishers, European Commission Fifth Framework Programme IMIRILAND Project, 2004: 13 - 43.

[3] American Institute of Architects. Life cycle cost analysis: a guide for architects[R]. The USA: AIA, 1977.

[4] Australian Geomechanics Society. Landslide risk management concepts and guidelines [R]. Aust Geomech, 2000, 35: 49 - 92.

[5] Badger T C, Lowell S. Rockfall control Washington State[J]. In Rockfall Prediction and Control and Landslide Case Histories, Transportation Research Record, National Research Council, No 1342, 1992: 14 - 19.

[6] Bass S M, Kwakernaak H. Rating and ranking of multiple aspect alternatives using fuzzy sets[J]. Automatica, 1977, 13(1): 47 - 58.

[7] Battaineh H T. Information system of progress evaluation of public projects in Jordan [D]. Dept. of Civil Engineering, Jordan Univ. of Science and Technology, Irbid Jordan, 1999.

[8] Bekr G A R. Client's control of construction[D]. University of Nottingham, UK 1990.

[9] Bellman R, Zadeh L A. Decision Making in a fuzzy environment[J]. Management Science, 1970, 17B(4): 141 - 164.

[10] Bernardo J J, Blin J M. A programming model of consumer choice among multi-attributed[J]. Journal of Consumer Research, 1977, 4(2): 111 - 118.

[11] Brans J P, Mareschal B, Vincke Ph. PROMETHEE: A new family of outranking

methods in multicriteria analysis[M]//Brans, J P, Editor, Operational Research '84, North-Holland, Amsterdam, 1984: 477 - 490.

[12] Brawner C O. Rockfall hazard mitigation methods participant workbook, NHI Course No. 13219 [R]. U. S. Department of Transportation, Federal Highway Administration, Publication No. FHWA SA - 93 - 085. 1994.

[13] Brawner C O, Wyllie D. Rock slope stability on railway projects[C]//Proceeding of the American Railway Engineering Association Regional Meeting, Vancouver, B. C. 1975.

[14] Buckley J J. Fuzzy hierarchical analysis[J]. Fuzzy Sets and Systems, 1985, 17(3): 233 - 247.

[15] Budetta P. Assessment of rockfall along roads[J]. Natural Hazards and Earth System Science, 2004, 4: 71 - 81.

[16] Bunce C M, Cruden D M, Morgenstern N R. Assessment of the hazard from rockfall on a highway[J]. Can. Geotech. J., 1997, 34: 344 - 356.

[17] Chen S J, Hwang C L. Fuzzy mutiple attribute decision making[M]. Methods and applications, Berlin: Springer-Verlag, 1982.

[18] Chen Y M, Mclnnis B. An algorithm for multiple attribute, multiple alterative decision problem based on fuzzy sets with application to medical diagnosis[J]. IEEE Tran. On System, man and Cybernetics, 1980, SMC - 10: 645 - 650.

[19] Cruden D M, Varnes D J. Landslide types and processes. Landslide investigation and mitigation, TRB Special Report 247[M]. National Academy Press, Washington DC, 1996: 36 - 75.

[20] Dai F C, Lee C F, Ngai Y Y. Landslide risk assessment and management: an overview [J]. Engineering Geology, 2002, 64(1): 65 - 87.

[21] Dorbin H G. Trends in tunnel contracting and execution risks, a light moving toward you[C]//Proceedings of the North American Tunnclling Conference 2002, Seattle, Washington, USA, 2002: 127 - 131.

[22] Dubois D, Prade H. The use of fuzzy numbers indecision analysis [M]//Fuzzy Information and Decision Process, Gupta M M and Sanchez E(eds.). North-Holland, 1982: 309 - 321.

[23] Duckstein L, Gershon M. Multicriteria analysis of a vegetation management problem using ELECTREII[J]. Applied Mathematical Modelling, 1983, 7(4): 254 - 261.

[24] Duijvestijn A M W, Bout P. A new metro tunnel under Amsterdam central station with known risks[R]. Claiming the underground space, 2003: 1027 - 1033.

[25] Duzgun H S B, Lacasse S. Vulnerability and acceptable risk in intergrated risk

assessment framework[M]//Landslide Risk Management, A. A. Balkema Publishers, London, UK, 2005: 505 - 515.

[26] Einstein H H. Landslide risk assessment procedure[R]. Int. Symp. On landslides, Lausanne, 1988, 2: 1075 - 1090.

[27] Einstein H H. Risk and risk analysis in rock engineering [J]. Tunnelling and Underground Space Technology, 1996a, 11(2): 141 - 155.

[28] Einstein H H, Chiaverio F, Kppel U. Risk analysis for the Adler tunnel[J]. Tunnels & Tunnelling, 1994, 26(11): 28 - 30.

[29] Einstein H H, Dudt J-P, Halabe V B, et al. Geologic uncertainties in tunnelling[C]// Proc: Uncertainty in The Geologic Environment: from Theory to Practice, 1996b: 239 - 253.

[30] Einstein H H, Indermiue C, Sinfield J, et al. Decision aids for tunnelling[J]. Journal of the transportation research board, 1999, 1656(2): 6 - 13.

[31] Einstein H H, Vick S G. Geologic model for a tunnel cost model[C]//Proceedings of Rapid Excavation and Tunnelling Conference, 1974, 2: 1701 - 1720.

[32] Einstein H H, Xu S, Grasso P, et al. Decision aids in tunnelling [J]. World Tunnelling, 1998: 157 - 159.

[33] Emblemsavg J. Life cycle costing: Using activity-based costing and monte carlo methods to manage future costs and risks[M]. John wiley & sons. 2003, 5: 51 - 92.

[34] Eskesen S D, Tengborg P R, Kampmann J, et al. Guidelines for tunnelling risk management: International Tunnelling Association, Working Group No. 2 [J]. Tunnelling and Underground Space technology, 2004, 19: 217 - 237.

[35] Fell R. Landslide risk assessment and acceptable risk [J]. Canadian Geotechnical Journal, 1994, 31: 261 - 272.

[36] Finlay P J. The risk assessment of slopes [D]. University of New South Wales, Australia, 1996.

[37] Finlay P J, Mostyn G R, Fell R. Landslides: Prediction of Travel Distance and Guidelines for Vulnerability of persons [C]//Proc. 8th Australia New Zealand Conference on Geomechanics, Hobart, Australian Geomechanics Society, ISBN 1 86445 0029, 1999, 1: 105 - 113.

[38] Flanagan R. Life Cycle Costing — the Issue Involved [C]//Proceeding of Third International Symposium on Building Economics, 1984: 89.

[39] Flanagan R. Life Cycle Costing: Theory and Practice[M]. Oxford: BSP Professional Books, 1989: 31.

[40] Flanagan R. Life Cycle Costing for Constructing[M]. London: Surverors Publication.

1983.
[41] Flyvbjerg B, Holm M S, Buhl S. Underestimating costs in public works projects: error or lie? [J]. Journal of the American Planning Association, 2002, 68(3): 279-296.
[42] Glade T. Vulnerability assessment in landslide risk analysis[J]. Die Erde, 2003, 134: 121-138.
[43] Glade T, Crozier M J. The nature of landslide hazard and impact[M]//Glade, T., Anderson, M. G., Crozier, M. J. (Eds.), Landslide Hazard and Risk. Wiley, Chichester, 2005: 43-74.
[44] Gordon A. The Economic of the 3L's concept[J]. Charted Surveyor Building and Quantity Surveying Quarterly, 1974, 3(2): 31-36.
[45] Haas C, Einstein H H. Updating the decision aids for tunnelling[J]. Journal of construction engineering and management, 2002, 128(1): 40-48.
[46] Heinimann H R. Risikoanalyse bei gravitativen Naturgefahren — Fallbeispiele und Daten[R]. Umwelt-Materialen 107/I, Bern, 1999.
[47] Hoek E. Rock Slopes: Course Notes, American Society for Civil Engineers[R]. Pittsburgh Section, Pennsylvania. 1996: 60.
[48] Hoek E, Bray J. Rock slope engineering[R]. The Institute of Mining and Metallurgy, London, England. 1981.
[49] Holder R D. Some comment on the analytic hierarchy process[J]. European Journal of Operational Researeh Society, 1990, 41(11): 1073-1076.
[50] http://www.wsdot.wa.gov/projects/cevp/default.htm.
[51] Hungr O, Evans S G, Hazzard J. Magnitude and frequency of rockfalls and rock slides along the main transportation corridors of southwestern British Columbia[J]. Can. Geotech. J., 1999, 36: 224-238.
[52] Hwang C L, Yoon K S. Multiple attribute decision making[M]. Berlin: Springer-Verlag, 1981.
[53] Isaksson M T. Tunnelling in poor ground-choice of shield method based on reliability [C]//Proceeding of the XITH Danube-European Conference on soil mechanics and geotechnical engineering, 1998: 527-534.
[54] Isaksson M T. Model for estimation of time and cost based on risk evaluation applied on tunnel projects[D]. The Royal institute of Technology Stockholm, Sweden, 2002.
[55] Isaksson M T, Reilly J J, Anderson J M. Risk mitigation for tunnel projects — A structured approach[C]//Proceedings of the world tunnel congress 99, 1999, 2: 703-711.
[56] ITA Working Group Number 13. Underground or aboveground? Making the choice for

urban mass transit systems: "Direct and indirect advantages of underground structures" [J]. Tunnelling and Underground Space Technology, 2004, 19: 3 - 28.

[57] ITASCA PFC3D. Particle Flow Code in 3 Dimensions[R]. Version 3. 1, Manual. Minnesota, Minneapolis, 2005.

[58] Jia Y, Gao J G. The analysis of death number-ages distribution during the M7. 3 earthquake in Haicheng of Liaoning[J]. Earthquake Research in China, 2004, 20(4): 394 - 398.

[59] Kampmann J, Eskesen S D, Summers J W. Risk assessment helps select the contractor for the Copenhagen Metro System[C]//Proceedings of the world tunnel congress 98 on tunnels and metropolises, 1998,(1): 123 - 128.

[60] Kaynia A M, Papathoma-Köhle M, Neuhäuser B, et al. Probabilistic assessment of vulnerability to landslide: Application to the village of Lichtenstein, Baden-Württemberg, Germany[J]. Engineering Geology, 2008, 101: 33 - 48.

[61] Kolic D. Risk analysis for design and construction aspects of Mala Kapela tunnel[C]//Proceedings of the ITA world tunnelling congress, 2003, 3: 513 - 519.

[62] Laarhoven P J M, Pedrycz W. A fuzzy extension of Satty's priority theory[J]. Fuzzy Sets and Systems, 1983, 11(3): 229 - 241.

[63] Laughton C. Evaluation and prediction of tunnel boring machine performance in variable rock masses[D]. The University of Texas, 1998.

[64] Lee E M, Jones D K C. Landslide risk assessment[M]. Thomas Tilford Publishing, London. 2004.

[65] Leone F, Asté J P, Leroi E. Vulnerability assessment of elements exposed to mass-movements: Working toward a better risk perception[M]//Senneset, K. (eds), Landslides-Glissements de Terrain. A. A. Balkema, Rotterdam, 1996: 263 - 270.

[66] Li Z H, Huang H W, Xue Y D, et al. Risk-based cost estimation of slope engineering in mountainous regions[C]//The Proceeding of Asian-Pacific Symposium on Structure Reliability and its Applications, Hong Kong, 2008: 365 - 370.

[67] Li Z H, Huang H W, Xue Y D, et al. Risk assessment of rockfall hazards on highways[J]. Georisk: Assessment and Management of Risk for Engineered Systems and Geohazards. 2009, 3(3): 147 - 154.

[68] Life Cycle Cost Analysis Guidelines Department of Natural Resources[R]. 2002: 139.

[69] Life Cycle Cost Analysis Handbook[R]. State of Alaska Department of Education & Early Development 1st Edition Education Support Services. 2000: 149 - 152.

[70] Life Cycle Cost Analysis in Pavement Design [R]. U. S. Department of Transportation, Federal Highway Administration, 1990.

[71] Life Cycle Cost Analysis Primer[R]. U. S Department of Transportation Federal Highway Administration Office of Asset Management. 2002, 8: 45 - 49.

[72] Luce R D. Semiorder and a theoy of utility discrimination. Eeonometrica. 1956, 24 (2): 178 - 191.

[73] Malcolm D G, Roseboom J H. Application of a technique for research and development evaluation[J], J. opns. Res. , 1959, 7: 646 - 669.

[74] McCauley M L, Works B W, Naramore S S. Rockfall Mitigation[R]. Federal Highway Works Administration Report No. FHWA - CA - TL - 85 - 12, 1985.

[75] Medley, Larry G. The life-cycle perspective: Managing cost before it occurs[J]. Cost Engineering, 1996, 10: 15 - 18.

[76] Meyer A, Nagpal R. [EB/OL]. http://ocw. mit. edu/NR/rdonlyres/Electrical-Engineering-and-Computer-Science/6-042JMathematics-for-Computer-ScienceFall2002/41E2F2B7 - 03BB - 4956 - 9A5B - 3BBCAE245073/0/ln9. pdf.

[77] Moavenzadeh F, Markow M J, Wyatt R D, et al. Tunnel cost model[C]//Proceedings of Rapid excavation and tunnelling conference, 1974, 2: 1721 - 1739.

[78] Nasir D, MvCabe B, Hartono L. Evaluating risk in construction-schedule model (ERIC - S): construction schedule risk model[J]. Journal of Construction Engineering and Management, 2003, 129(5): 518 - 527.

[79] Ockwell A. Pavement management: Development of a life cycle costing technique[M]. Bureau of Transport and Communication Occasional, Canberra: Australian Government Publishing Service. 1990.

[80] Ojeda-Moncayo J, Locat J, Couture R, et al. The magnitude of landslides: An overview[M]//In Landslides: Evaluation and Stabilization, Lacerda et al. (eds), 2004.

[81] Orlovsky S A. Decision-making with a fuzzy preference relation[J]. Fuzzy Sets and Systems, 1978, 1(3): 155 - 167.

[82] Orshan O. Life Cycle Cost: A Tool for Comparing Building Alternative[C]//Proceeding Symposium on Quality and Cost in Building, 1980: 63.

[83] Pierson L A, Davis S A, Van Vickle R. Rockfall Hazard Rating System — Implementation Manual[R]. Federal Highway Administration (FHWA), Report FHWA - OR - EG - 90 - 01, FHWA, U. S. Dep. of Transp. , 1990.

[84] PLAXIS Delft University of Technology & PLAXIS b. v. : PLAXIS 2D[R]. Version 8. 6, Manual, Netherlands, Delft, 2007.

[85] Popescu M E. From landslide causes to landslide remediation[C]//Proceeding of the seventh international symposium on landslides, Trondheim, A. A. Balkema, Rotterdam, 1996: 75 - 96.

[86] Ragozin A L, Tikhvinsky I O. Landslide hazard, vulnerability and risk assessment [M]//In: Bromhead E., Dixon N., Ibsen M.-L. (Eds.), Landslides. In: Research, Theory and Practice. Proceedings of the 8th International Symposium on Landslides, 2000: 1257 - 1262.

[87] Rasdorf W J, Abudayeh O Y. Cost and schedule control integration: issues and needs[J]. Journal of Construction Engineering and Management, 1991, 117(3): 486 - 501.

[88] Reilly J J. Cost estimating and risk-management for underground projects[C]// Proceeding of International Tunnelling Association conference. Istanbul, May 2005.

[89] Reilly J J. The relationship of risk mitigation to management and probable cost[R]. Claiming the underground space, 2003: 1035 - 1041.

[90] Reilly J J, Brown J. Management and control of cost and risk for tunnelling and infrastructure projects[C]//Proceedings of world tunnel congress and 13th ITA assembly, Singapore, 2004: 18.

[91] Remondo J, Bonachea J, Cendrer A. Quantitative landslide risk assessment and mapping on the basis of recent occurences[J]. Geomorphology, 2008, 94: 496 - 507.

[92] Roy B. The problems and methods with multiple objective function[J]. Mathematical Programming, 1971, 1(2): 239 - 266.

[93] Salazar G F. Stochastic and economic evaluation of adaptability in tunnelling design and construction[D]. Cambridge: Massachusetts Institute of Technology, 1983.

[94] Sangrey D, Roberds W, Reilly J, et al. Cost and schedule estimation for large transportation project: A new approach to solving an old problem. [EB/OL]. http://www.tac-atc.ca/english/pdf/conf2003/sangrey.pdf.

[95] Saaty T L. The Analytic Hierarchy Proeess[M]. New York: McGraw-Hill, 1980.

[96] Shien N K. Reliability analysis on the stability of slope[D]. Malaysia: University Technology Malaysia, 2005.

[97] Siskos J. A multi-criteria decision-making methodology under fuzziness[J]. TIMS/Studies in the Management Science, 1984, 20: 261 - 283.

[98] Snel A J M, Van Hasselt D R S. Risk management in the Amsterdam North/South Metro line: A matter of process-communication instead of calculation[C]//Proceedings of the world tunnel congress 99, 1999: 179 - 186.

[99] Soeters R, van Westen C J. Slope instability, recognition, analysis, and zonation [M]//Turner, A. K., Schuster, R. L. (Eds.), Landslides: Investigation and Mitigation, Special Report 247, Transportation Research Board, National Research Council, National Academy Press, Washington, DC, 1996: 129 - 177.

[100] Spence R J S, Kelman I, Calogero E, et al. Modelling expected physical impacts and human casualties from explosive volcanic eruptions[J]. Natural Hazards and Earth System Sciences, 2005, 5: 1003 - 1015.

[101] Srinivasan V, Shocker A D. Linear programming technique for multidimensional analysis of preference[J]. Psychometrica, 1973, 35(3): 337 - 369.

[102] Sturk R, Olsson L, Johansson J. Risk and decision analysis for large underground projects as applied to the Stockholm Ring Road Tunnels[J]. Tunnelling and Underground Space Technology, 1996, 11(2): 157 - 164.

[103] Terzaghi K. Mechanisms of landslides[J]. Geological Society of America, Berkley Volume, 1950: 83 - 123.

[104] Tsai Y-B, Yu T-M, Chao H-L, et al. Spatial distribution and age dependence of human-fatality rates from the Chi-Chi, Taiwan, Earthquake of 21 September 1999 [J]. Bulletin of the Seismological Society of America, 2001, 91(5): 1289 - 1309.

[105] Tucker S N, Mitchell V G, Burn L S. The application of life cycle in urban water systems[C]//Proc. 4th Int. Conf. On Water Pipeline Systems, York, 2001, 3: 11 - 24.

[106] Uzielli M, Nadim F, Lacassc S, et al. A conceptual framework for quantitative estimation of physical vulnerability to landslides[J]. Engineering Geology, 2008, 102: 251 - 256.

[107] van Westen C J, Rengers N, Terlien M T J, et al. Prediction of the occurrence of slope instability phenomena through GIS-based hazard zonation[J]. Geologische Rundschau 1997, 86: 404 - 414.

[108] Varnes D J. Landslide hazard zonation: a review of principles and practice[J]. Natural Hazards, 1984: 3 - 63.

[109] Weiss E H, Vigl L. "Mediation"-A proper tool for risk assessment in tunnelling projects[C]//Proceedings of the AIRES-ITA 2001 world tunnel congress, 2001, 3: 583 - 588.

[110] Wong H N, Ho K K S, Chan Y C. Assessment of consequence of landslides[M]// In: Cruden, R., Fell, R. (Eds.), Landslide Risk Assessment, Balkema, Rotterdam, 1997: 111 - 149.

[111] Yager R R. Fuzzy decision-making including unequal objectives[J]. Fuzzy Sets and Systems, 1978, 1(2): 87 - 95.

[112] Yang Y B, Cao X L. Economic analysis of project schedule controlling objective[J]. Journal of Chongqing Jianzhu University, 2003, 25(2): 102 - 105.

[113] Zêzere J L, Garcia R A C, Oliveira S C, et al. Probabilistic landslide risk analysis

considering direct costs in the area north of Lisbon(Portugal)[J]. Geomorphology, 2008, 94: 467 - 495.

[114] Smith G N. 土木工程实用概率和统计[M]. 曹炽康,等,译. 上海: 同济大学出版社,1989.

[115] 曹炳元. 应用模糊数学与系统[M]. 北京: 科学出版社,2005.

[116] 陈龙. 城市软土盾构隧道施工期风险分析与评估研究[D]. 上海: 同济大学,2004.

[117] 陈守煜. 系统模糊决策与应用[M]. 大连: 大连理工大学出版社,1994.

[118] 陈守煜. 工程模糊集理论与应用[M]. 北京: 国防工业出版社,1998.

[119] 崔政权,李宁. 边坡工程——理论与实践最新发展[M]. 北京: 中国水利水电出版社,1999.

[120] 戴明新. 公路环境保护手册[M]. 北京: 人民交通出版社,2004.

[121] 道路交通堵塞每年给英国造成 200 亿英镑损失[J]. 城市轨道交通研究,2005,6: 62.

[122] 邓雄业,孔祥金. 靠椅山隧道大塌方处理[J]. 公路隧道,2001(4): 16 - 20.

[123] 邓雪松,周继祖. 关于网络计划工期规定资源均衡优化的几个问题[J]. 基建优化,2000,21(1): 15 - 18.

[124] 董士波. 全过程工程造价管理与全生命周期工程造价管理之比较[J]. 经济师,2003,12: 136 - 138.

[125] 董士波. 全生命周期工程造价管理研究[D]. 哈尔滨: 哈尔滨工程大学,2003.

[126] 杜栋. AHP 判断矩阵一致性问题的数学变换解决方法、决策科学及其应用[M]. 北京: 海洋出版社,1996.

[127] 杜丽丽. 深基坑支护体系安全可靠性的模糊综合评判研究[D]. 西安: 西安建筑科技大学,2007.

[128] 樊治平,胡国奋. 模糊判断矩阵一致性逼近及排序方法[J]. 运筹与管理,2000,9(3): 21 - 25.

[129] 冯卫星,况勇,陈建军. 隧道塌方案例分析[M]. 成都: 西南交通大学出版社,2001.

[130] 谷栓成,胡志方,韩佳明. 浅埋隧道方案在高速公路环境保护中的应用[J]. 建筑技术开发,2004,31(8): 108 - 109.

[131] 关宝树. 隧道工程施工要点集[M]. 北京: 人民交通出版社,2003.

[132] 关宝树. 隧道工程维修管理要点集[M]. 北京: 人民交通出版社,2004.

[133] 郭宇,刘尔烈. 应用蒙特卡罗方法改进项目成本风险分析[J]. 天津大学学报,2002,35(2): 199 - 202.

[134] 胡宝清. 模糊理论基础[M]. 武汉: 武汉大学出版社,2004.

[135] 胡志方. 公路工程中浅埋隧道设计与计算研究[D]. 西安: 西安科技大学,2004.

[136] 黄卫. PERT 方法在道路工程管理中的应用和程序[J]. 南京工学院学报,1988,18(4): 102 - 108.

[137] 霍明. 山区高速公路勘察设计指南[M]. 北京：人民交通出版社，2003.
[138] 姬晓辉，柳瑞禹. 送电线路工程投资模糊估算的探讨[J]. 武汉水利电力大学学报，1996，29(6)：87-90.
[139] 姜启源，谢金星，叶俊. 数学模型[M]. 北京：高等教育出版社，2003.
[140] 姜艳萍，樊治平. 基于模糊判断矩阵的一种排序方法[J]. 东北大学学报(自然科学版)，2002，21(4)：450-452.
[141] 景诗庭，朱全永，宋玉香. 隧道结构可靠度[M]. 北京：中国铁道出版社，2002.
[142] 雷大鹏. 西康线 K61＋650～＋820 山体滑坡原因浅析[J]. 路基工程，2004，5：75-76.
[143] 李代国. 成渝高等级公路给云山隧道坍方浅析[J]. 科学技术通讯，1995，4：9-12.
[144] 李功伯，谢建清. 滑坡稳定性分析与工程治理[M]. 北京：地震出版社，1997.
[145] 李吉根，李伟平. 明洞在高边坡路堑地段施工病害整治中的应用[J]. 铁道建筑技术，2000，3：22-24.
[146] 李林，李树丞，王道平. 基于风险分析的项目工期的估算方法研究[J]. 系统工程，2001，19(5)：77-81.
[147] 廖伟权，邓思泉. 施工进度的风险分析[J]. 东北水利水电，2004，22(5)：32-34.
[148] 林均昌，徐泽水. 模糊 AHP 中一种新标度法[J]. 运筹与管理，1998，7(2)：37-40.
[149] 刘宏. 隧道塌方的预防措施[J]. 中南公路工程，2000，25(4)：86-88.
[150] 路美丽，刘维宁，罗富荣，等. 隧道与地下工程风险评估方法研究进展[J]. 工程地质学报，2006，14(4)：462-469.
[151] 罗国耀. 山区高速公路桥梁隧道方案比较[J]. 铁道勘测与设计，2005，6：31-35.
[152] 吕跃进. 基于模糊一致矩阵的层次分析法的排序[J]. 模糊数学与系统，2002，16(2)：79-85.
[153] 其其格，阎宏伟. 高速公路对通过区的环境影响研究进展[J]. 北华大学学报，2001，2(2)：43-46.
[154] 邵良杉，高树林. 工程造价人工神经网络估算系统[J]. 煤矿设计，1996，4：43-46.
[155] 沈鸿雁. 基于全寿命周期的公路建设政策理论、方法与应用[D]. 上海：同济大学，2007.
[156] 宋夫才，赵迁乔，房锐，等. 思小高速公路高填深挖的环境影响分析及工程措施[J]. 山东交通学院学报，2004，12(3)：39-42.
[157] 苏生瑞. 复杂地质条件下高速公路隧道施工问题[R]. 上海：同济大学，2003.
[158] 苏学清. 宝成铁路朝天至观音坝段崩塌、落石灾害发育规律的分析研究[J]. 中国地质灾害与防治学报，1991，2(1)：78-89.
[159] 孙富学，朱秀清. 隧道工程塌方治理及工程实例[J]. 公路交通技术，2006，2：105-107.
[160] 孙海虹，叶晓甦. 基于蒙特卡罗模拟技术的工程造价风险因素分析[J]. 重庆建筑大学学报，2005，27(6)：121-126.

[161] 孙红杰. 隧道超欠挖对施工成本的影响[J]. 铁道勘察,2005,6：79－80,86.
[162] 陶学明,李颖. 工程造价控制中材料价格的风险管理研究[J]. 建筑经济,2006,7：73－75.
[163] 汪成兵. 软弱破碎隧道围岩间进行破坏机理分析[D]. 上海：同济大学,2007.
[164] 汪成兵,朱合华. 隧道塌方机制及其影响因素离散元模拟[J]. 岩土工程学报,2008,30(3)：450－456.
[165] 王承山. 隧道超欠挖对隧道成本的影响及控制途径[J]. 隧道建设,2006,26(4)：13－16.
[166] 王国欣. 高速公路隧道施工灾病害与监控反馈研究[R]. 上海：同济大学,2005.
[167] 王劲,柳瑞禹. 送电工程投资估算的模糊数学方法[J]. 电力建设,1996,10：2－6.
[168] 王莲芬,许树柏. 层次分析法引论[M]. 北京：中国人民大学出版社,1990.
[169] 汪敏. 滑坡灾害风险分析系统理论及在港渝地区应用研究[D]. 重庆：重庆大学,2001.
[170] 王明年,关宝树. 隧道超欠挖统计规律及其对隧道可靠度的影响[J]. 岩土工程学报,1997,19(1)：83－88.
[171] 汪培庄. 模糊集合理论及其应用[M]. 上海：上海科学技术出版社,1983.
[172] 王险峰. 公路工程路堑与隧道可替代方案的经济分析[J]. 铁路工程造价管理,2005,(4)：14－16.
[173] 王燕. 基于风险的岩石隧道支护结构实际研究[D]. 上海：同济大学,2009.
[174] 王永平,张宝根,张树仁. 桥梁使用性能模糊评估专家系统[J]. 中国公路学报,1996,9(2)：62－67.
[175] 王玉燕. 基于模糊互补判断矩阵的 FAHP 的若干理论问题研究[D]. 南宁：广西大学,2005.
[176] 王卓甫. 工程项目风险管理[M]. 北京：中国水利水电出版社,2003.
[177] 王卓甫. 工程进度风险计算研究[D]. 南京：河海大学,2002.
[178] 蔚林巍. 层次分析法的缺陷及其分析[J]. 管理工程学报,1993,7(4)：221－226.
[179] 魏毅强,刘进生,王绪柱. 不确定型 AHP 中判断矩阵的一致性概念及其权重[J]. 系统工程理论与实践,1994,14(4)：16－22.
[180] 温国锋. 基于人工神经网络的煤炭建设项目投资估算系统的研究[J]. 中国煤炭,2002,28(7)：12－14.
[181] 徐干成,白洪才,郑颖人. 地下工程支护结构[M]. 北京：中国水利水电出版社,2002.
[182] 许若宁,翟晓燕. 层次分析法中 Fuzzy 判断矩阵的建立及其排序[J]. 系统工程,1988,6(5)：52－61.
[183] 徐学珍. 云南山区公路建设项目环境影响综合评价研究[D]. 南京：南京林业大学,2006.

[184] 徐瑗瑗. 公路建设项目生态环境影响评价[D]. 南京：东南大学，2005.
[185] 徐泽水. 模糊互补判断矩阵排序的最小方差法[J]. 系统工程与电子技术，2001，21(10)：93-96.
[186] 徐泽水. 模糊互补判断矩阵排序方法研究[J]. 系统工程与电子技术，2002，24(11)：73-75.
[187] 徐泽水. 广义模糊一致性判断矩阵及其排序方法[J]. 解放军理工大学学报，2000，1(16)：97-99.
[188] 徐泽水. 几种多属性决策方法研究[D]. 南京：东南大学，2003.
[189] 荀志远，于彩华. 加权灰色关联度法在工程投资估算中的应用[J]. 建筑技术开发，2001，9：46-49.
[190] 闫天俊，吴立. 现代隧道施工中的常见地质灾害问题及防治[J]. 探矿工程，2003，4：62-64.
[191] 杨光强. 基于模糊理论的桥梁耐久性评估研究[D]. 成都：西南交通大学，2005.
[192] 杨会军，韩文峰，谌文武，等. 基岩裂隙水渗流特性探讨与工程实例[J]. 岩石力学与工程学报，2003，22(S2)：2582-2587.
[193] 杨小永. 高速公路隧道围岩稳定性研究[D]. 西安：长安大学，2004.
[194] 姚敏，张森. 模糊一致性矩阵及其在决策分析中的应用[J]. 系统工程理论与实践，1998，18(5)：78-81.
[195] 姚敏，黄燕君. 模糊一致关系及其应用[J]. 电子科技大学学报，1997，26(6)：632-635.
[196] 姚敏，黄燕君. 模糊决策方法研究[J]. 系统工程理论与实践，1999，19(11)：61-64.
[197] 张路青，杨志法，许兵. 滚石与滚石灾害[J]. 工程地质学报，2004，12(3)：225-231.
[198] 张弥，杨成永. 地下工程喷锚支护系统的不确定性研究[J]. 西部探矿工程，1996，8(1)：5-9.
[199] 张溶. 中梁山隧道不良地质地段大断面施工[J]. 公路，1994，9：9-32.
[200] 张少夏. 隧道工程风险分析方法及工期损失风险研究[D]. 上海：同济大学，2006.
[201] 张跃，邹寿平. 模糊数学方法及其应用[M]. 北京：煤炭工业出版社，1982.
[202] 张玉芬. 高等级公路建设与环境协调发展若干问题的探讨[J]. 交通环保，1999，20(1)：28-30.
[203] 张云波. 工程项目工期延误原因及预警模型研究[D]. 天津：天津大学，2003.
[204] 赵国藩. 结构可靠度理论[M]. 北京：中国建筑工业出版社，2000.
[205] 周波. 造价工程在公路建设方案比选中的应用[J]. 合肥学院学报(自然科学版)，2004，14(2)：15-19.
[206] 周峰. 山岭隧道塌方风险模糊层次评估研究[D]. 长沙：中南大学，2008.
[207] 朱永信，张仙玲，朱永全. 隧道极限位移的随机计算模拟[J]. 石家庄铁道学院学报，1999，12(1)：32-35.

[208] 祝玉学. 边坡可靠性分析[M]. 北京：冶金工业出版社，1993.
[209] 佐藤久，田中胜雄. 日本隧道工程的发展和灾害情况的统计[J]. 先明其，译. 隧道及地下工程，1998，4：1-9.
[210] 左军. 多目标决策分析[M]. 杭州：浙江大学出版社，1991.

后 记

光阴似箭，日月如梭，回首走过的日日夜夜，有过成功的喜悦，也有过失败的沮丧，有过痛苦彷徨，也有过欣喜欢乐。时至今日，方领悟到求学之真谛。此时，回忆求学路上之艰辛愉悦，需要感谢的人太多太多。

首先感谢我的恩师黄宏伟教授！从本书选题、构思，到关键问题的解决、论文的撰写定稿，整个过程无不凝聚着恩师的汗水和心血。黄老师严谨求实的治学态度、高度的敬业精神、兢兢业业、孜孜以求的工作作风和大胆创新的进取精神对我产生了重要的影响。他从容、乐观、豁达、以身立行的做人风格不仅使我明白了如何看待事物，懂得了如何规划自己的人生，而且还明白了许多待人接物和为人处世的道理，深刻影响着我今后的工作和生活。他开阔的国际视野、前沿而精髓的学术造诣和敏锐的创新思维给了我深深的启迪。导师为我的学习和成长提供了优越的条件和良好的机会，他的全力推荐与支持，使我实现了自己的留学梦想，拓展了学术视野，提高了专业理论水平，同时也使身心得到了锻炼，这是我一生受用不尽的财富。

特别感谢我的副导师薛亚东副教授！他开朗豁达、待人真诚、严谨踏实的工作作风是我学习的楷模。薛老师在学习上对我要求严格，在本书的构思及撰写过程中提出了大量的宝贵意见，本书的完成无不体现着他的智慧与功劳。除了在学业上的悉心指导外，他还在生活上给予了我极大的关怀。在此，送上我真挚的感谢和祝福。

衷心地感谢国外专家 Dr. Farrokh Nadim！他高尚的人格、渊博的知识、严谨的治学态度、不懈的探索精神、诲人不倦的师德、谦和的为人处事方式，令我受益良多。留学期间他还在生活上给予了我极大的关心与帮助，在此表示我深深的谢意。

感谢张冬梅老师、胡群芳老师、张子新老师、谢雄耀老师和杨慧芳老师，不论在学习上还是在生活中，每位老师都尽力帮助、指点并激励着我，使我获益无穷。同时感谢挪威岩土工程研究所（Norwegian Geotechnical Institute）的 Suzanne Lacasse 和 Bjørn Kalsnes 对我的指导和帮助，他们的赐教使我受益匪浅。

感谢研究室的兄弟姐妹们！彼此倾力相助使我们建立了深厚的友谊。他们是李俊伟、孔令荣、杜菊红、车平、闫静雅、李昀、张辉、汪小敏、王燕、顾雷雨、闫玉茹、樊振宇、徐营、叶永峰、吴昊、陈敬松、胡欣雨、刘忠强、吴昌江、王继飞、杨智勇、豆海涛、王平让、刘印、王飞、廖一蕾、张桓、周彪、李罡、刘海、辛纬韬、刘凤洲、缪佳敏等！

感谢中国国家留学基金管理委员会（China Scholarship Council）对我出国留学的资助！感谢挪威岩土研究所的 Fannian Kong 老师、Shaoli Yang 博士以及在挪威偶遇的本硕母校老师王为标博士。感谢就读于挪威奥斯陆大学的王中博士，他在 Matlab 学习上给予了我极大的帮助。感谢在挪威结识的中国好友冯留雷、王惠宇、谢元媛等，感谢国际友人 Egil、José、Marria、Florian、Mona、Ariane、Madhi、Cody、Gokhan、Katja、Andreas 等，是他们使我枯燥的留学生活变得更加丰富多彩。

感谢我的家人！在我成长的每个阶段，父母一直是我坚强的后盾和精神的支柱。父亲见识卓越富有远见，十四年前的我初中毕业已考取了中专，面临上中专还是考大学的艰难抉择时，父亲顶住了来自各方的质疑与压力，毅然决定让我放弃中专上高中，正是父亲的这次英明决策，我才有机会走入大学校门，最终完成我的博士学习生涯。母亲含辛茹苦任劳任怨，在外求学的十几年时间，母亲无时无刻不牵挂着我，从衣食住行到论文工作，母爱的伟大总是那样令人感动。父母都是地道的农民，他们对自己儿子三十载的培养，难度之大可想而知。回顾漫长的求学经历，我无不感到对父母的愧疚之情，他们为我付出了太多太多，而我却没有给他们应有的回报。在今后的日子里，我将承担起家庭的重任，报答父母的养育之恩。我还要特别感谢我的岳父岳母，他们的朴实善良深深感动着我。博士学习期间，他们始终在物质和精神上支持着我，使我在学习疲惫之余总能感到家庭的温暖和亲情。可以说，没有他们的补贴和帮助，我无法顺利读完博士。值此毕业之际，对他们表示深深的感谢。同时感谢我的妻子殷静女士，从硕士相识到走进婚姻的殿堂，这么多年来，是她一直在背后默默地支持着我。我们既为夫妻又是同学，在遇到挫折时，我们总能互相鼓励，坚定信心。在今后的生活中，我们将一如既往地风雨同舟、同甘共苦。

雄关漫道真如铁，而今迈步从头越。人生中的每一个终点都是下一个起点，博士生涯的完结是我人生中的一个里程碑，而今后的工作和生活中，我将继续勇往直前，再接再厉。

谨以此书献给所有关心和帮助我的亲人、师长和朋友们！

李志宏